中央"十三五"规划《建议》重大专题研究

本书编写组◎编

中国市场出版社
China Market Press

·北京·

图书在版编目（CIP）数据

中央"十三五"规划《建议》重大专题研究：全 4 册/
《中央"十三五"规划〈建议〉重大专题研究》编写组编.
—北京：中国市场出版社，2016.11
ISBN 978-7-5092-1507-4

Ⅰ．①中… Ⅱ．①中… Ⅲ．①国民经济计划-五年计
划-研究-中国-2016-2020 Ⅳ．①F123.3

中国版本图书馆 CIP 数据核字（2016）第 179054 号

中央"十三五"规划《建议》重大专题研究
ZHONGYANG "SHISANWU" GUIHUA 《JIANYI》 ZHONGDA ZHUANTI YANJIU

编　　者　本书编写组
责任编辑　辛慧蓉（xhr1224@aliyun.com）
出版发行　中国市场出版社　China Market Press
社　　址　北京市西城区月坛北小街 2 号院 3 号楼（100837）
电　　话　编 辑 部（010）68033692　读者服务部（010）68022950
　　　　　发 行 部（010）68021338　68033577　68020340
　　　　　总 编 室（010）68020336　盗版举报（010）68020336
经　　销　新华书店
印　　刷　河北鑫宏源印刷包装有限责任公司
规　　格　185 mm×240 mm　16 开本
印　　张　103.5 插页 4　　　　　　　　　　字　　数　2 353 千字
版　　次　2016 年 11 月第 1 版　　　　　　　印　　次　2016 年 11 月第 1 次印刷
书　　号　ISBN 978-7-5092-1507-4
定　　价　398.00 元（全 4 册）

编　委　会

　　《中央 "十三五" 规划 〈建议〉 重大专题研究》， 是为党的十八届五中全会制定《中共中央关于制定国民经济和社会发展第十三个五年规划的建议》 布置的重大研究专题成果汇编。 本书对深刻领会中央 "十三五" 规划《建议》 精神， 从而推进实施 "十三五" 规划， 具有重要参考价值。

　　专题研究针对 "十三五" 时期我国经济社会发展外部环境， 我国经济社会发展的主要趋势和重大思路， 全面建成小康社会的目标及所存在 "短板" 问题与对策， 消费、 投资、 出口等需求结构分析， 产业结构调整， 交通基础设施建设， 财政金融发展和有效支持实体经济的政策， 创新驱动发展战略， 城镇化， 农业和农村发展， 区域协调发展，京津冀协同发展， 长江经济带发展， 能源革命， 提高资源利用效率， 加强污染防治，加强生态保护和修复， 应对全球气候变化、 发展低碳经济， 扩大对外开放， 人口战略和应对老龄化， 提高居民收入和调整国民收入分配， 扩大就业、 构建和谐劳动关系和完善社保体系， 发展教育、 培训和人才队伍建设， 医疗卫生事业发展， 文化和体育发展研究等涉及国民经济和社会发展中的重大课题进行了比较系统的研究，涵盖了经济、 社会发展和生态文明的主要方面。 研究过程中， 各部门高度重视， 集中了高水平的研究人才， 提出了对《建议》 有参考价值的意见， 反映出较好的水平， 不仅体现在思想性上、 战略性上， 而且具有一定的可操作性。

为充分发挥这些研究成果的作用， 有必要将这些重大专题研究成果汇编成册， 供广大研究人员和实际工作者研究、 参考。 希望通过这样的努力， 能够切实为"十三五" 时期和今后更长一个时期我国经济社会发展战略研究发挥积极的作用。

编　者
2016 年 5 月

认真落实习近平总书记重要批示，努力做好"十三五"规划《建议》前期重大课题研究工作

——在"十三五"规划《建议》前期重大课题部署会议上的讲话（节选）

（2015 年 1 月 6 日）

中央财经领导小组办公室主任 刘鹤

今天会议的任务是，认真贯彻落实习近平总书记和中央其他领导同志的重要指示，启动"十三五"规划《建议》前期重大课题研究工作，为中央研究起草《建议》做好必要准备。

一、充分认识开展重大课题研究的重要意义

经过多年探索，我国经济社会发展中长期规划的研究和编制工作已经形成规范程序，主要是：中央提出规划《建议》，国务院根据规划《建议》研究制定规划《纲要》，全国人民代表大会审议批准。在规划《建议》研究的整个过程中，前期重大课题研究的意义十分重大。课题研究的深度、广度、质量对规划《建议》将产生重要影响，在判断发展趋势、明确前进方向和奋斗目标、提出重大政策措施、形成广泛社会共识等方面都发挥着非常重要的作用。"十一五"前，中长期规划称为五年计划，从"十一五"开始称为五年规划。"八五"计划本质是一个调整规划，总结了改革开放和现代化建设的经验，强调要坚定不移地继续改革开放，贯彻执行国民经济持续、稳定、协调发展的方针。"九五"计划提出推动"两个根本性转变"，即计划经济体制向社会主义市场经济体制转变，经济增长方式从粗放型向集约型转变。"十五"计划提出，坚持把发展作为主题，把结构调整作为主线，把改革开放和科技进步作为动力，把提高人民生活水平作为根本出发点，实现经济和社会协调发展。"十一五"规划提出，以科学发展观统领经济社会发展全局，立足科学发展，着力自主创新，完善体制机制，促进社会和谐，全面提高我国的综合国力、国际竞争力和抗风险能力，强调要提高资源利用效率，确定了单位国内生产总值能源消耗比"十五"期末降低

20%左右的目标，还提出建设资源节约型社会、环境友好型社会。"十二五"规划是在国际金融危机背景下制定的，提出以科学发展为主题，以加快转变经济发展方式为主线，强调要扩大内需，保持经济持续健康发展，为此，必须深化改革。

与历次规划相比，某种意义上"十三五"规划可能是最重要的，也是最富挑战性的。最重要的是，要如期实现我国现代化建设第一个百年目标，全面建成小康社会。以前其他规划都提出了不同发展阶段的要求，而这次规划是要实现以往规划提出对人民庄严承诺和我们自己要求的总汇合，即全面建成小康社会目标。这是一个很高的要求，具有极大挑战性，必须完成，没有退路。最富挑战性的是，从国际看，国际金融危机后世界政治经济复杂变化，充满不确定性；从国内看，经济社会发展也处于深度调整转型中，习近平总书记最近全面论述了我国经济发展新常态，提出认识新常态、适应新常态、引领新常态，是当前和今后一个时期我国经济发展的大逻辑。这对我们的工作提出了新要求。新常态给我们带来了新机遇，也使我们面临很多新挑战。"十三五"规划制定得好、实施有效，我们可以顺利完成第一个百年目标，并为实现第二个百年目标，进而实现中华民族伟大复兴的中国梦打下坚实基础；规划做得不好，或者规划做得好而实施得不好，很可能陷入中等收入陷阱，将使我国现代化事业发展面临风险。从这个角度看，制定科学、合理、有效和具有很强前瞻性、导向性、针对性的规划《建议》，一个重要条件是搞好前期重大课题研究。方向正确，路才能走好。想到了、想对了、想深了，就可能走对走好；想不到、想错了，就可能出现一些我们不愿看到和意想不到的后果。总之，这次课题研究质量的高低，是影响"十三五"规划成功与否的重要基础和前提条件，我们一定要按照中央的要求，扎扎实实、精益求精地做好。

二、重大课题研究的主要内容

这次《建议》前期重大研究课题共 31 个，包括"十三五"时期国内外发展环境和条件，"十三五"时期我国经济社会发展的基本思路、主要目标、重点任务和重大工程，对2030 年目标展望，以及提高党领导经济社会发展能力和水平等。具体的研究课题和要求是：

1. "十三五"时期我国经济社会发展外部环境。研究"十三五"时期世界整体政治环境；世界经济周期变动状况和增长格局，是否存在延续危机后调整和进入正常增长两个阶段；技术变革前景、经济全球化特征和国际资本流动状况等。

2. "十三五"时期我国经济社会发展的主要趋势和重大思路。重点描述新常态下我国经济社会发展的大趋势，提出规划思路的大逻辑。"十二五"规划的逻辑是，应对外部环境发生的变化，主要通过改革来扩大国内需求。"十三五"时期的重大变化是什么，应采取怎样的思路？

3. **"十三五"时期全面建成小康社会的目标及 2030 年目标展望。** 通过定性与定量相结合的办法，分析预测全面小康社会各类指标，包括总量、结构和人均指标进展情况，展望 2030 年这些指标的情况。

4. **"十三五"时期实现全面建成小康社会目标存在的"短板"问题及对策。** 重点分析减贫脱贫、农村人居环境和教育、医疗、生态环境等群众反映强烈问题的进展情况，经济总量和人均增长等目标随发展阶段变化出现的新问题，可采取的直接对策。

5. **"十三五"时期消费、投资、出口等需求结构分析。** 既要分析三大需求的总量变化趋势，也要分析不同需求结构性的变化特点，如不同消费群体的消费特征，投资结构和出口中的商品、地区、类别等结构情况。

6. **"十三五"时期农业和农村发展的重大任务和主要措施。** 研究农业和农村发展各自的内在特点，同时也注重两者间的相互联系。

7. **"十三五"时期产业结构调整的方向和政策。** 重点分析产业结构、产业组织形态和企业行为等变化特征，特别是新技术变革所催生的新业态前景。

8. **"十三五"时期实施创新驱动发展战略的方向和重点。** 提出创新驱动发展战略的实施方向和确保中央战略有效落地的制度安排等措施，目前大的方向中央已经确定，关键是如何"从天落地"。

9. **"十三五"时期信息化发展的方向和政策。** 研究判断信息化发展的宏观趋势，提出适合国情和趋利避害的政策措施。

10. **"十三五"时期推进能源革命的主要措施和政策。** 结合当前世界能源形势出现的新情况新变化，尤其是分析在本轮油价变化后的一系列新趋势，提出实施中央财经领导小组会议确定的我国能源安全战略的具体目标和政策措施。

11. **"十三五"时期交通基础设施建设的主要任务。** 重点研究交通基础设施补"短板"、促进交通基础设施互联互通和网络化、提高交通体系效率等方面的任务和措施。

12. **"十三五"时期促进区域协调发展的方向和主要举措。** 在继续实施区域发展总体战略的同时，研究完善全国统一市场的政策措施。

13. **"十三五"时期积极稳妥推进城镇化的主要任务。** 在继续研究促进农业转移人口市民化有效措施的同时，加强对促进特大城市健康发展、大中小城市合理分工布局等问题的研究。

14. **"十三五"时期推进京津冀协同发展的主要任务。** 重点研究落实好中央已确定思路的具体措施。

15. "十三五"时期推进长江经济带发展的主要任务。重点研究落实好已出台促进长江经济带发展意见的政策措施。

16. "十三五"时期推进"一带一路"战略实施的主要任务。重点研究落实好中央已批准"一带一路"规划的政策措施。

17. "十三五"时期提高资源利用效率的主要任务。重点研究提高土地、水、能源、矿产等资源利用效率的目标和政策措施。不同部门可各有侧重。

18. "十三五"时期加强污染防治的主要任务。重点研究如何建立有效的制度安排和加大政策力度，确保"十三五"时期在污染防治方面取得明显进展。不同部门可各有侧重。

19. "十三五"时期加强生态保护和修复的主要任务。从生态环境对我们发展所具有的底线和天花板作用更加突出、生态文明建设在我国现代化"五位一体"总体布局中重要性不断上升的情况出发，提出可操作的目标、有效的制度安排和措施。

20. "十三五"时期应对全球气候变化、发展低碳经济的主要任务。研究如何落实好既定思路的政策措施。

21. "十三五"时期财政金融发展和有效支持实体经济的政策。该题目与部署的其他许多课题如加强基础设施建设、区域发展等密切相关，结合其他重大课题，重点研究金融深化和投融资体制改革等相关政策措施。

22. "十三五"时期扩大就业、构建和谐劳动关系和完善社会保障体系的方向和主要政策。分析判断就业总量及结构变化形势，研究提出就业目标和政策，研究进一步完善社会保障体系顶层设计、处理好保底线和财力可持续性关系等的措施。

23. "十三五"时期提高居民收入和调整国民收入分配格局的方向和重点政策。定量测算整个国民收入分配格局，从公平、效率和可持续性等出发，把提高居民收入比重和提高劳动生产率等因素结合起来，提出相应政策。

24. "十三五"时期发展教育、培训和人才队伍建设的重点任务。人力资本、人才队伍是实现创新驱动发展的关键，重点研究提出针对现有短板问题、能够有效提高人才质量的落地性措施。

25. "十三五"时期文化和体育发展研究。结合广大人民群众关心的问题，按照问题导向，提出有针对性的政策措施。

26. "十三五"时期医疗卫生事业发展研究。从已有改革和现实问题出发，从理顺基本思路和明确大政方针方面加强研究。

27. "十三五"时期人口战略和应对人口老龄化的政策。世界和我国老龄化问题突出，人口形势和老龄化问题对中华民族生存发展将产生重大影响。重点分析新出现的苗头性趋势性问题，及时提出超前性的应对措施。

28. "十三五"时期社会心理和舆论引导研究。当前和"十三五"时期对全面建成小康社会、发挥市场决定性作用、经济建设为中心等许多问题需要加强舆论引导，形成客观、正确、平和的社会看法。突出问题导向，重视社会心理多变性、舆论热点突发性等特点，提出能够有助于把握好方向、尺度和技巧的政策措施。

29. "十三五"时期扩大对外开放的战略举措。坚持改革开放不动摇等基本方针政策，有针对性地回答现有的一些"不同声音"，并做好具体政策研究。

30. "十三五"时期密切内地与港澳台经济互动发展的重点任务。

31. "十三五"时期全面提高党领导经济社会发展能力和水平研究。

根据中央要求，确定课题的主要考虑：一是研究具有全局性、战略性、宏观性的问题，而不是技术性问题；二是问题之间具有关联性，大家在研究各自课题时，可以参考其他题目；三是问题组合起来，可以成为规划《建议》的整体框架，具有系统性。中央财经领导小组已经研究决策的重大问题、中央全面深化改革领导小组已经部署和即将部署的重大改革问题、国家发展改革委已经组织开展的前期研究课题，为避免重复，不再列入。

三、几点要求

一是"三个体现""两个结合"。在认真学习领会党的十八大和十八届三中、四中全会精神，深入学习贯彻习近平总书记系列重要讲话精神基础上，体现以习近平同志为总书记的新一届中央领导的执政理念和治国方略，体现国情、世情发生的新变化，体现人民群众的新期待新要求。定量分析与定性描述相结合，有准确的定性描述，在可能的情况下有定量分析，有数量指标；政策连续性与创新性相结合，按照稳中求进的原则，政策建议既要从现实出发，考虑现有政策执行的连续性，又要勇于突破问题，大胆提出创新性举措。

二要调查研究。深入了解实际情况，重在了解人民群众要求，了解现实政策的缺陷和不足，了解下一步改革的方向。

三要开好必要的专家座谈会。广泛听取各方面意见，集思广益，如果条件允许，建议各课题单位要注意吸收有特长的专家参加研究，甚至请专家作为重要执笔人。

四要了解国际惯例和最佳实践。力求在符合国情的基础上积极吸收和有效借鉴国际经验。

目 录

ZHONGYANG
"SHISANWU"
GUIHUA 《JIANYI》
ZHONGDA ZHUANTI
YANJIU

专题八　创新驱动发展战略

◀◀ 国家发展和改革委员会

◀◀ 科学技术部

专题九 信息化发展

专题十 城镇化

◀◀ **住房和城乡建设部**

专题十一　农业和农村发展

◀◀ **中央农村工作领导小组办公室**

◀◀ **农业部**

专题十二　区域协调发展

◀◀ **国家发展和改革委员会**

◀◀ **国务院发展研究中心**

专题十三　京津冀协同发展

专题十四　长江经济带发展

ZHONGYANG
"SHISANWU"
GUIHUA 《JIANYI》 ZHONGDA
ZHUANTI YANJIU

专题八　创新驱动发展战略

国家发展和改革委员会

"十三五"时期实施创新驱动发展战略的方向和重点

"十三五"时期，是我国全面建成小康社会的决战时期，必须把实施创新驱动战略放在国家发展全局的核心位置，明确主攻方向和重点，狠抓落实，务求取得实质性突破和进展，构建经济社会持续发展的新动力。

一、发展现状与面临形势

(一) 发展现状

1. 科研水平大幅上升，但有影响力的重大成果少

近年来，我国研发（R&D）经费投入快速增长，规模已跃居全球第二位。2014 年，全国 R&D 经费为 13 312 亿元，占 GDP 的比重达到 2.09%，接近发达国家水平。科技论文、专利数量大幅上升。据 OECD（经济合作与发展组织）统计，2002—2012 年，我国科学论文占世界的比重由 2.6% 提高到 9.2%，在全球前 1% 的引用文章中所占比重由 0.3% 提高到 5.8%，超过日本，居世界第 2 位。2013 年，国内发明专利达到 14.4 万件，跃居世界第 2 位。但从科研产出的质量看，与发达国家还存在很大差距。比如，2010 年代表高价值发明的三方专利（同时获得美国、欧盟和日本专利授权的专利）数量，我国仅为 900 件，占世界的 1.79%；而美国为 14 022 件，占世界的 27.8%；日本为 15 713 件，占世界的 31.2%；德国为 5 726 件，占世界的 11.4%。2012 年在全球前 1% 引用文章中，美国占 46.4%，欧盟占 29.8%，我国仅占 5.8%。2011 年美国知识产权特许权使用费为 1 210 亿美元，占全球

的 50.2%；欧盟为 540 亿美元；日本为 290 亿美元；我国仅为 7.3 亿美元。

2. 创新能力快速提高，但与发达国家仍存很大差距

根据《欧盟创新排行榜（2014）》，2014 年我国创新能力增长 5.8%，综合得分达到 0.275，超过印度、俄罗斯、巴西和南非，居新兴市场国家前列。但整体上与发达国家还存在很大差距，如 2014 年韩国创新能力得分 0.74，美国为 0.736，日本为 0.711，欧盟为 0.63。从具体指标看，差距主要表现在市场和法律环境、创意转化为产品、开放程度等方面。比如，在《2013 年全球创新指数报告》中，我国创新能力综合排名 35 位，但市场环境指标排在 118 位，获取信贷的容易程度排在 68 位，小微企业贷款占 GDP 的比重指标排在 59 位，知识密集型产业就业比重指标排在 98 位，外籍学生占高等教育人数比重指标排在 98 位。

3. 全要素生产率对经济增长的贡献呈现下降趋势，实现创新驱动发展的任务艰巨

创新驱动的实质是把经济增长的动力从投入驱动转向生产率驱动，表现为全要素生产率（TFP）的提高。一般认为，TFP 对经济增长的贡献率大于 50%，即为创新驱动的增长。从我国看，许多研究表明，近年来我国 TFP 对经济增长的贡献率呈现下降趋势。例如，国家发展改革委宏观经济研究院投资研究所按照索洛余值方法测算表明（见图1），1978—1999 年全要素生产率增长对我国经济增长的贡献呈上升趋势，每年拉动经济增长 2.1 个百分点，对经济增长的贡献率平均为 21.6%。

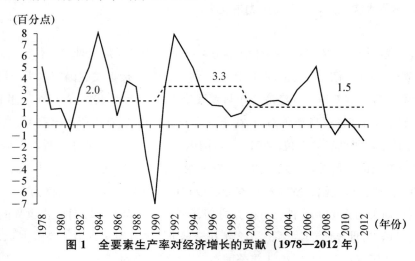

图 1　全要素生产率对经济增长的贡献（1978—2012 年）

但近年来，受技术引进边际效应下降、改革进入攻坚阶段等因素影响，我国全要素生产率对经济增长的贡献下降，2000—2012 年 TFP 对经济增长的贡献率为 14.8％，2012 年则为负值。

（二）面临形势

1. 创新驱动发展进入新阶段

改革开放以来，我国经济历经 30 多年的持续增长，经济总量规模已跃居世界第 2 位，但长时期的经济快速增长很大程度上是靠投资拉动和高强度的资源要素投入支撑的，已造成内外经济结构明显失衡、众多产业产能矛盾凸现、资源环境约束急剧强化等问题。近年来，受世界经济周期性调整和国内经济结构性矛盾等因素影响，我国经济增长明显放缓，经济发展下行压力较大，风险加大，形势严峻，迫切需要打好"组合拳"。既要加快出台财政、货币、税收、投资、消费等相关政策，促进经济稳定增长；同时，必须着力推动创新，促进结构优化升级，大力培育新的增长点，打造经济社会发展新动力。

2. 创新驱动发展迎来新机遇

当前，信息技术进入新一波创新浪潮，新技术、新业态不断涌现，网络经济成为全球经济中新的亮点。以基因技术为核心的生物技术快速发展，产业化进程加快，生物经济已成为世界经济最具潜力的增长极。风能、太阳能等新能源和环保技术不断取得突破，技术经济性不断提高，发展低碳经济、循环经济成为世界发展潮流。与此同时，新材料和先进制造技术也不断取得重大突破，学科、技术交叉融合更加紧密，转化更加迅速。综合判断，今后 5～10 年，将是世界新一轮科技革命和产业变革加速推进、国际分工格局快速形成的时期，这为我国加快追赶、后来居上、抢占未来竞争制高点提供了难得的"机会窗口"，我们必须进一步增强战略意识，抢抓历史机遇，加快改革创新步伐。

3. 创新驱动发展面临新挑战

为促使经济复苏，在新一轮国际经济技术竞争中抢占先机，世界主要国家纷纷制定创新战略和行动计划，加强研发投入，加强人才的培养和引进，加快培育新的增长动力。美国的战略重点与意图是发动一场清洁能源革命和高生产率的先进制造技术，实现能源独立和再工业化，改变现有的世界能源资源版图和制造业分工格局，确保其作为世界创新发动机的地位。欧盟提出重点发展能源与环境技术、生物技术、智能制造等优先领域和方向，大力推动碳排放交易，努力发挥其在技术、装备制造等方面的优势，并削弱发展中国家的低成本制造优势，从而在新一轮国际竞争中掌握主动权。日本则提出要充分发挥其在节能与环保、健康等领域技术优势，大力发展节能环保、新能源和健康产业。面对新的竞争和挑战，如何扬长避短，制定符合中国国情和发展阶段、有利于发挥我国比较优势的创新发展战略，明确主攻方向和突破口，是当前迫切需要解决的重大课题。

二、总体思路与目标任务

（一）总体思路

基于上述基本判断，"十三五"时期实施创新驱动发展战略的总体思路是：**紧紧抓住新一轮科技革命和产业变革的机遇，坚持立足国情、紧扣发展、人才为先、开放合作，以深化体制机制改革为动力，以科技创新为核心，以创新体系和创新能力建设为主线，以构建企业主导、产学研协同创新机制为着力点，加快发展低碳经济、生物经济、网络经济和智能经济，增强科技进步对经济增长的贡献度，形成新的增长动力源泉，加快推进创新型国家建设进程。**

（二）主要目标任务

1. 科研质量和效率大幅提升

要推动科研提质增效，转变数量型发展方式，着力加强原始性创新。到 2020 年，全社会研发经费支出占 GDP 的比重达到 2.5%。每万名就业人员的研发人力投入达到 50 人年。科技论文质量进一步提升，在国际引用论文前 1% 中所占比重提高到 10%。三方专利数量占世界的比重达到 5% 左右。

2. 企业创新能力大幅增强

要通过政策引导，大力培育创新型企业，着力提高企业创新能力和竞争力。到 2020 年，规模以上工业企业 R&D 投入占销售收入的比重达到 2%。风险投资大幅增长，占 GDP

的比重达到 0.5% 左右。

3. 创新驱动发展取得重大进展

到 2020 年，科技进步贡献率达到 60%，技术进步、改革创新对经济增长的贡献率明显提高。知识技术密集型产业占 GDP 的比重达到 25% 以上。高技术产业向中高端迈进，战略性新兴产业增加值占 GDP 的比重达到 15% 以上。

4. 基本形成有利于创新驱动发展的环境

要着力加强知识产权保护，深化垄断性行业改革，加快建立健全有利于创新发展的投融资、政府采购、财税等政策体系，打通创新链、产业链、资金链、政策链。

三、完善创新驱动发展的政策体系

（一）实施灵活高效、人尽其才的选人用人政策

按照创新规律培养和吸引人才，按照市场规律让人才自由流动。强化尊重知识、尊重创新，充分体现智力劳动价值的分配导向。推动科研成果收益分配、股权激励、产权处置等制度改革取得决定性成果，向创新者让利的各项制度更加定型、更加完善、更加科学，让科技人员的智力劳动得到合理回报，通过成果应用实现创新价值，通过成果转化创造财富。彻底破除束缚人才合理流动的制度障碍，让科研人员在企业、高校、科研机构之间流动起来，拥有更好发挥才能的舞台。广择天下英才，引进、积累一大批站在行业前沿、具有国际视野和创新激情的领军人才，为创新领军人才发挥才能创造优厚条件，赋予更大的科研自主权、人财物支配权和技术路线决策权。

（二）健全公平透明、激励创新的市场竞争秩序

深化改革，基本建立适合创新驱动要求的经济制度和市场体系。强化竞争政策和产业政策的引导，增强市场主体创新动力。强化知识产权司法保护的主导作用，加大惩戒力度，让知识产权制度成为创新的基本保障。突破行业垄断和市场分割对创新的制约，为创新者营造更加开放、平等的环境。大幅减少产业准入前置审批，依法加强事中事后监管，形成

有利于转型升级、鼓励创新的产业政策导向。逐步理顺资源、能源、劳动力价格形成机制，让依靠创新、实施差别化竞争的市场主体获得更大的优势。

（三）重构定位明晰、富有活力的科研组织模式

按照创新规律构建新的科研支撑体系。改革评价体系和管理制度，分类指导科研机构改革，让高校、科研院所回归自身定位，激发其创新活力和动力。遵循科学研究的探索发现规律，改革经费支持和科研组织模式，加快推进世界一流大学和一流学科建设，完善现代科研院所制度，精选重构科学研究"国家队"。突出中长期目标考核和重大任务导向，健全和强化基础研究和战略性前沿领域研究的持续稳定支持机制，建立有吸引力和竞争力的薪酬制度，为科学家潜心研究、原创突破创造良好条件和宽松环境。

（四）强化有序衔接、开放互动的金融支撑体系

深化金融体制改革，推动金融工具协同支持创新。加大力度扶持天使投资、创业投资发展，实施差别化的税收、投资政策，吸引社会资本更多投向创新创业。进一步发挥资本市场支持创新的作用，畅通转板渠道，改革发行制度，完善市场规则，拓宽创新者获益渠道，充分发掘和释放知识产权和无形资产的投资价值。大幅提高信贷支持创新的灵活性和便利性，强化银行信贷、创业投资、融资担保、企业债券、保险等各类金融工具的组合运用和协调互动，有序推进投贷联动的改革试验。

（五）完善普惠为主、创新导向的财税政策体系

推动财税政策由选择性支持转向普惠性支持，由适应扩大再生产转向适应创新驱动要求。强化税收政策对鼓励创新的导向作用，改革税收征管和会计制度，降低享受优惠政策的门槛和成本，加大优惠政策对中小企业创新的倾斜力度。突出政府采购对创新的引导作用，更多利用预约采购、订购、首购等方式拓宽创新产品早期需求。实施鼓励大众创业、万众创新的税收支持政策，减轻小微创新、个人创业的税费负担。

（六）培植面向未来、宽松适宜的产业政策体系

改革监管和准入模式，大幅破除限制新技术新产品新商业模式发展的不合理障碍，营

造包容创新、鼓励创新、服务创新的新兴产业发展生态。突出创新优先的政策理念，及时废止有违创新规律、阻碍新兴产业和新兴业态发展的政策条款，对新制定政策是否制约创新、妨碍新兴产业发展进行审查。建立包容创新的管理制度，在生物、信息等产业和相关服务领域探索允许试错、适度监管、高效调整的监管模式，让创新产品有成长空间，让创新理念有成功希望，包容一切合法的商业模式创新、管理创新、组织创新活动。

四、优先领域与主攻方向

（一）推动绿色创新，发展低碳经济

把握世界低碳经济、循环经济发展的战略方向，充分发挥我国市场优势，以重大工程为牵引，鼓励引进消化吸收再创新，加强集成创新和原始创新，重点发展煤炭清洁高效利用、绿色制造、水的净化与治理、海水淡化、土壤修复、资源循环利用、高效太阳能电池、新一代核电、智能电网等重大技术，着力提高能源清洁化比重，加速清洁生产技术在电力、石化、冶金、建材等行业的应用，大幅降低制造业污染物排放。到 2020 年，全国空气质量明显改善，重污染天气较大幅度减少。节能环保和新能源产业成为国民经济的支柱产业。

（二）推动健康创新，发展生物经济

把握生物科技革命的机遇，面向食品、健康等重大需求，着力推进生物产业新技术、新产品的研发与产业化，重点发展生物药和高端医疗器械、健康服务、食品安全、下一代基因组等重大技术，提升生物育种、生物医药产业创新能力和竞争力，加速生物农药、生物肥料、生物基材料的产业化，加快将生物与健康产业培育成为国民经济的支柱产业。

（三）推动信息技术创新，发展网络经济

把握信息技术更新换代、深化应用和产业格局变化的机遇，着力加强集成电路等核心技术的研发，缩小与发达国家的差距。推进"宽带中国"建设，建设先进的信息基础设施。实施"互联网＋"行动计划，深入推进工业互联网、智慧城市、能源互联网等建设。加快大数据资源整合，深化数据开发应用，完善相关标准体系。推动云计算、物联网应用。创新商业模式，培育基于信息网络技术的新产业、新业态，努力实现我国由信息产业大国向强国的转变。

（四）推动先进制造创新，发展智能经济

抓住新一轮制造业发展的机遇窗口，充分利用国内消费结构升级巨大的市场空间和需求潜力，重点发展大飞机和通用飞机、空间技术、新型轨道交通装备、先进机器人、新能源汽车等重大技术，加强协同攻关，积极开拓国际市场，推动我国制造业向中高端转变。

五、重大举措与行动建议

（一）重构国家创新体系

1. 建设开放、富有活力和吸引力的研发体系

加大对基础研究的支持。深化教育体制改革，推进世界一流大学和一流学科建设，引导一批普通本科高校向应用技术型高校转型。选择一批大学和科研院所作为试点，探索建立现代大学制度和现代科研院所制度。

2. 以新的机制和模式组建一批国家创新中心

在煤炭洁净利用、水污染治理、土壤修复、高效太阳能电池、先进储能技术、新能源汽车、先进机器人等领域，组建 20 个左右国家级创新中心，把不同专业的相关科学家、技术专家集聚起来，下决心打"持久战"，实现集成创新和协同创新。

3. 强化企业的创新主体地位

实施企业创新百强工程，培育创新型领军企业。研究制定更加优惠的 R&D 投入抵扣优惠政策，引导企业增加创新投入。建立企业牵头实施技术创新类科技计划项目的组织方式。引导科技人员向企业集聚。进一步加强企业技术中心、工程实验室建设。大力推动产业技术创新联盟发展。

（二）组织重大行动计划

1. 知识产权保护专项行动计划

切实强化司法保护，加强行政执法及两法衔接，大幅提高权利人胜诉率、判赔额，建立法定化的移送程序和案件移送问责制度以及案件定期通报（公报）制度，在全社会营造尊重知识产权的氛围和环境，着力解决目前知识产权存在的"侵权易、维权难"等问题。

2. 技术转移转化行动计划

选择一批大量承担国家科研项目的科研机构和高等院校作为试点，通过完善知识产权许可和管理、加强技术转移机构建设等政策法规和措施，大幅度提高科技成果转化率，切实解决科技与经济脱节的问题。

3. 重点领域体制机制改革行动计划

按照中央经济工作会议提出的"市场要活、政策要宽、创新要实"的要求，将创新药物、转基因农作物、通用航空、新能源汽车等领域的监管体制改革提上议事日程，明确时间表，释放大量增长点所蕴含的巨大发展潜力。

4. 重大技术标准体系建设行动计划

加快研究提出清洁生产、云计算、物联网、新能源汽车等领域国家标准和行业标准，发挥其鼓励社会投资、促进新技术产业化的重要作用，满足新技术、新业态发展的需要。

5. 创业中国行动计划

加快设立国家新兴产业创业投资引导基金，加大对天使投资、风险投资的财政引导资金和税收扶持，改革新股发行制度，进一步完善新办企业登记注册制度，推动大众创业、万众创新。

（三）推进创新改革试验

选择一些经济社会发展处于创新驱动转型窗口期、具有创新示范和带动作用的省（自治区、直辖市）作为试点，系统推进知识产权、金融、科研院所、人才培养和流动、国际合作等领域的改革攻坚，率先实现发展转型，领引和带动我国发展方式的根本转变。要通过开展试点工作在经济、科技、教育等领域，取得一批重大改革突破，复制推广一批改革举措和重大政策，推动形成市场和政府作用分工明确、科技和经济深度融合、创新活力竞相迸发的生态环境。

科学技术部

"十三五"时期实施创新驱动发展战略的方向和重点研究报告

"十三五"时期是建设创新型国家和全面建成小康社会的决定性阶段，是深入实施创新驱动发展战略、打造发展新引擎的关键时期。我国经济发展进入增速换挡、结构调整和动力转换的新常态，要素规模驱动力减弱，迫切需要以科技创新为核心的全面创新，支撑经济中高速增长和产业迈向中高端。我们必须准确把握世界科技发展大势，明确创新驱动发展战略实施路径和重点任务，完善激发创新驱动的动力机制，为实现"四个全面"战略布局、进入世界科技强国和实现中华民族伟大复兴中国梦奠定坚实基础。

一、世界科技发展趋势

"十三五"时期，新一轮世界科技革命和产业变革加速推进，重大颠覆性技术不断涌现，加速改变产业形态和组织方式，正在重塑世界经济结构和竞争格局。新一轮产业革命的特征很大可能是"技术群"的突破，单项技术突破已难以支撑传统产业转型升级和新产业的产生和发展。投资科学和技术就是投资核心竞争力，就是投资未来，成为各国抢占战略制高点的必然选择。

（一）世界科技创新的新趋势新特点

1. 科学研究和探索不断向纵深演进，对物质世界认识和发现的重大突破深入拓展人类可持续发展空间

科学从微观到宏观的各个尺度上向纵深拓展，物质构造、意识本质、宇宙演进等基础

研究领域取得重大进展。暗能量、暗物质、反物质等理论引发新的物理学革命。物质科学不断向宏观、微观和极端条件拓展，为能源、信息、材料等学科发展开辟广阔空间，推动人类迈进物质和能量精细调控时代。生命科学向精确化、可再造和可调控方向发展，将打开人造生命的大门。大数据科学、重大科学装置等为科学研究取得重大突破提供可能。学科交叉融合加速，新兴学科不断涌现，基础研究、应用研究、技术开发和产业化的边界日趋模糊，对经济社会作用更为直接。

2. 大数据、云计算、物联网等新一代信息技术向网络化、智能化、泛在化方向发展，改变人类传统生产和生活方式

信息技术成为率先渗透到经济社会生活各领域的先导技术，促进以物质生产、物质服务为主的经济发展模式向以信息生产、信息服务为主的经济发展模式转变，世界正在进入以信息产业为主导的新经济发展时期。数字通信、计算机技术分别成为全球专利申请增幅最多的领域，无线宽带技术带动智能移动终端的爆炸式发展，云计算和移动互联使海量数据可以随时随地获取，卫星技术发展推动导航与位置服务产业蓬勃发展，催生大量新型服务与应用。数据快速增长，未来10年全球大数据将增加50倍，市场规模有望达到千亿元量级。新一代信息技术与生物、新能源、新材料等技术相融合，催生一批新产业、新业态，推动产业结构向高级化方向发展。

3. 分布式、智能化、低碳化新能源技术推动能源革命，催生经济社会发展动力结构的转变

能源技术革命促进一次能源结构加速调整，形成多元化格局，发展基于新能源与可再生能源技术，构建高效、经济、低碳且符合绿色经济要求的能源供应体系成为全球共识。可再生能源、非常规油气技术大规模应用，电动汽车和储能等技术进入市场，高温气冷堆等第四代核能技术有望取得重大突破。能源技术与信息、新材料、生物等领域技术深度交叉融合催生智慧能源网络，实现多种能源在统一平台下的高效优化运行，将重塑全球能源体系。

4. 机器人、3D打印等先进制造技术推动制造业向绿色智能服务化转变，带动全球制造产业格局深度调整

信息、材料、能源等技术在制造业的应用广度和深度不断拓展，有效推动全球制造业

方式变革。机器人、智能工厂等成为推动高端智能制造发展的重要力量，3D打印等面向互联网的新兴制造技术将极大丰富产品功能，使大规模定制和个性化生产成为可能。新材料和基础材料实现原创突破和提升，极大提升产品性能，降低产品成本。基于网络的设计和制造服务不断涌现，推动全球制造业互相协作，由集中制造向更加分散开放的协同制造转变。

5. 生命科学、生物育种等生物技术推动健康、农业、资源环境等领域持续发展，不断改善人口健康和生活质量

生物技术不断取得重大突破，在解决人类健康、资源、环境等重大问题方面发挥日益重要作用。疫苗、疾病诊断技术、干细胞技术、组织工程技术不断取得新突破，全球上市创新药物中有20％属于生物技术药物，超过80％的新药利用了生物技术。分子育种、转基因育种与细胞工程相结合，将推动高效、优质农业新品种产业迅速发展，提高农业效益，生物原料取代部分化石原料，生物催化部分取代化学催化，为粮食安全、食品安全和生态安全提供有效支撑。

6. 商业模式与技术创新深度融合，产业业态演变推动科技创新释放巨大能量

商业模式创新改变产业组织、收入分配和需求模式，新技术、新方式与新资本不断融合，推动新产业快速成长。例如，苹果公司依靠基于技术的商业模式创新超越微软、诺基亚，成为全球创新企业的领头羊。小米科技将手机与互联网结合，让用户参与创新体验，成立五年就跻身全球市场前三，进入全球最具创新力企业50强。阿里巴巴探索互联网金融，在美上市成为仅次于谷歌的全球第二大互联网公司，淘宝、天猫等颠覆了传统零售业态。**个性化、多样化、定制化的新兴消费需求成为主流，智能化、小型化、专业化的产业组织新特征日益明显。**例如，以小批量、个性化定制生产为特征的创意产业成为英国第二支柱产业，促使英国全球创新指数排名跃升至第二位，2013年为英国经济贡献714亿英镑，为英国社会提供260万份就业岗位，占全部就业的5.6％。**大众创新、微创新推动全民创业日趋活跃。**随着互联网开源软硬件技术平台面向大众普及和开放，创业成本和门槛大幅度降低，将专业技术人员的小众创新变成非专业人员广泛参与的大众创新，面向需求的微创新蓬勃发展。例如，深圳柴火创客空间成立四年，将先进技术以模块化、开源的方式提供给大众，已为超过200万名科技创新者提供服务。

（二）全球创新竞争格局深度调整

1. 全球创新生态系统交织融合，推动国际比较优势向创新驱动转变

创新要素全球流动加速，知识、资本、人才等创新资源在全球加速流动，科技人才和创新成果在全球配置。截至 2013 年，全球移民高达 2.32 亿人次，其中技术移民占比超过 55％。跨国公司掌握全球 80％的创新成果，每年研发投入占全球的三分之一以上，三分之一的研发活动在海外进行。以专利购买和技术许可为主要形式的国际技术贸易平均每 5 年翻一番，速度远远超过货物贸易和其他服务贸易。国际创新要素开放共享，全球网络互联互通，应对全球共同挑战的**跨国合作研发成为重要趋势**。全球创新要素跨区域、跨国界流动，知识、人才、成果以及科研基础设施等在创新生态较好的区域快速整合集聚，迅速转化为新产品、形成新产业，国际比较优势加速由资源要素禀赋向创新生态环境转变。

2. 国际创新竞争格局向多极化发展，新兴经济体创新地位显著提升

全球创新格局新版图加速形成。美国长期保持全面领先地位，德国、日本、英国等在高科技领域形成突出优势，以色列、韩国等表现出较强的创新活力，以中国为代表的新兴国家创新能力快速提升，重点领域加速赶超，全球创新格局正在深度调整。**世界创新格局，加速从"单极"向"多极"演变。**近十年，美国占全球研发投入总量的比例由 37％降至 30％，欧盟从 26％降至 22％，而东亚、东南亚和南亚经济体的比例从 25％升至 34％。亚洲的专利申请和商标申请量占全球的比重分别从 45.1％和 25.7％上升到 47％和 37.2％。

新兴经济体加速向产业价值链中高端攀升，推动国际产业分工深度调整。过去 20 年，中国高新技术产品出口额占世界的比例从 6％提升到 37％，成为全球最大的高新技术产品出口国。中国高铁更是在集成各方面先进技术的基础上利用市场规模优势实现快速赶超，在较短时间内走向世界，对塑造我国产业和地缘优势发挥了重要作用。

3. 世界主要国家加强科技创新战略部署，体制机制成为国家竞争决胜的关键

主要国家强化创新战略部署。美国积极实施《美国创新战略》，欧盟第八框架计划持续加大投入，德国集成政府与产业界力量实施"工业 4.0"计划，巩固和强化已有的创新优势。日本发布《科学技术创新综合战略》，把科技创新作为推动经济再生的引擎。印度公布

《科学、技术与创新政策》，加速赶超，提出 2020 年跻身全球五大科学强国的蓝图。

强化战略统筹和顶层设计。美国增强白宫科技政策办公室（OSTP）统筹协调职能，加强部门协调组织面向未来的科技计划。韩国组建未来创造科学部，加强政府科技资源的统筹。欧盟推进创新公私伙伴关系（PPP），德国发起"创新力网络"规划，法国大力推行数字化研发网络，克服创新阻力，实现创新资源的开放共享。

强化对人才、专利等战略性创新资源的争夺。美国出台新的移民改革法案，每年对优秀外国人才颁发 12 万份签证，欧盟建立蓝卡制度吸引亚非拉高层次技术人才，在全球范围内吸引创新人才。发达国家非常重视运用知识产权和技术标准等手段，建立新兴产业的专利审批绿色通道，围绕产业链、创新链强化知识产权布局和运营，保持和扩大领先优势。

二、实施创新驱动发展战略的总体考虑

创新驱动发展战略作为提升国家综合实力和国际竞争力的总抓手，是决定中华民族前途命运的关键一招。抓创新就是抓发展，谋创新就是谋未来。让创新驱动成为经济结构调整的原动力和新常态下经济发展的新引擎，必须把握机遇，凝练思路，明确目标，赢得主动。

（一）机遇和挑战

我国进入创新驱动发展的战略窗口期。我国经济正在向形态更高级、分工更复杂、结构更合理的阶段演化，发展进入新常态，处于可以大有作为的重要战略机遇期，但发展的内涵、条件、方式和经济结构都发生了改变。改变我国二产一业独大的结构单一局面，要求我们必须更加注重科技进步和全面创新，推动经济发展方式从规模速度型粗放增长转向质量效率型集约增长，经济结构从增量扩能为主转向调整存量、做优增量并举的深度调整，经济发展动力从传统增长点转向新的增长点，走出一条以创新驱动推动信息化与工业化深度融合、工业化与城镇化良性互动、城镇化与农业现代化相互协调同步发展的新路。当前，新一轮科技革命和产业变革与我国发展方式转型形成历史性交汇，抓住机遇就可能成为"赛场"上新的领跑者和比赛规则的制定者，抓不住就会错失良机，丧失主动权。

目前，我国科技整体处于从数量积累向质量提升的重要跃升阶段。全社会研发投入超过 1 万亿元，居世界第二，科技人力资源和研发人员总量居世界第一，本国人发明专利授权量居世界第二，一些重要领域跻身世界先进行列。我国巨大市场规模、完备产业体系、多样化消费需求，使我国有更大的韧性和回旋余地，为新产业培育发展提供广阔市场空间。

同时，我国实施创新驱动发展战略仍面临一些障碍，特别是制约创新驱动的深层次体制机制和思想观念障碍依然存在，激励创新创业的制度环境和社会氛围远未形成，产业创新的源头支撑不足，可持续的新增长动力还没有形成，关键核心技术受制于人的局面还未得到根本解决，人才队伍大而不强，高端创新和高技能人才缺乏。我们要把握机遇窗口期、跨越收入陷阱期、规避风险高危期、打造战略红利期，保持战略清醒，保持战略定力，瞄准我国科技创新的主攻方向和突破口，统筹谋划创新驱动发展战略在"十三五"的系统布局和实施路径。

（二）总体思路

"十三五"时期是实现科技规划纲要战略目标和步入创新型国家行列的决战时期，是深化科技体制改革的攻坚时期，是实施创新驱动发展战略的关键时期。围绕"四个全面"战略布局的总要求，坚持走中国特色的自主创新道路，把创新作为引领发展的第一动力，以科技创新为核心推进全面创新，以体制机制改革激发全民创新，加快建设国家创新体系，不断提升科技创新能力和水平，打通科技创新与经济社会发展之间的通道，培育国际竞争新优势，为实现中华民族伟大复兴中国梦打造发展的新引擎和动力的倍增器。

在战略实施上，重点注重以下几个方面：

注重以科技创新为核心的全面创新。科技创新需要制度创新的保障，以科技创新为核心，对相关制度进行调整和完善，实现科技创新和制度创新有机互动，以科技创新带动和促进产品、产业组织、商业模式等各方面创新，走出一条创新驱动发展的新路。当前，我国经济发展由要素驱动、投资驱动迈向依靠科技创新的更高级阶段，要把改革创新贯穿于经济社会发展各个领域各个环节，释放科技创新的活力，发挥科技创新的核心引领作用，为结构调整和产业转型升级创造有利的条件。

注重科技成果转化为现实生产力。实现创新驱动，更多地依靠产业化的创新来培育和形成新的增长点。创新必须落实到创造新的增长点上，把创新成果变成实实在在的产业活动。促进科技成果转化，围绕产业链部署创新链，围绕创新链完善资金链，消除科技创新中的"孤岛现象"，破除制约科技成果转移扩散的障碍，充分发挥科技创新对放大各种要素生产力的乘数效应，为发展方式转变、动力转换和结构优化提供动力。

注重资源配置优化统筹。提高创新效率重在优化科技资源配置。我国科技资源长期存在着重复、分散、封闭、低效等现象，资源配置"碎片化"等问题突出，不利于实施创新驱动发展战略目标的实现。为保障创新驱动战略的有效实施，就要强化统筹协调机制，更加高效配置科技资源。

注重激发市场的原动力。广大市场主体自主自觉开展创新活动、向创新要效益，成为推动产业转型升级的原动力。在供求关系日益复杂、产业结构优化升级的背景下，新技术、新产业、新产品的涌现，主要是市场竞争的结果，政府主要是在市场失灵的领域加强宏观调控和营造环境。发挥市场的决定性作用，通过改革释放创新活力，形成市场驱动创新新机制。

注重人才驱动。人才是创新最能动的因素，要把人的发展作为创新驱动发展的出发点和落脚点，加大人才培养力度，充分尊重人才，保障人才权益，为广大科技人员创新创造提供有利条件，让一切劳动、知识、技术、管理、资本的活力竞相迸发，以人才红利打造竞争新优势。

注重创新生态环境营造。由于创新的多样、复杂和泛在性，创新驱动发展，不仅要依靠科研院所等创新主体的骨干引领作用，更重要的是形成系统内部良好的创新生态和协同效应，能够激发全社会每个细胞的创新热情，使整个经济肌体充满生机活力，从而汇聚成为强劲发展的新动力。通过创新生态的营造，促进创新要素互动，采取差别化的激励政策，厚植创新创业文化，调动亿万人民的聪明才智，形成大众创业、万众创新的新局面。

注重全球资源整合利用。当前，经济科技全球化、信息化、网络化深入发展，创新要素开放性、流动性显著增强，为充分利用国际创新资源、在更高起点上推进自主创新提供了有利的条件。要紧跟和引领世界科技发展潮流，积极融入全球创新网络，把"引进来"与"走出去"相结合，全面提升科技创新的开放合作水平，为创新驱动转型提供更加广阔的战略空间。

（三）战略目标

到 2020 年，我国进入创新型国家行列，国家创新体系更加成熟定型，适应创新驱动发展的体制机制更加完善，创新环境更加优化，核心关键技术受制于人的局面得到明显改观，经济发展的质量和效益显著提升，科技创新能力、经济实力、综合国力与国际竞争力大幅增强，有力支撑全面建成小康社会目标的实现。

重点实现以下突破：自主创新能力大幅提升，全社会研发投入占国内生产总值的比重达到 2.5%，基础研究投入占全社会 R&D 支出的比重达到 8% 以上，国家创新能力跻身世界前列，创新型经济格局初步形成，科技进步贡献率提高到 60% 以上，科技促进经济社会发展和保障国家安全的能力显著增强，取得一批在世界具有重大影响的科学技术成果，为在 21 世纪中叶成为世界科技强国奠定基础。

三、实施创新驱动的战略方向和重点

"十三五"是全面启动实施创新驱动"三步走"战略的关键一步时期，要着眼长远，主动跟进，选准重点、主攻方向和突破口，在一些重点领域采取非对称性和"弯道超车"办法，缩小差距，加速赶超引领。

（一）实施科技重大项目，实现重点领域战略跨越

针对聚焦不够问题，围绕创新驱动发展战略实施目标，抓紧布局事关未来的重大、重点项目，形成支撑和引领未来发展的重大抓手、"牛鼻子"工程，推动重点领域实现战略跨越。

加快实施国家科技重大科技专项。 16 个重大专项取得标志性成果。聚焦调整专项目标任务，建立重大专项考核问责与动态调整机制，大幅提升专项实施绩效。加强电子信息、生物医药、能源环保、先进制造等领域的关键共性技术突破和集成应用，加快形成一批重大战略产品和重大工程。

部署实施一批新重大科技项目和重大科技工程。 面向 2030 年经济社会发展和国家安全的重大需求，选择部署航空发动机及燃气轮机、深海空间站、脑科学与类脑研究、量子通信与量子计算机、智能制造、重点新材料、大数据、网络空间安全、天地一体化信息网络、种业自主创新等一批体现国家战略意图的重大科技项目和重大科技工程。

（二）提高原始创新能力，增强源头供给

持续加强基础研究。 全面推进各学科均衡协调可持续发展，促进学科交叉融合，培育新兴学科。围绕带动科学重大发现和突破的前沿交叉问题，开展纳米、干细胞、蛋白质、发育与生殖、量子调控和全球变化等重大科学研究，支持依托大科学装置开展研究，占领科学发展制高点。

加强前沿和战略高技术研发。 围绕新一代信息技术、地球深部过程、下一代能源网络、生物与基因工程、数据科学、重大工程安全、新材料和先进制造、合成生物学等前沿领域，加强前瞻性部署，强化空天技术、智能化技术、能源资源和生态技术、生命健康技术等战略方向，加强深空、深海、深地、深蓝等战略高技术的攻关，加快一批突破性技术的研发与集成，培育新的增长点和战略性新兴产业方向，争夺发展的主导权。

（三）构建适应现代产业发展的技术体系

根据我国经济社会发展阶段、资源和环境约束条件，聚焦现代产业发展，强化技术支撑和体系建设，推动产业实现创新驱动发展。

加强农业科技创新。围绕保障国家粮食安全、食品安全、生态安全的战略需求，加强对生物育种、智能农业、农机装备、食品产业、海洋农业、生态环保等领域科技攻关，构建高效强大的农业科技研发体系。以科技推动农业结构调整，加快转变农业发展方式，促进农业农村持续发展，引领农业一二三产业融合、专业化品牌化和全链条增值转变。大力实施科技特派员农村科技创业行动。

加快培育发展新兴产业。以打造具有国际竞争力的产业链为目标导向，明确技术瓶颈和技术发展方向，在新一代移动通信、新能源汽车、轨道交通、地球观测与导航等重点方向尽早实现群体性核心关键技术突破，抢占产业发展制高点。完善产业配套基础设施，促进技术创新与商业模式创新的深度融合，尽快形成有国际竞争力的产品和服务，打造经济发展的新引擎。

促进传统产业提质增效。提升基础零部件（元器件）、基础制造工艺、基础材料和基础性工作的研发水平，夯实产业持续发展的基础。加快发展机器人、3D打印等智能化生产装备，推进制造业向智能化方向发展。加快构建网络协同制造模式，推动新兴信息技术在传统产业深度应用，推进制造业向服务化方向发展。加快构建可持续制造技术体系，支撑制造业绿色化发展。

推动现代服务业创新发展。围绕支撑"中国制造"和"中国创造"，大力促进现代服务业创新发展。以电子商务、现代物流、服务外包等为重点，改造提升生产性服务业。以数字文化、数字医疗等数字应用和空间位置信息服务为重点，大力培育和发展新兴服务业。以研发设计、技术转移转化、创新创业、科技咨询和科技金融为重点，大力发展科技服务业。加快构建基于网络信息技术的现代服务平台，推进服务业的开放，大力培育发展新型业态。

（四）大力改善民生和促进社会发展

围绕我国社会未来发展的重大挑战和迫切需求，以科技惠及民生为落脚点，依靠科技创新促进民生改善，支撑社会全面、高质量的发展。把握城市化建设的窗口期，以新技术建设绿色、低碳、智能的城市，提升城市建设和管理水平，确保城市安全和公共服务。推动量大面广、关系民生的消费品的技术升级和更新换代，建设常见疾病预防、诊断和治疗的全过程、全覆盖服务体系，不断发展适应老龄化社会需求的各类创新产品和服务。以资源可持续利用和生态环境明显改善为目标，提高资源、生态和环境利用的综合效益和治理水平，促进低碳绿色发展。

（五）打造科技创新的战略支撑力量

优化科研院所战略布局，择优遴选一批骨干科研机构承担国家重大科技任务，强化绩效评估和持续稳定支持，建设一批高水平的国家级研究机构。支持和鼓励新型研发组织创新发展。加强国家重大科技基础设施的建设，提升原始创新能力。围绕重大科技任务、重大科学工程、重大科学方向等国家战略需求，创新体制机制，建设若干国家实验室。完善国家重点实验室、工程技术中心空间布局。

推进科技基础性工作。统筹科技基础条件顶层设计和布局，强化科技平台建设，促进国家重大科研基础设施和大型科研仪器向社会开放，完善以开放服务绩效为导向的平台运行评价体系和资源共享激励机制。加强重大科研仪器设备、科研试剂、实验动物和科技文献等科研条件保障能力建设。

（六）加强区域科技创新战略布局

推动中央和地方科技资源的统筹集成，加强国家发展战略与区域发展需求的有效衔接，鼓励跨区域科技合作和资源共享。优化区域创新布局，支持东中西部探索创新驱动发展的路径。促进重点区域创新发展，加快推进北京建设全国科技创新中心和上海建设具有全球影响力的科技创新中心，推动京津冀协同创新共同体建设，促进长江经济带和福建经济社会创新发展，支持东北老工业基地等加快制造业升级和现代农业发展。充分发挥国家自主创新示范区和国家高新区的核心载体作用，促进创新资源根据区域转型发展的需求集聚，加强科技成果在区域转化落地，带动区域特色和优势产业发展，打造区域创新增长极。

（七）加强科技开放合作

深入参与全球科技创新治理。研究和部署国家科技外交战略和科技国际化布局，服务国家核心利益。积极参与重大国际科技合作规则制定，围绕各国重大关切，主动设置全球性议题。针对全球性挑战，丰富和深化创新对话机制，提升科技外交话语权。围绕"一带一路"战略构想，全面提升科技伙伴关系。

多途径整合利用全球创新资源。设立面向全球的"开放创新计划"，加快提出我国牵头的国际大科学计划和大科学工程，培养世界级的领军人才。推动建设区域国际技术转移中心和区域科技合作中心。以科技园区建设为载体，推动科技企业和科技产业在发展中国家落地。以北斗卫星、高铁、超算中心等全球布局为引领，推动重大科研装备和大型科研基础设施"走出去"。

四、若干重点领域重大技术路径选择

为落实习近平总书记系列重要讲话和指示精神，围绕国家发展战略需求，强化重点领域关键环节的重大技术开发，促进科学和技术的跨界融合，突破经济社会发展和国家安全的战略瓶颈，为经济转型升级提供有力支撑。

（一）全面提升经济社会发展的信息化基础，加快新一代信息技术研发应用

打造驱动经济社会发展的新一代信息技术基础，在新一轮信息科技革命发展方向上加强关键核心技术突破，改变受制于人的局面。针对新一代信息技术网络化、泛在化、智能化的"人机物"和谐发展趋势和正在孕育的新科技革命，以前沿基础研究和提升原始创新能力为抓手，加强类人智能、自然交互与虚拟现实、微电子与光电子等基础理论和前沿技术研究，抢占未来发展的制高点。加快云计算、遥感与导航、移动互联网、物联网、大数据、宽带通信、高性能计算、智慧城市等技术研发和综合应用，增强信息技术对经济社会的基础性支撑作用，提高我国相关产业核心竞争力。加大对集成电路、基础软件等自主软硬件产品和网络空间安全技术攻关和应用推广，解决信息产业的"卡脖子"技术和网络空间的安全威胁，提高国家信息安全保障能力。

（二）以确保粮食安全、食品安全、生态安全为战略出发点，建设具有核心竞争力的现代农业

更加注重粮食安全，重点加强动植物优质高产新品种培育，发展农业物联网，推动农业装备智能化，突破粮食大面积、规模化、机械化、可持续高产高效技术，提高粮食综合生产产能。更加注重食品安全，发展全产业链食品安全保障技术、农产品供应链全程质量安全控制技术、物联网食品质量安全溯源技术，推动绿色高效物流，确保"产出安全""全

程监管"。更加注重农业可持续发展，强化绿色生态环保技术开发，开展粮食主产区污染农田重金属污染、有机污染物综合防控与修复增效关键技术创新，发展农田生态安全评价及污染农田防控与修复管理技术，加强农业生态保护、农业节水、循环农业、生物质能源、新型生物制品、多元生物肥料创制领域技术研发，提高资源利用效率。

（三）适应优化能源结构、提升能源利用效率的发展需求，大力推动能源技术革命

针对我国能源结构优化调整、能源安全、温室气体减排等重大战略需求，以绿色低碳为方向，提升能源效率，建立比较完善的能源安全保障体系。积极推进煤炭清洁高效开发利用，加快推进可再生能源与新能源技术大规模开发利用，加强清洁能源技术的应用推广，推动能源供给向多元化和清洁化转型。推动智能电网技术研发应用，促进新能源汽车技术变革与应用推广，推广规模化利用废弃物的燃气成套技术和装备，提高能源利用效率。稳步推进核能与核安全技术研发应用，开展页岩气等非常规油气勘探开发综合技术示范，保障国家能源安全。

（四）夯实制造业发展基础，提升制造业核心竞争力

突破制造业发展的主要瓶颈，构建制造业升级的新型技术体系，实现我国制造业向价值链高端转移。以基础零部件性能为抓手，突破轴承、液压、传动三个核心领域，适应智能化发展趋势加快高端传感器、工业仪器仪表等工业基础元器件的发展。加快铸造、热处理与表面处理、清洁切削等先进基础制造工艺的研发，加快科技成果的推广应用。大力发展支撑钢铁、有色、纺织、石化、轻工、建材等行业优化升级的基础材料，加快新材料的研发和应用。建立一批工业性试验平台，支持基础数据的积累与共享，形成较为完备的工业基础软件体系，加强标准体系建设。

（五）支撑人口大规模向城镇转移的需要，加强面向新型城镇化的科技创新

针对建设绿色、低碳、智能城镇的重大需求，积极开发推动城镇化建设的科技创新。推动区域城镇群协调发展、绿色建筑及工业化、智慧城市及城市功能提升、生态城市建设、防灾减灾等关键技术研发，突破城市基础设施关键产品及核心技术，全面提升建筑设计方法和建设品质。加强城镇公共安全保障及应急救援技术研发和相关成果的集成应用，运用大数据、网格管理和低碳节能等技术，提升城市运行和社会治理水平。深化新农村建设，

强化村镇规划、资源利用、环境整治、新型民宅、社区服务等重点领域技术开发，提升基层医疗卫生服务能力。加强自然灾害、事故灾难、社会安全等风险防控及应急安全处置等重大技术和产品攻关。

（六）解决资源环境紧张和生态修复问题，加强资源节约型和环境友好型技术开发应用

针对人类快速发展的巨大需求与能源、矿产及水土等资源有限承载能力及生态环境约束间的矛盾日益尖锐的问题，加强资源节约型和环境友好型技术的开发应用。在水资源安全、矿产资源安全生产、煤炭开发、油气勘探开发、金属与非金属矿开发、海洋技术装备研发、资源循环利用技术、气候变化科学研究和技术集成以及综合资源区划等方面，集中突破一批基础性理论与核心关键技术。构建资源勘探开发与高效利用的技术体系。

（七）应对重大疾病和人口老龄化挑战，加快发展安全经济有效的生物和人口健康技术

针对人口老龄化程度不断扩大，广大人民群众对医疗服务日益提升的需求，加快发展安全经济有效的生物和人口健康技术。加快重大疾病防控技术突破，研发创新药物、新型疫苗、先进医疗装备和生物医用新材料制品，推进中药现代化和中医发展。构建卫生与健康一体化的新型全民健康服务体系，推动重大诊疗产品开发及产业链建设和数字化医疗、移动医疗、智慧医疗技术及新型养老医疗服务模式的推广与示范。攻克创新药物、医疗器械及生物技术。

五、重大改革和政策措施建议

政策是实施创新驱动发展战略制度保障，要以改革驱动创新、以创新驱动发展，改善创新制度供给，加强创新政策整体设计和协调配合，推动政策由研发向创新链条一体化整体设计转变，更加强调政策落实，更加强调需求面政策，更加强调人才激励政策，更加强调普惠性政策，构建有利于创新的生态环境。通过政策引导，充分调动各类创新主体和全社会的创新积极性。

（一）突出创新驱动发展导向，强化政策统筹协调

政策统筹协调是实施创新驱动发展的首要保障，强化创新链条各环节的政策协调和衔

ZHONGYANG "SHISANWU" | GUIHUA JIANYI ZHONGDA ZHUANTI YANJIU

中央"十三五"规划《建议》重大专题研究（第二册）

接，形成政策合力，推动政策设计一体化。加强科技、经济、社会、国防等政策、规划和改革举措，推进部门间、中央与地方间政策统筹协同；打通政策的"最先一公里"和"最后一公里"问题，注重财税、金融、投资、产业、贸易、消费、政府采购等政策与科技政策的配套，制定国发64号文件[1]实施细则；在全国推广中关村试点政策。扩大将企业研发费用税前加计扣除政策扩大到所有企业适用范围，将固定资产加速折旧实施范围扩大到所有工业企业。建立创新政策协调审查和评价制度。

（二）激发市场活力，完善创新驱动发展动力机制

通过体制机制改革激发市场活力是实施创新驱动发展的动力源泉。打破制约创新的行业垄断和市场分割，改进新技术新产品新商业模式的准入管理，建设统一权威、公开透明的市场准入标准体系。加快要素价格体系改革，建立要素价格"倒逼"创新的机制。发挥市场对技术研发方向、路线选择和各类创新资源配置的导向作用，政府通过间接措施加大对企业技术创新的支持力度，落实和完善税收优惠、政府采购等普惠性政策。建立面向不同规模企业的资本市场，为创新提供多层次融资支持。加大知识产权保护力度，推进知识产权法院建设，逐步发挥司法保护知识产权的主导作用。

（三）强化需求拉动，加速创新产品和服务推广应用

需求面创新政策是消费需求个性化、多样化条件下实施创新驱动发展的重要举措，应着重发挥市场需求在扩大创新产品应用、拉动创新方面的重要作用。要健全优先使用创新产品的采购政策，建立全国公开透明的政府采购市场；利用首台（套）保险、订购、用户补贴、税收优惠等政策手段，支持创新产品推广和培育新市场；健全技术标准体系，增强创新主体的标准化工作能力，完善标准制定和实施机制。

（四）构建高效科研体系，提高创新供给能力

构建高效科研体系是提升创新能力、改善创新供给的重要途径，进一步优化公共科研力量布局。加强科技资源统筹协调，加强科技计划（专项、基金等）管理改革制度建设；

---

[1] 即国发〔2014〕64号，《国务院印发关于深化中央财政科技计划（专项基金等）管理改革方案的通知》。

强化创新基地和平台建设，建立健全现代科研院所制度，加快科研院所和大学去行政化进程；完善促进新兴研发组织快速发展的政策；完善促进成果转移转化的政策法规。

（五）聚焦人才驱动政策，激发人才创新创造活力

创新的根基是人才，创新驱动的本质是人才驱动。放宽视野，改革体制机制，消除一切束缚人才创新创业的制度障碍。遵循人才成长规律，以创新能力为导向改革人才培养模式，大幅度增加技能型人才规模。完善人才激励和评价机制，从收入分配、人才流动和服务等方面采取措施，努力挖掘科技人才的智慧资源和创造潜能。把握当前新一轮国际人才大流动的机遇，择天下英才而用之，实施更加积极的创新人才引进政策，集聚一批站在行业科技前沿、具有国际视野和能力的领军人才。

（六）营造创新生态，推动大众创业、万众创新

中国特色创新生态营造是实施创新驱动发展的基础。崇尚"尊重创新、追求卓越"的创新文化，树立"敢为人先、创新光荣、宽容失败"的价值取向。树立"英雄不问出处、人人可以创新"的理念。降低万众创新的门槛，简化中小微企业审批、监管、税收制度，完善企业创业创新服务网络。加强孵化和创业投资的结合，推动投资主体多元化、运行机制多样化的孵化器建设。积极扶持创业投资发展，发展互联网金融，支持企业和个人出资设立天使投资基金。鼓励和支持"微创新""众创"等创业创新模式发展，形成大众创业、万众创新的生动局面。

科学技术部

"十三五"时期及未来中长期创新驱动发展战略研究

改革开放以来，中国一直努力探索解放和发展科技生产力的最优道路。从 1978 年邓小平在全国科学大会上明确提出"科学技术是第一生产力"，到 1985 年《关于科学技术体制改革的决定》确定了科技制度改革的基本内容和方针，再到 1988 年中共中央出台的《国务院关于深化科技体制改革若干问题的决定》、1996 年出台的《关于"九五"期间深化科学技术体制改革的决定》、2006 年出台的《国家中长期科学和技术发展规划纲要（2006—2020年）》，一直到党的十八大明确提出创新驱动战略，无论是在宏观层面，还是在微观层面，探索和追求提高自主创新能力，推动科技与经济结合，推动企业成为技术创新主体，以创新驱动经济和社会发展，构建国家创新体系，建设创新型国家和经济强国的步伐一直没有停息。

在未来的"十三五"时期，中国经济发展将面临下行压力较大，资源、生态、环境的约束逐渐加强，人口红利的优势逐渐消失，进入所谓"经济新常态"。如何实现经济和社会的平稳和可持续发展，是"十三五"时期面临的重要挑战。实施创新驱动发展战略将成为引领中国实现创新型国家、经济强国的重要路径，是"十三五"时期国家发展全局的核心。

一、创新驱动发展内涵与战略目的

人类社会发展依赖于自然资源、劳动、资本、知识和科技等要素投入。其中，知识和科技由创新生成并且不断累进和递增，逐步替代物质条件，成为现代人类发展的核心要素和基石。世界各国尤其是发达国家，均在不遗余力地推动创新，打造社会发展新的不竭动力。

创新驱动发展的内涵是，创新渗透和根植于民族精神和社会文化之中，成为推动国家持续发展的不竭动力、实现财富积累的根本方式和提升民族和国家竞争力的法宝。

实施创新驱动发展战略，就是要把创新提升到国家战略层面，通过顶层设计和制度改革创新，完善和优化国家创新体系，创造激励创新的有利外部环境，充分释放市场微观主体的创新活力，形成全民族基因式创新文化，提升全社会创新意识、创新能力和创新自觉，推动劳动者素质不断提高、知识持续快速积累，实现发展动力由物质要素投入扩张为主，向以知识创新、科技创新、社会创新、管理创新为基本的根本性转变，大力提升国家竞争力和国际竞争优势，以此持续推进民族兴旺、社会进步和人民富足。

二、创新驱动发展战略实施意义

（一）从理论角度来看，技术创新是经济可持续增长的根本动力

技术创新是经济增长的重要源泉。经济增长理论经过 300 多年发展，经历了从古典经济增长理论、现代经济增长理论至新经济增长理论的发展阶段。20 世纪 80 年代兴起的新经济增长理论，确立了自主创新成为推动全要素生产率提升和经济增长的核心动力要素的地位。

技术创新是促进经济繁荣的重要动力。技术创新从某种程度上影响着经济周期。技术创新成果持续不断并大量进入市场化运用，将刺激公众对新产品的消费和企业对新技术的投资，有助于避免经济衰退，减轻经济波动幅度，使经济进入新一轮的上升通道，从而拉动经济增长。

（二）从近现代历史来看，创新是一个国家成为世界经济强国的必经之路

自主创新是一个国家成为世界经济强国的必经之路。历史经验表明，虽然不同国家的发展路径和模式有所不同，但具有很强的创新能力是多数经济强国的根本特征。

从 18 世纪起英国推动自主创新，19 世纪后期美国成为自主创新大国，一直到第二次世界大战后日本加强自主创新、迅速实现经济复苏跃升为世界经济强国等成功经验，证明了自主创新是实现经济增长、提高国家竞争力的重要驱动要素。

历史经验还表明，在每一轮技术创新和产业变革中，抓住发展机遇的关键是有效实施适应各国和各个时期的科技创新战略。例如，美国经济结构调整和经济复苏，日本走出了"零增长"实现经济振兴，韩国经济崛起和走出亚洲金融危机等，都是有力的例证。

（三）从国际背景来看，各国都积极打造科技创新并将其作为经济发展的不竭动力

进入 21 世纪以来，伴随着国际力量对比发生的重大变化和国际体系的深刻复杂调整，国际竞争尤其是大国间的综合国力竞争日益加剧。随着知识经济时代的到来，智力资源已成为稀缺资源，谁掌握了智力资源，谁就拥有了财富，谁就具有了经济发展的主动权。因此，各国不断加强智力资源的开发与利用，科技创新能力已经成为国家综合国力中的要素。一个国家及其企业拥有技术创新成果的质量和创新能力基本决定了该国在国际分工中的地位。

世界经济低速增长成为常态，当今世界普遍存在生产力危机，而中国更为突出，表现在经济增速下滑、经济结构不合理等方面。

许多国家都将创新提升到国家发展的战略核心层面，将创新作为抓手打造社会发展新的不竭动力。全球化科技竞争与合作广泛而深入，国际社会科技主导地位的竞争日趋激烈，发达国家在科技上占优势的压力长期存在。

（四）从中国发展实践来看，实施创新驱动发展是实现创新型国家和经济强国的关键

在如此复杂的国内外背景下，创新能力日益成为增强综合国力、保障和强化国家安全和控制力、改变世界竞争格局的决定性力量。积极实施创新驱动发展战略是提高自主创新能力，转变经济发展方式，支撑创新型国家建设，形成持续国际竞争能力，从根本上解决国家面临的挑战的必由之路，具有重要战略意义。

第一，转变经济发展方式亟须实施创新驱动战略。中国正处于关键转型时期，转方式、调结构和次高速经济增长的局面将会持续较长一段时间，目前经济下行压力较大，进入所谓"新常态经济"。改革开放以来，中国经济实行出口导向型和投资拉动型发展战略，实现了长达 30 多年的高速增长。但随着国内外发展条件的变化，这种依靠要素投入的粗放型增长模式难以为继，在"人口红利"逐渐减少、土地成本迅速上升、资源环境压力不断加大等诸多约束因素下，粗放型经济发展方式已难以支撑中国经济的可持续发展，调整经济结构、转变经济发展方式已经刻不容缓，其中科技创新尤为关键。而实施创新驱动战略是保障中国经济保持较高增速和转变发展方式的关键。

第二，建设创新型国家亟须创新驱动战略的支撑和保障。科技是国家强盛之基，创新是民族进步之魂。我国是世界上具有重要影响力的科技大国，近年来我国创新能力显著提升。我国是科技大国但不是创新强国，创新型国家建设任重道远。目前我国狭义的技术进

步贡献率还不高，科技创新对经济发展的支撑作用还没有充分发挥，经济增长依然是资本驱动为主。中国企业技术创新仍然主要以跟踪模仿为主，自主创新能力较弱。与发达国家相比，中国技术进步水平还有较大差距，仅达到美国 13％的水平。实施创新驱动战略是建设创新型国家的必由之路，也是重要的支撑和保障。

三、我国创新驱动发展的现状

（一）取得的主要成果

我国是世界上具有重要影响力的科技大国，创新能力大幅提升，为实施创新驱动发展积累了宝贵经验。我国国家创新指数由 2000 年的全球第 38 位上升至 2013 年的全球第 19 位。国际科学论文产出实现量质齐升，论文数量居世界第 2 位，被引论文数量居世界第 4 位。本国人发明专利申请量和授权量分别居世界首位和第 2 位，占到全球总量的 37.9％和 22.3％。高技术产业出口占制造业出口的比重居世界首位，知识服务业增加值居世界第 3 位。

我国是世界第二大经济体，研发经费投入持续增加，为实施创新驱动发展奠定了坚实物质基础。2013 年，我国国内生产总值为 56.89 万亿元，全社会 R&D 经费支出 11 906 亿元，居世界第 3 位，占国内生产总值的 2.09％。

我国积累了庞大的人力资本，研发人员全时当量居世界首位，占到全球总量的 29.2％，为实施创新驱动提供了人才储备。

重点领域和关键产业技术创新取得了丰硕成果，攻克了一大批制约产业发展的关键和共性技术，部分领域取得了突破性进展。

科技运行机制发生重要转变，竞争择优成为科技资源配置的主要方式；科研院所改革取得突破，科研院所先后完成企业化转制，社会公益类院所分类改革取得积极的进展；《科学技术进步法》《专利法》《促进科技成果转化法》等法律法规相继出台，科技政策法规体系基本形成。

（二）存在的主要问题

科技体制改革不到位，政府对创新资源配置干预严重，寻租空间巨大，腐败现象频现，尚未很好地建立起对创新成果的知识产权保护机制。

产学研有机结合的技术创新机制有待形成，产业链上下游之间的技术创新结合不够紧密，科技成果转化率低。在科研项目立项、产业关键技术研发等方面没有形成上中下游合理分工协同攻关、创新资源共享的机制，没有真正发挥科技在打造新兴产业中的支撑引领作用。

以企业为主体的技术创新体系有待完善，企业尚未真正成为技术创新的主体，企业研发投入仍较低，创新动力不足。2012年的大中型工业企业研发强度仅为1.38%。

自主创新能力有待提高，产业核心关键技术对外依存度高，拥有自主知识产权的技术与产品少。缺乏产业关键核心技术，在整个世界产业分工格局中处于价值链低端。

尚未形成激励全民族创新发展的环境，需要形成有助于摆脱习惯思维束缚，有助于把创新驱动、转型发展的要求转化为全社会自觉行动的创新氛围。

四、我国创新驱动发展的外部环境

（一）时代机遇

科学技术越来越成为推动世界各国经济社会发展的主要力量，创新驱动是大势所趋，许多国家都将创新提升到国家发展的战略核心层面，世界科技创新格局正在调整。

即将出现的新一轮科技革命和产业变革与我国加快转变经济发展方式形成历史性交汇。

国际金融危机加快了新科技和产业变革的步伐，给我国经济转型升级提供了良好机遇。

科技创新的全球化，创新要素在全球范围内的流动空前活跃、重组不断加快，创新要素流动到哪里、向哪里聚集，哪里就可能成为全球新的产业和经济制高点。

我国经济发展水平不断提高，国内市场需求规模和潜力不断扩大，全方位对外开放格局逐步形成。

（二）现实挑战

我国经济发展方式转变任重道远。我国在需求结构上仍然过分依赖投资和外需，经济增长主要还是靠投资拉动，投入结构上比较依赖于传统生产要素的投入和外延的扩张。

我国经济发展中的结构性问题愈发突出。我国发展不平衡、不协调、不可持续矛盾十分突出。人口、资源、环境压力越来越大，我国以较少的人均资源占有量和脆弱的生态环境承载着巨大的人口规模和市场需求，支撑着工业化、城镇化进程，维持经济的快速健康发展存在较大难度。

我国经济正进入增长速度换挡期、结构调整阵痛期、前期刺激政策消化期、高速增长期掩盖的多风险显性化叠加的新常态阶段，面临"中等收入陷阱"的挑战。

面临发达国家蓄势占优和新兴经济体追赶比拼的挑战。美国等发达国家提出"再工业化"战略，我国经济结构与新兴经济体面临更多的"同质竞争"。

五、创新驱动发展战略的指导方针、制定原则与战略目标

创新驱动发展战略作为国家战略，不仅涉及国家层面政策体制机制的重大调整，而且涉及企业、高校、事业单位、劳动者等微观主体的驱动力和内生力的再造和调整。因此，创新驱动发展战略是一项富有长远性、全局性、系统性、调整性和内生性的国家重大战略部署。

（一）指导方针

从现在到 2035 年，是我国进入创新型国家行列、基本实现创新引领发展的关键时期。一方面要坚持深化科技体制改革，坚持充分发挥市场在资源配置中的决定性作用，激发企业创新动力，以"创新为引领、市场为导向、企业为主体、科技支撑发展"为指导方针。另一方面要提高教育质量和全民素质，吸引和培育企业家、职业经理人、科学家等创新型人才，激发社会公众敢于冒险、勇于开拓的首创精神，形成全民族基因式创新文化。最终实现我国从创新大国向创新强国的战略转折。

（二）制定原则

实施创新驱动发展战略是事关我国经济社会长期可持续发展的重大改革举措。创新驱动发展战略制定应遵循以下原则和标准：一是有助于构建完善引导正向创新的体制机制，增强微观主体创新活动激励；二是有助于显著增强全民族创新意识，营造良好社会创新氛围；三是有助于形成创新投入稳步增长、创新人才不断涌现、创新资源配置日益高效的良性格局；四是有助于显著提高自主创新能力，降低关键技术对外依存度；五是有助于显著提高知识、科技和创新活动对经济增长的贡献率，遏制负面创新对经济社会的消极

作用。

（三）战略目标

1. 总体目标

深化科技体制改革，构建以企业为主体、市场为导向、产学研相结合的技术创新体系，实现创新资源的有效配置，提高全民族教育水平和质量，创新人才不断涌现，在基础科学和前沿技术取得突破性研究成果，企业自主创新能力显著增强，全面提高技术进步贡献率和全社会劳动生产率，技术创新和社会公众创新成为经济增长的基本驱动力量，我国真正成为创新型国家、科技和文化强国。

2. "十三五" 时期目标

到 "十三五" 末期，中国迈入创新型国家的行列，自主创新能力显著增强。全社会研究开发投入占国内生产总值的比重提高到 2.5％以上，基础研究经费占全社会研究开发投入的比重提高到 8％以上，大中型工业企业平均研发投入占主营业务收入比例提高到 2％，科技进步贡献率力争达到 60％以上，对外技术依存度降低到 30％以下。教育质量和水平大幅度提高，涌现一批世界知名的创新型企业家人才和产品品牌，塑造鼓励探索的全民创新文化氛围。

3. 未来中长期目标

2030 年中国可望进入创新型国家的中级阶段，成为科技强国。自主创新成为经济发展的根本动力，全社会研究开发投入占国内生产总值的比重提高到 3％以上，基础研究经费占全社会研究开发投入的比重提高到 15％以上，大中型工业企业平均研发投入占主营业务收入比例提高到 3％，科技进步贡献率力争达到 70％以上，对外技术依存度降低到 20％以下。迈入世界高教育质量国家行列，全民素质基本与发达国家持平，企业家创业和创新精神成为全社会发展主流之一，真正形成全民族基因式创新文化。

2050 年真正实现从 "中国制造" 到 "中国创造" 的转型，真正实现从 "文化大国" 到 "文化强国" 的转型，成为引领世界的科技和文化强国。

六、创新驱动发展战略的重点任务

（一）积极鼓励创新，形成全民族基因式创新精神和文化

营造鼓励创新、崇尚创新的社会文化氛围，提高全民族的创新意识和创新精神。鼓励个人的创新精神，政府和社会大众对个体的首创精神要充分鼓励，并宽容创新者的失败，给予创新者提供良好的法律法规、政策保障和舆论导向；发扬大胆尝试和冒险精神，在制度上应该给创新思想生存的土壤，打破墨守成规、故步自封的弊端，鼓励大胆尝试，以及创业和创新的冒险精神；建设创新文化，繁荣各领域创新文化，摒弃僵化思想，公众创新成为经济社会发展的重要内生力量；营造崇尚创新、容忍失败的社会创新文化氛围。

（二）强化产学研各主体的市场地位，完善国家创新体系建设

从建立健全体制机制入手，完善和优化国家创新体系，真正形成以企业为主体、市场为导向、官产学研用相结合的创新体系。进一步深化国企改革，使其真正成为市场竞争的主体；加快建立以企业为主体、以市场为导向的技术创新体系，激发企业创新活力，使企业真正成为创新活动主体和创新决策主体，造就一批掌握核心技术并具有技术溢出能力的创新型跨国公司。强化对企业技术创新的支持，吸引企业参与确定科研方向、科研立项和牵头承担应用研究和技术开发。重点支持龙头企业建立高水平的研究院、国家工程中心和国家工程重点实验室，支持企业加快推广应用新一代的信息技术、新材料、新工艺、新装备的应用推广。加快地方科研院所改制，推进应用型技术研发机构市场化、企业化改革，对科研院所进行分类管理；推动高校技术转移中心、孵化器、科技园等中介组织企业化改制，使其真正成为科研成果转化的主体。继续实施技术创新联盟计划，鼓励企业、高校和科研机构结成以创新为目的的正式联合体，通过整合产业中分散化的研发力量，发挥对产业技术创新的支撑作用。坚持科技面向经济社会发展的导向，围绕产业链部署创新链，围绕创新链完善资金链，消除科技创新中的"孤岛现象"，破除制约科技成果转移扩散的障碍，提升国家创新体系整体效能。

（三）深化科技体制改革，建立公平竞争的市场环境

深化科技体制改革，确立市场配置资源的决定性作用。全面加快和推进要素市场化改

革；加大知识产权保护力度，通过知识产权保护，让企业通过技术创新得到合理的市场报酬；保障不同所有制企业公平分享科技资源。形成以市场竞争对企业技术创新积极性的倒逼机制，提升微观主体从事创新活动的激励和动力。

梳理政府条条块块的科技资源，进行上下级政府和不同政府部门之间的增减和归并，科学设计和配置科技资源。改革科技专项体制，借鉴美国、欧盟等科技资金配置先进经验，注重中央和省级政府科技立法建设，硬化政府科技资金软约束，加强第三方监管和科学评估。处理好科技"举国体制"和"公众体制"的关系，谨慎使用科技"举国体制"。

完善科技统筹机制和鼓励创新的机制。完善顶层科技决策机制和统筹协调机制。与科技体制改革相协同，推进财政体制改革、垄断行业改革、金融体制改革等一系列改革，建立跨部门的组织协调机制，更好地发挥政府的宏观调控职能，以推动产业界、大学和研究机构之间的合作，实现其功能上的互补。完善知识产权保护制度和行业监管规制，为微观主体从事创新活动创造公平高效的市场环境，有效遏制各种损害市场公平和消费者利益的负面创新活动。

（四）合理定位政府在创新领域中的地位，充分发挥引导作用

结合创新链条不同环节特征，从弥补市场失灵出发，界定政府部门在推动创新过程中承担的职能。切实用好市场"看不见的手"和政府"看得见的手"，逐步消除创新领域政府越位与缺位并存现象，使企业真正成为市场主体和创新主体，能够按照市场规则和利润最大化原则组织开展各种创新活动。

政府在创新领域的职能应定位于，弥补和纠正创新领域存在的市场失灵，着力改善制度环境，为建设公平竞争的市场创造条件；承担企业不愿承担的公益职责，为微观主体创新活动提供更多的公共技术服务体系；加强国家创新体系建设，加强创新网络的形成，重构公益性技术中介机构，构建技术创新共性平台。改变单纯由政府部门评估科技转化成果的做法，加强第三方评估中介建设，增强社会对科技资源配置效率和使用效果的监督；充分发挥政府的引导作用，引导社会资源向创新领域集中。

充分发挥政府在创新驱动发展战略中的引导作用，集中资源大力推动和发展战略性新兴产业和高新技术。增加基础研究，提高对中小创新型企业R&D资助水平。对于基础研究要给予稳定支持，政府鼓励更多的原创性研究，保证共性技术的公共供给。对于应用研究，要面向需求，由市场来决定资源的配置，发挥市场对技术研发方向和路线选择、要素价格以及各类创新资源配置的导向作用。政府在关系国计民生和产业命脉的领域要积极作为，加强支持和协调，用好国家科技重大专项和重大工程等抓手，集中力量抢占制高点。

（五）加大科技基础设施建设，增强共性技术和前沿技术研发

实施科学有效的支持性政策措施，鼓励创新供给，加强基础科学和前沿技术研究领域的研究，提高原始创新能力和综合创新能力。积极构建高水平的产业共性技术支撑体系，建立国家共性技术和前沿技术基金，组建支持和促进共性技术研究开发和产业化的产业技术联盟。依托科研院所、高校和企业整合现有的创新资源，整合现有的高校、研究院所和重点实验室，支持以提高自主创新能力建设和关键技术研究为目标，在若干基础共性和前沿领域，以新机制和新模式探索建立国家级的研发中心。在新能源、新一代的信息技术、合成生物技术、关键和高性能材料等领域建立一批关键的技术平台。

（六）加快具有竞争优势领域和战略必争领域的技术突破，保障国际竞争力

竞争优势领域是我国已经具备较好的基础，与国际先进水平较为接近、能够率先实现引领和赶超的若干领域。在航天装备、网络通信设备、发电与输变电装备、轨道交通装备、能源装备、钢铁冶金、石油化工、家用电器等具有竞争优势领域，要大力推动创新发展，加快形成全球竞争优势。

战略必争领域是我国经济社会发展和抢占未来产业制高点所必需的，但长期薄弱、受制于人、差距较大的若干战略性和先导性领域。在集成电路及专用装备、操作系统及工业软件、数控机床及基础装备、航空工程装备、汽车、航洋工程装备、船舶、新材料、生物医药及医疗器械、节能环保和农产品加工等战略必争领域，要加强前瞻性部署和关键性技术的突破，努力掌握知识产权，提升自主创新能力，提高在国际竞争中的主动权和话语权。

（七）提高教育质量和水平，培养和吸引一批科技领军人才和高技能人才

加强教育体制改革，完善创新人才培养机制。对现行以应试为出发点的教育体制进行全面改革，培养学生的创新精神，鼓励学生敢于尝试和冒险，让学生学会主动思考和学习，改变"填鸭式"教育模式。推进素质教育，创新教育方法，提高人才培养质量，努力形成有利于创新人才成长的育人环境。协调好基础教育、高等教育、职业教育之间的分工，共同致力于提升公民的科学素养、人文素养，培育公民创新创业精神。

着眼于当前经济社会发展的现实需要，在关键核心技术领域吸引一批海内外高科技领军人才。塑造和培养企业家及企业家精神，注重吸引具有创业精神，活跃于社会创新、管

理创新领域的领军人才。要用好用活人才，建立更为灵活的人才管理机制，打通人才使用、发挥作用中的体制机制障碍，最大限度支持和帮助科技人员创新创业。实现创新人才的竞争和自由流动。破除僵化的户籍制度，弱化行政单位终身制，淡化国籍意识，使得人才充分竞争和流动，吸引世界一流人才集聚中国。

（八）扩大科技开放合作，整合国内外优良科技资源

以全球化视野，整合各种优良科技资源，引导更多社会资源向创新活动集中，提高原始创新、集成创新和引进消化吸收再创新能力，更加注重协同创新和产业共性技术研发，使原创和独创的技术和产品不断涌现，推动技术创新、产品创新、生产和商业模式创新。

深化国际交流合作，充分利用全球创新资源，在更高起点上推进自主创新，并同国际科技界携手努力，为应对全球共同挑战做出应有贡献。支持企业灵活利用国际科技资源壮大技术研发能力，鼓励企业进行带有技术研发色彩的国际并购，鼓励企业到海外建立研发中心。

七、实施创新驱动发展的模式

（一）发达国家模式借鉴

1. 美国模式——上下联动

美国逐渐形成了以政府、大学（包括研发机构）和产业三方共同参与、协同发展的"政府—大学和研发机构—产业"三螺旋创新模式。美国国家创新模式最大的特点是企业作为创新主体的作用能够得到充分发挥，政府仅进行必要的干预。美国是经过自由市场主义发展起来的技术领先者模式，是原创型科技创新领先者。

政府的调控与协调功能定位。政府的作用主要是从宏观角度为企业技术创新创造环境，通过各种直接或间接手段进行调控，采用金融和财政等调控政策，对公司和大学等部门和创新行为进行调控。联邦政府从国家宏观层面确立创新战略目标，即维持美国在几乎所有领域的领先地位。联邦科研机构则主要承担与国家使命相关的基础研究和关键技术的开发，在美国国家创新体系中具有不可替代的作用。白宫每年发布总统科技报告，瞄准前沿科技领域；"阿波罗登月计划""星球大战计划"、奥巴马科技新政及制造业振兴计划，无一不是联邦政府主导推动的国家科技创新战略。

企业是创新和投资的主体。企业在美国创新过程中承担了重要的部分，企业利用了美国约 3/5 的研发经费并吸取了 3/4 科技工作者，创造了全美 3/4 的研发成果。大企业在企业研发中的地位一直非常重要，自 20 世纪 70 年代以来，中小企业在研发方面也发挥了越来越重要的作用，有力地促进了科技工业园的发展。在微观层面，创新文化和企业家精神支撑了美国旺盛的创业型经济。从东海岸的 128 号公路到西海岸的硅谷，都展示了美国社会活跃的创新文化和广泛的创新基础。

大学基础研究的主要基地。美国大学在基础研究方面的重要地位是不可替代的。随着知识经济的深入发展，知识创新和研发成为创新的核心，大学作为基础研究的主要基地，在创新过程中发挥着越来越重要的主导作用。

科技中介服务机构是创新产业化的纽带。主要包括技术转让机构、咨询和评估机构、政策研究机构、风险投资公司等，它们对美国国家创新体系架构的桥梁作用不容忽视。

2. 日韩模式——政府推动

日本在第二次世界大战后重新崛起，韩国成功实现赶超，都与政府主导实施的创新发展战略密不可分。日本和韩国结合自身实际，走上技术模仿和自主创新相结合的创新模式。日本和韩国是倾向于国家制约主义发展起来的技术引进跨越模式。

日本的技术创新经历了一个从较低层次的单纯技术引进到简单模仿，再从消化吸收创新向较高层次的知识创新、原始创新的发展历程。这种创新模式升级是在日本政府、企业、科研机构和中介及行业组织共同推动下实现的。日本创新模式建构的基本特点在于，一方面积极引进、消化和吸收国外先进技术，另一方面在此基础上大力推进本国技术开发与创新，从而迅速提升了日本制造业的技术水平。这种技术进步与创新与经济发展紧密联系、互相促进，经济增长受益于技术进步与创新，反过来又进一步促进技术进步与创新。战后日本政府主导出台了涵盖产业政策、私人与公共投资、教育、R&D 等一系列政策，逐步形成了一套较为完善的制度框架，成为"国家创新体系"构建的样本和范例。

日本政府发挥着重要的指导作用。日本政府在制定规划、出台政策、加大投入、实施科技计划等方面积极主动，根据不同时期不同情况积极调整政策措施，优化促进技术创新的政策环境。

日本企业是技术创新的主体。企业根据市场需求，确定企业发展方面和目标，推进技术创新，分享创新收益。大企业基本上都有自己的研发机构，侧重于应用研究，在技术改造和产业化方面发挥自己的优势。而中小企业，由于自身实力不强，很难建立和形成自己的研发机构，所以积极与大学和科研院所合作，将其作为自己的技术依托。

日本大学和科研机构是重要的创新源。日本的大学和科研机构是技术创新的重要支撑。

日本中介服务机构提供服务。中介服务机构在搭建创新平台、提高创新服务等方面起到了不可替代的作用。具有日本特色的以银行为主导的金融体系，为企业的技术创新和生产发展提供了强大的融资保障。

技术创新的这几个方面的协调与密切合作成为日本的技术创新的特色，在共同推进日本的技术创新起到了巨大作用。

韩国作为一个追赶型国家，其科技发展之路与日本相似，都经过了一个政府主导的技术引进和技术改进的过程。自 20 世纪 60 年代中期以来，韩国实施了《科学技术长期综合计划（1967—1986 年）》《高技术及其产业发展七年计划》《科技立国展望》等科技发展规划；并先后出台《科技振兴法》《科技创新特别法》《科学技术基本法》，配套相关科技政策，逐步形成较为完备的国家创新体系。同日本相比，韩国在工业基础与人力资源水平方面的起点都要低很多，但经过 50 多年的发展，韩国也成功跻身发达经济体行列，成为重要的创新型国家。

3. 德国模式——社会市场经济模式

德国政府在经济和创新发展过程中，采取了介于自由市场主义和国家制约主义之间的模式，即社会市场经济模式。这种经济和创新发展模式以市场经济为主，但又不同于以自由市场主义为基础的市场经济。其基本思想是市场效率与社会认同在社会利益平衡中结合。社会市场经济模式主张以竞争为核心推动经济和创新发展，政府进行适当干预维护市场竞争秩序，国家对市场的干预以适应市场运行为主，并应符合市场自身规律。

德国创新体系非常完善，无论是宏观层面上的政府推动，还是微观层面企业活跃的创新创业活动，都值得称道。从创新系统的构成来看，德国大体上可以分为四个层次：政治决策与管理层、咨询与协调层、科学协会与研究执行层以及私营部门与工业协会层。

政治决策与管理层由联邦与各州的议会及政府构成，负责制定、执行与教育、技术和创新相关的政策及实施细则，并负责创新外部环境的建设。

咨询与协调机构主要包括：科学委员会、创新与增长咨询委员会以及联邦州文教部长常设会议等，主要负责为联邦和州政府提供与科学政策相关的建议，并向总理提供咨询。

科学与研究协会主要包括：研究基金会和马普学会等，这些协会一方面从事科学研究，另一方面又负责制定并执行相关的研究政策及资金分配。

私营部门与工业协会主要包括：联邦工业协会、特定领域的工业协会和工商总会等，围绕着特定的研究课题开展一些辅助性活动，为其成员提供各种与研究和创新相关的服务。

德国创新最突出的特点是具有广泛的专业化中介服务机构。德国的中介机构种类众多，业务范围覆盖较广，主要包括：对政府资助的科技项目的立项进行评估和监督管理，为企业的创立和发展提供信息咨询和职业培训服务，以及从知识和技术的供给方向需求方进行技术转移等。

4. 北欧模式——自下而上

北欧国家的创新驱动表现出很强的自下而上特征。瑞典、芬兰、挪威等北欧国家，由于本国市场有限，经济发展需要海外市场带动。虽然这些国家规模虽小，却是世界级的创新大国。这得益于其良好的微观创新基础：人均受教育水平很高，公民的学习和创新意识很强，同时政府对企业在技术创新方面给予大力支持，使得北欧拥有一批世界级的创新企业，如爱立信、诺基亚、诺和诺德、沃尔沃等；同时，北欧的小企业在科技创新中涌现的巨大能量，更为世界刮目。

北欧创新体系的共同点是以企业为主体、市场为导向、产学研（企业、高等院校和研究机构）结合的创新体系。各国政府通过宏观指导和协调，鼓励企业、高等院校和研究机构北欧各国积极推进国家创新体系的国际化，加强国际技术合作，尤其是与其他欧盟国家在技术方面的合作，同时注重增强对科技创新型中小企业的扶持政策和特别渠道。

（二）中国创新驱动发展模式选择

建设创新型国家，要以宽广的世界眼光，抓住全球化机遇，充分利用国内国外两种资源。具体选择何种创新驱动发展模式要根据发展的战略目标、资源的水平、技术创新、创新创业文化、创新人才培养与积累等现实条件进行科学选择。比如说，在科技创新方面，为提高社会生产力和综合国力提供战略支撑，把原始创新、集成创新和引进消化吸收再创新结合起来，更加注重协同创新，走出具有中国特色的创新之路。另外，不同行业由于行业发展阶段和发展特点的差异，创新驱动发展模式的选择也有明显差异。创新驱动发展模式同样决定着企业创新活动的效率和效果，不同类型和处于不同发展阶段的企业选择的创新驱动发展模式也有较大差别，创新理性较强的企业更倾向于选择与自身状况相匹配的创新驱动发展模式。

1. 国家整体创新驱动发展模式选择

国家整体创新驱动发展模式的选择要根据国家所处的经济社会发展阶段而定。

（1）在近期发展阶段，需要适当借助政府"有形之手"推动创新驱动发展战略的实施，可以借鉴日韩模式，自上而下推动。

（2）在中期发展阶段，需要全力培育微观创新主体，加强对创新型大学和科研院所的改革，逐渐减少政府干预力度，实现政府主导与市场导向混合，逐步实现上下联动。

（3）在远期发展阶段，需要进一步完善国家创新体系，融合美国和德国模式，以市场为导向，融合上下联动模式，并加强社会中介技术服务机构的作用。

2. 不同类型行业创新发展模式选择

（1）高技术行业、国内外技术差距小的行业、国外垄断行业以自主创新模式为主。高技术行业的科技创新水平制约着国家整体竞争力水平，是影响国家战略技术储备的重要因素，应采用自主创新模式为主。具体来看，电子及通信工业的技术创新已经越过了引进技术-消化吸收再创新的发展阶段，进入了自主创新阶段。由于技术引进程度和速度受行业发展和市场的双重限制影响，专用设备制造业应加强原始创新活动。

（2）国外技术成熟而国内技术差距大的行业以引进消化吸收再创新模式为主。钢铁、水电技术装备、铁路技术装备、冶金、发电、石化设备等装备制造业以及家电制造业等，可以采用通过引进国外先进技术，坚持引进消化吸收再创新模式，实施国产化并再创新，不断提高自身研发能力。电器机械及器材制造业、医药制造业、金属冶炼及压延加工业、汽车制造业、化学原料及化学制品制造业等技术成熟行业，可采用在引进模仿基础上消化吸收再创新模式。

（3）创新风险大、创新投入高的行业以集成创新模式为主。不同行业在选择实施技术创新组织方式方面也有所不同，医药制造业、化学原料及化学制品制造业由于创新投入高、风险大，应以联合创新模式为主。成熟的产业集群多采用集成创新模式，例如重庆力帆集团和江苏波司登集团所在区域的产业集聚度较高，适于采用集成创新模式。

（4）战略性新兴产业可以通过组建产业创新联盟以产学研协同创新模式为主。产学研协同创新是以知识增值为核心，高校、科研院所、企业、政府、非政府组织等为了实现重大科技创新而开展的大跨度整合的创新组织形式，涉及不同利益目标的创新主体，是一种独特的混合型跨组织关系，需要创建新的管理技能和组织模式。新兴产业采用"战略—知识—组织"三重互动的产学研协同创新，有利于加强基础研究和产业研究之间的紧密联系。产业创新联盟作为促进协同创新的有效载体，应找准各自与产业发展的契合点，加强自身能力建设，增强为企业服务、为产业服务的能力，成为联系市场与创新主体的桥梁和纽带，形成新的高端服务业态。

八、实施创新驱动发展战略的路径分析

实施创新驱动发展战略应注重顶层设计，结合我国经济社会发展现状和创新驱动发展战略目标，从适应创新驱动发展的制度与社会环境建设、创新活动呈现的不同形式和层次、创新活动对经济社会发展的支撑力度等不同维度，划分战略实施步骤，确定阶段目标。

（一）推动科学和技术的发展

其一，重点支持科学发现、理论探索和技术发明，推进知识创新，为技术创新转化提供重要的基础。

其二，充分发挥市场机制的作用，并结合合理的调控和规制，大力推进技术创新，特别是共性技术和关键领域的技术创新。

（二）提升创新对经济发展支撑力度

其一，培育自主创新能力，个别领域达到国际领先水准，有力支撑宏观经济增长，提升国际竞争力。

其二，全面提升传统产业、新兴产业技术水平，大部分领域都具备与主要发达国家同台竞技的技术水平，技术进步开始成为经济增长最重要的贡献因素。

其三，创新和创业活动开始成为各行业领域的自觉行为，经济发展模式全面转型为创新创业型经济。

（三）推动体科技制机制改革

其一，深化科技体制改革，合理定位科技创新领域的政府职能。

其二，划分政府市场边界，以市场为导向完善政府调控手段，弥补市场失灵。

其三，完善知识产权保护、行业规制，构建跨部门、跨主体协作机制。

其四，构建完善创新人才吸引和人才培养机制。

（四）营造社会创新的环境

其一，加强创新文化建设，弘扬创新创业精神，营造创新社会环境，创新思维渗透到经济社会的方方面面。

其二，培育形成浓厚的社会创新氛围，创新组织管理和商业模式，推进社会创新。

九、保障措施和实施机制

（一）推动政府在科技发展中的职能转变

明确政府与市场之间的关系，推动政府机构向服务型政府转型。政府应减少对微观市场的干预，对于不存在市场失灵的环节政府应逐步退出，发挥市场在资源配置中的基础作用。在技术创新市场失灵环节，充分发挥政府的引导作用。理顺中央地方政府关系，破除唯GDP论的政府考核体系；加快垄断性行业改革，打破行政性垄断，在自然垄断行业的可竞争环节引入竞争机制；在市场准入方面实施负面清单管理，以及以资源节约、环境保护、质量安全、劳动者权益保护为主的准入标准。在投资、生产经营活动等领域，大力减少行政审批事项，禁止变相审批；加快创新要素市场化，完善主要由市场决定价格的机制，加快推进能源、资源及其产品价格形成的市场化改革。应引入技术创新指标作为官员考核的标准，构建地方政府以创新驱动发展为激励的考核制度，逐步扭转当前依赖投资驱动的粗放经济发展方式。

（二）加快建立企业主导产业技术创新的体制机制

一是深化国有企业改革，发展混合所有制。二是全面加快和推进要素市场化改革。要素市场扭曲使得企业更愿意引进模仿低技术生产能力，不愿意进行风险性技术创新活动，因此，无疑会抑制企业在技术研发投入的积极性。三是加大知识产权保护力度。通过知识产权保护，让企业通过技术创新得到合理的市场报酬。四是不同所有制企业公平分享科技资源。不论是民营企业还是国有企业，在科技资源分配上一律平等，避免科技资源更多流入国有体制。在企业登记、申请立项、税收收费标准、政府采购、财政补贴、土地使用等方面，确保不同类型企业享有同等待遇。五是支持企业灵活利用国际科技资源壮大技术研发能力，鼓励企业进行带有技术研发色彩的国际并购，鼓励企业到海外建立研发中心。

（三）强化科技创新体系建设

构建以企业为主体，市场为导向，大学、科研院所和企业化技术研发机构为支撑的科技创新体系。充分发挥大型骨干企业的科技资源整合能力，调动广大中小企业的创新活力。设立"国家共性和前沿技术研究院"，集聚高端应用技术研发人才，创新科研管理体制，加强针对重点产业、新兴产业和重点产业集群的共性技术攻关与服务。加快完善大型科技工程与设施、科技数据与信息平台、自然科技资源服务平台以及国家标准、计量和检测技术平台等科技基础设施，鼓励骨干企业和产业联盟建设工程数据库，建立科技基础条件平台的共享和开放机制。设立"先进制造技术扩散应用项目"，以技术培训和技术咨询等方式促进先进制造技术推广应用。促使标准制定与科研、开发、设计、制造紧密结合，协同推进标准的培育、制定和产业化，鼓励国内标准的优先采用。鼓励各类创新主体积极参与国际标准制定，推动我国技术标准成为国际标准。加强知识产权保护和主要针对中小企业的知识产权诉讼服务。加强知识产权战略性部署，大力支持企业申请海外发明专利、特别是基础专利。

同时，推进科技项目和经费管理改革，增加基础研究领域的固定投入比重，更加注重科研经费配置使用效益，完善科技创新评价标准，建立和完善"同行评议制度"。

（四）进一步营造中小企业发展环境

着力完善中小企业服务体系，加快建设专业化、覆盖广、公益性、综合性的中小企业服务机构和信息平台，培育一批专业素质高、服务意识强的中小企业服务队伍，完善中小企业服务平台和服务内容，建立有效的服务机构运行机制。实施分阶段的中小企业创新扶持政策，优化中小企业科技项目申报流程，统筹对中小企业科技创新的研发支持和产业化支持，由各部委对相应领域的中小企业和创业企业提供资金支持和优先政府采购。简化企业创办流程，加强创业培训与辅导。重点培育和支持一批具有较强创业辅导服务功能、运作规范的创业示范基地，鼓励各种类型的创业孵化机构发展。

（五）促进科技与经济发展之间的衔接

一是发挥政府在产学研合作中的引导作用。政府应着力于改善制度环境与完善公共服务体系，规范完善科技中介机构、产学研联盟的组织运行机制，拓展学术界与产业界之间的合作沟通渠道。重构公益性技术中介机构，承担企业不愿承担的公益职责。二是实施大学技术转移中心、孵化器、科技园等科技中介组织企业化改制。三是深化地方科研院所的改制，对科研院所进行分类管理，加大支持力度。四是建立起以企业为主体，高校和科研院所积极参与、风险共担、利益共享的产学研合作机制。收入分配制度的改革要体现倾斜于科研人员和研发活动的导向，激发研发人员和企业创新的热情。五是完善科技中介机构、产学研联盟的组织运行机制。重构公益性技术中介机构，承担企业不愿承担的公益职责。六是借鉴美国创新实验室、德国创新联盟、澳大利亚合作研究中心、加拿大产业教授、日本和韩国技术研究组合等产学研合作典型长效机制模式，结合我国产学研合作实际国情，创新产学研合作模式，构建产学研合作的长效机。

（六）优化支持科技创新的财税政策

加大政府采购等需求侧政策措施力度，为创新产品创造市场，提高创新型企业的市场生存能力；加快完善和实施《政府采购法实施条例》及相应制度，充分利用《政府采购协议》（GPA）在国防采购、医疗、中小企业产品、市场竞争前技术研发合同、创新产品首购［首台（套）］等领域的例外条款，支持企业创新发展。降低综合税费负担水平，鼓励企业在创新与研发、技术改造领域进行投资。调整进口关税优惠政策，对国内企业已经具备研制生产能力的重大技术装备和产品不再给予减免优惠。

完善财政资金投入方式，统筹支持制造技术研发、产业化及企业技术改造。规范财政补贴制度，提高补贴透明度，补贴重点由投资、生产环节转为研发创新、节能环保与消费环节。

（七）完善推动中小企业技术创新的金融体系

创新信贷工具、完善资本市场，引导资金要素向创新型企业流动。渠道破解中小企业融资难、融资贵问题。加快利率市场化步伐，创新小微企业信贷工具、完善资本市场、完善科技中小企业股票发行与上市制度，引导资金要素向创新型企业流动；建立中央财政支出、地方政府、风险投资机构、企业和金融机构等共同构成的多元化投资体系。鼓励股份制银行和商业银行针对中小企业开展金融产品创新，降低中小板、创业板发行上市和债券市场融资门槛，设立政策性中小企业信用担保基金和风险补偿基金。大力发展风险投资基金、创业投资基金和私募股权投资基金，拓宽其资金来源，促进资金汇聚渠道多样化。建立风险分担机制，分担中小企业的技术创新风险。

（八）着力培养多层次的科技人才

依托重大科研项目和建设项目，加大学科带头人和领军人才的培养力度，探索建立企业首席科学家制度，拓宽海外人才引进渠道，积极引进海外高端人才和紧缺人才。营造有利于企业家大量涌现、健康成长的良好市场环境，鼓励更多的人才创业。完善人才激励和评价机制，鼓励企业使用股权激励、知识产权共有等方式，激发高端人才的积极性。积极鼓励学术创业和海外人才创业。继续加大国家创业投资引导基金对高科技创业的投资力度。

（九）形成对创新进行正面激励的文化建设

加大图书馆、科技馆、博物馆、文化馆等文化公共基础设施建设力度，为弘扬创新创业精神、营造创新文化氛围提供设施保障；依托教育部门、科技协会、民间组织等多方力量，加强科普教育，普及现代科学常识、提升民众科学素养，特别要激发广大青少年对于科学探索、技术发明、创新创业的兴趣和热情；文化宣传主管部门应引导主流媒体加大科学、探索、创新、创业方面的宣传，形成崇尚科学、奋斗励志的正面导向。

建立宽松的创新生态环境，允许积累、允许试错，为基础研究提供良好的支持，努力培育潜心致研的氛围。培育企业家创新精神，倡导创新意识，提高全民科学文化素质，培育创新文化环境。从而形成全社会对鼓励创新的正向激励环境，提升全社会创新意识、创新能力和创新自觉，使创新渗透和根植于民族精神和社会文化之中。

ZHONGYANG
"SHISANWU"
GUIHUA 《JIANYI》 ZHONGDA
ZHUANTI YANJIU

专题九　信息化发展

国家发展和改革委员会

"十三五"时期信息化发展方向和政策

一、信息化正在酝酿新一轮发展触动全球经济格局

随着金融危机的爆发，世界经济进入深度调整期。然而，以量子计算、人工智能、大数据、工业互联网等新一轮信息技术革命和产业变革正在悄然兴起，已然酝酿以信息经济为主要标志的新一轮全球经济增长，信息优势将重塑国家竞争力，全球新一轮信息化发展已初露端倪。

（一）各类信息网络趋向加速融合

基础设施智能化加速转型，宽带、新一代光纤网络、下一代无线网络、卫星网络、移动互联网快速融合发展，形成互为依托、补充的良好网络基础形态。网络跨界渗透越来越普遍，催生网络社交、在线支付、泛在学习、移动医疗、智慧交通、智能可穿戴设备等新业态新模式不断涌现。

（二）跨行业数据应用趋向加速融合

全球掀起大数据应用热忱。美、澳、法、英等国家纷纷出台大数据国家战略，各国都加速推动本国大数据技术研发、产业发展和相关行业推广应用。环保、医疗、交通、教育

等领域大数据关联分析、深度挖掘、综合深度应用不断涌现，为城市治理、公共服务、社会创新创业等提供了新路径。

（三）虚拟经济和实体经济趋向加速融合

互联网成为传统产业转型升级的主要目标。美国 2012 年提出"工业互联网"，2013 年又发布了《国家制造业创新网络战略》，期望借助互联网优势，保持美在全球制造业的领导地位；德国 2013 年提出"工业 4.0"战略，希望通过信息技术手段开创新的制造方式，提升制造业和信息化融合发展水平，抢占智能制造产业未来竞争制高点。

（四）信息技术与其他领域技术趋向跨界融合

信息技术与能源、材料、生物、制造、空间技术交叉融合发展，并通过向传统产业快速渗透重构现代产业体系，加速研发设计、生产制造、业务重组等向全球体系演进，同时还带动资本、信息、人才在全球范围内加速流动，促进产业创新模式向高效共享和协同转变，推动产业颠覆性变革。

二、我国信息化发展现状、问题和主要趋势

我国高度重视信息化的发展。习近平总书记指出：信息流引领技术流、资金流、人才流，信息资源日益成为重要生产要素和社会财富，信息掌握的多寡成为国家软实力和竞争力的重要标志。"十二五"以来，我国信息化发展取得了瞩目的成绩，并呈现出新的发展趋势。

（一）五大成就亮点

1. 网络接入规模第一

"宽带中国"战略加速推进，网络覆盖范围、普及率、渗透度、可用性等快速提升，全国光缆总长度达 2 046 万千米，互联网总带宽达到 2 430G，通宽带乡镇比例达到 100%，固定宽带平均下载速度提升到 4.09Mbit/s，网民规模达到 6.88 亿人，各类接入终端数量超过 25 亿，居世界第一。

2. 信息制造业规模第一

规模以上电子信息产业多年保持 10％以上增长，年销售收入超过 10 万亿元，2014 年服务器出货量 180 万～190 万台，居世界第一。新兴信息技术服务所占比重继续提高，推动经济发展转型升级，信息产业支撑、保障作用进一步凸显。

3. 网络零售市场全球第一

电子商务异军突起，互联网经济发展速度超出预期，2014 年电子商务交易额超 16 万亿元，网上零售额 2.8 万亿元，社会零售品消费市场"电商化"比重达到 10.5％，是全球第一大网络零售市场。

4. 两化融合创新发展提速

我国两化融合发展总指数为 66.14，年均增长率达 7.85％，使用互联网办公企业比例达到 78.7％，远程诊断、个性化定制和供应链集成服务等创新模式层出不穷，实现了产品、服务、企业和产业多层面融合创新发展。

5. 社会服务信息化提速

电子政务网络覆盖全国所有县区，政务公共服务能力大幅提升。全国社保机构、医院信息系统覆盖率超过 95％，已初步建成覆盖大、中、小各级教育机构的教育网络，医保费用即时结算、公共事业缴费、养老金领取等多类公共服务快速发展。

（二）存在的主要问题

1. 发展不均衡

东、中、西地区之间的信息化发展水平差距明显，农村宽带人口普及率仅为城市的 1/3，人均带宽全球排名 130 位。2014 年我国网络就绪指数全球排名相比 2010 年下滑 26 位至第 62 位。城乡和区域之间的经济发展与信息化建设不均衡互为因果、恶性循环，加大了社会不公。

2. 结构不合理

垄断地位明显的传统行业，互联网经济渗透和发展阻碍明显，行业转型升级的步伐也相对缓慢。自主核心技术发展滞后于互联网应用发展、互联网企业股权境内外资本结构不合理等问题，为信息化后续发展埋下隐忧。

3. 管理体制不适应

条块分割的管理体制不适应互联网新分工格局，适应互联网环境下的新公共政策没有快速跟进，农业、工业时代落后价值观和思维方式的根深蒂固，阻碍了信息生产力发展。

4. 信息资源不统筹

部门、行业分割问题依然严重，存在重复建设、资源浪费、投入效率低下等问题。政府数据资源开放共享不够，跨部门数据资源共享和业务流程整合不足，数据资源作用和潜能没有得到充分发挥。

5. 网络空间不安全

我国重要网络信息基础设施装备自主研制能力较弱，核心技术受制于人，核心要害系统面临严重的安全风险，网络安全和隐私问题比较突出。

（三）三大发展趋势

当前，我国已成为全球互联网经济最活跃的地区之一，信息化将对我国经济形态、社会形态和创新体系产生全局性、变革性影响。

1. 重构经济形态

信息化推动分享经济发展。 信息化正在推动分享经济快速发展，如同包产到户和承包制实现了所有权和使用权分离一样，正在加速生产组织关系变革，使生产资料可以接近零成本无穷复制，为经济提供新发展动力。

信息化促进交换式贸易转向统一聚合的互联网巨市场演进。互联网改变了传统链条式的交换贸易方式，将设计、生产、流通、贸易、消费的全过程实现了在互联网上的聚合。减少了贸易环节、降低了成本贸易，推动企业之间或企业与消费者之间的交易，实现即时按需采购、销售或消费。

信息化驱动大数据成为重要的生产要素。大数据是继劳动、资本、技术和制度后的第五大经济增长核心要素。大数据的分析应用，使得各行各业能够迅速、精确地应对市场变化，提供更加及时和个性化的服务，维护社会稳定，提高核心竞争力。

2. 重构社会形态

信息化促进社会结构变化。信息化变革了传统的生产方式和分配方式，打破了横亘在不同社会阶层之间的障碍，使社会上升通道更加透明和发散，社会阶层变动加快。

信息化促进治理体系变化。互联网已成为舆论宣传、诉求表达、组织动员的主要手段，为社会公众行使知情权、参与权、表达权、监督权开辟了新渠道，正在推动政府由传统管理方式向公开透明、精简高效的现代化治理方式转变。

信息化促进就业结构变化。信息化赋予各种职业更大的灵活性，新的职业边界逐渐形成。同时，信息化大大降低了信息不对称，促进了供需对接，增加了就业匹配的可能性，促进了按需就业、按兴趣就业。

3. 重构创新体系

网络化协同创新成为潮流。海量企业依托互联网实现联合多元化创新，直接促进电子商务、网络众筹、创客运动、移动互联网等产业迅速崛起，加速效益向 IT、营销、物流、设计等周边行业外溢，成为当今最活跃的基本创新形态。

大数据应用加速万众创新。互联网数据应用正在吸引大量社会资本，催动政府数据资源逐步向社会开放，引导带动社会的增值性、公益性开发和创新应用。据预计，仅政府数据公开潜在价值就可达 10 万亿～15 万亿元。

人工智能成为创新主战场。习近平总书记在中国科学院第十七次院士大会上提出，人工智能是第三代产业革命，将影响全球制造业格局，我国将成为全球最大的机器人市场，客观上要求我们要把我国机器人水平提高上去，尽可能占领市场。

"十三五"时期是我国经济体制改革、社会经济转型的重要阶段，是我国进入以信息经济为主导的关键时期。在当前经济处于"三期叠加"、原有增长动力减弱、增长步入"新常态"的大背景下，信息化必将在国家经济和社会发展全局中发挥重要战略引擎和引导作用，成为推动经济转型升级的新途径、促进社会事业进步的新手段、加快创新战略实施的新模式，极大提升国家治理体系和治理能力现代化水平，推动经济社会持续健康发展。

三、"十三五"信息化发展的主要思路

"十三五"信息化发展的主要思路：按照党中央关于"四个全面"的战略布局要求，围绕改革和发展的主线，以建立完善信息化政策体系为着力点，促进经济、社会、行政三大领域改革；以构建先进网络、加快信息超越、做强互联网产业、提升信息惠民能力、建立信息丝绸之路、保障网络安全为主要抓手，加快形成全球领先的信息经济体系、公平普惠的信息服务体系、廉政高效信息治理体系、充满活力的信息创新体系，打造经济增长新引擎，促进结构优化、动力转化和国家治理能力现代化，为全面建成小康社会，实现百年奋斗目标提供战略支撑。

为准确把握信息化发展的脉动和历史性机遇，"十三五"期间应着重处理好"四个关系"：

一要处理好实体经济和虚拟经济的关系。实体经济和网络虚拟经济相互依存，没有网络虚拟经济，实体经济发展缺乏动力；没有实体经济，网络虚拟经济便是空中楼阁。我国是在工业化尚未完成的情况下迎来了信息化，两化融合使得我国信息化与实体经济结合更为紧密。因此，我们要充分扬长避短，进一步大力发展"互联网化"的实体经济，带动实体经济的转型跨越发展。

二要处理好国际化和国家安全的关系。随着我国"一带一路"战略的实施，我国企业"走出去"步伐明显加快。信息化作为连通世界各国的纽带和文化传播的重要手段，对塑造我国良好的国际形象、构建国家软实力具有重要意义。我国必须积极参与信息化国际标准和网络治理规则制定，提升话语权，掌握竞争主动性，在推进国际化发展同时保障我国的经济安全和国家安全。

三要处理好新兴产业与传统行业的关系。伴随信息化的渗透发展过程，信息化已经开始从业务模式、内涵层面对传统行业产生颠覆性影响。但仍有很多传统行业和企业将互联网看作你死我活的竞争关系，面对互联网仍如临大敌、同仇敌忾。为此，目前应积极引导传统行业拥抱互联网，实现传统行业与互联网的水乳交融。

四要处理好老红利和新红利的关系。随着自然资源消耗和生态环境恶化的压力不断增大，原有红利已经在快速丧失，必须寻找新红利和新的驱动力，继续推动经济快速发展。数据和信息作为新的生产要素，已经越来越多地进入到产品生产和市场交易过程当中，在很大程度上转变了传统的经济增长方式。因此，应迅速建立以信息经济为引领、以数据资源为新要素的新红利、新优势，提高我国经济发展质量。

四、"十三五"信息化发展的重大任务和主攻方向

(一)实施"互联网＋"，促进经济转型升级

加快新一代信息技术与传统产业的融合创新，推动信息化与工业深度融合，提升传统产业（见表1）。实施"互联网＋"工程，推动电子商务、文化创意、互联网金融等产业融合发展，"借力"互联网加快推动传统产业向中高端水平迈进形成新的投资和消费增长点。

主要任务：大力拓展新一代信息技术在工业制造领域中应用的深度和广度，重点加强对网络化创新、柔性化生产、智能化制造等的培育支持，探索发展"智能工厂""智能生产"和"智能服务"，倒逼传统工业向高端制造和智能服务型转变。加快推动智能汽车、智能机器人、分布式能源网络和智能新材料产业的创新发展。推进新一代信息技术与服务业的融合创新，重点利用云计算、大数据、移动互联网提升电子商务平台服务能力，发展基于物联网和大数据的智能物流。依托互联网平台，强化海量信息的汇聚和深度挖掘，促进金融、医疗、养老等服务业的服务模式创新和服务水平提升。积极推动互联网领域创新要素、创新体系和创新理念与传统产业的对接及应用，充分发挥互联网在要素配置中的"适配器"作用，实现市场需求与生产供给"精准对接"，促进生产要素的合理流动和高效配置，推动传统产业生产组织方式和商业模式变革，大幅提升分工合作水平与生产效率。

表1

"十三五"期间建议启动实施十大信息化工程

重点任务	工程名称	主要内容
实施"互联网＋"，促进经济转型升级	"互联网＋"工程	开展云计算、物联网等在现代制造、能源、金融、交通等重点领域的试点示范；支持互联网企业、解决方案提供商与传统行业企业对接，开展互联网化改造提升；建立互联网与工业制造聚集区的产业对接平台，在船舶、轨道交通、动力电池等领域建设一批智能工厂，建立服务个性化消费、社会化流通、智能化制造的协同运作产业组织体系；实施"人工智能超越计划"，加强人工智能在机器人、智能汽车等领域的应用推广。
	电子商务创新工程	加快电子商务示范城市建设，建立完善电子商务物流、支付、信用、通关、商检和纠纷调解等服务体系，在农产品、医药、工业设计、跨境贸易等领域建设一批具有全球影响力的电子商务平台。
构建先进网络，夯实网络发展基础	宽带乡村工程	推动实施电信运营企业基础网络建设，完善中西部地区网络条件，推动中西部地区中小城市基础网络建设，扩大宽带网络覆盖。实施宽带乡村示范专项，开展农村特色应用示范。

续表

重点任务	工程名称	主要内容
推进信息惠民，优化社会治理服务	智慧民生工程	围绕社保、医疗、教育、养老、就业、公共安全、食品药品安全、社区服务等重大民生需求和重大民生问题，组织实施一批重大信息化项目，增强民生领域信息服务能力，全面提升公共服务均等普惠水平。
	智慧政务工程	加快推进国家基础信息资源库、国家电子政务网络、政府数据开放平台、信用体系等国家电子政务项目建设，为提升国家治理能力现代化、促进服务型政府和法治型政府建设提供信息支撑和保障。
	智慧城市工程	建成一批特色鲜明的智慧城市，聚集和辐射带动作用大幅增强，综合竞争优势明显提高，在保障和改善民生服务、创新社会管理、维护网络安全等方面取得显著成效。
加快信息超越，增强产业支撑能力	更"芯"换"核"工程	重点突破手机、卫星导航等领域高端通用芯片和核心元器件开发，在重点行业实施芯片、核心关键产品自主替代构建具有国际竞争力的人才队伍、创新体系和产业体系，改变长期受制于人的被动局面。
	前沿技术突破工程	重点推动集成电路、新型平板显示、基础软件、电子元器件、电力电子等关键基础领域核心技术研发和产业化，实施量子通信、自旋芯片、石墨烯等前沿技术应用示范工程，提升信息领域技术创新能力。
建立网上丝路，拓展国际治理地位	网上丝绸之路工程	建设与沿线国家共同建设国际信息港，运用互联网思维，完善互联互通的信息基础设施，发展创新电子商务、远程医疗、网络文化等丰富多样的互联网应用，共同打造"一带一路"网络经济带。
保障网络安全，提高网络安全保障能力	网络安全保障工程	组织实施国家信息安全专项，提高关键信息基础设施、重要信息系统、涉密信息系统安全保障能力及产业化支撑水平。实施国家网络空间安全重大科技项目，突破核心芯片、基础软件、关键元器件及重点装备系统等关键技术，构建国家网络空间安全和保密技术保障体系。

（二）构建先进网络，夯实网络发展基础

充分发挥市场作用，加快完善全国性基础信息网络，全面向新一代信息基础设施演进。更好地发挥政府作用，完善电信普遍服务机制，加大对中西部地区和农村地区基础设施建设的投资力度，缩小"数字鸿沟"，构建支撑信息经济发展的基础平台。

主要任务：扩大城市地区光纤到户网络覆盖范围和规模，加快中西部地区和农村地区

骨干、城域和接入网络建设。持续扩大 4G 覆盖范围和深度，推动 TD-LTE[1]规模商用。加速网间互联互通，全面优化国家骨干网络。推动互联网向下一代演进，支持网络升级改造，在下一代互联网示范城市（群）中，支持 IPv6[2]升级改造，全面提升 IPv6 用户普及率和网络接入覆盖率，部署启动一批具有典型示范作用的下一代互联网应用项目。推进国家物联网重大应用示范和云计算工程，完善物联网应用基础设施，提供工业制造、安全生产等领域的物联网应用服务。支持互联网骨干企业加强公共云计算平台建设，大力提升云服务能力，面向重点行业领域开展云计算试点应用示范。统筹宽带网络、工业互联网、智能电网、智慧城市等基础设施建设，加强面向工业、农业、服务业应用的信息基础设施和平台建设。

（三）推进信息惠民，优化社会治理服务

充分发挥市场作用，构建信息公开、网络办公、社会监督、公众参与的电子政务平台，以信息化助推国家治理现代化，提高政府公共管理服务的有效性和透明度，建立向社会公众提供广覆盖、多层次、差异化、高品质公共信息服务体系，提升公共服务均等化和普惠化水平。

主要任务：加快智慧城市建设，推进政府数据分级制度和开放共享机制，推动数据资源的开放共享，增量先行，统筹管理。从国家层面统筹规划和布局数据资源开发利用，引导鼓励企业对数据资源进行增值性开发，充分发掘社会价值和经济价值，实现由要素资源向实际生产力的转化。推动国家人口库、法人库、空间地理库等基础信息资源，以及健康、社保、能源、信用等重要领域信息资源建设，加强对涉及国家安全的重要数据的管理，构建国家数据监管体系。围绕社保、医疗、教育、养老、就业、公共安全、食品药品安全、社区服务、家庭服务等领域存在的突出矛盾和制约因素，注重体制机制和政策制度创新，有效整合孤立、分散的公共服务资源，在已有资源基础上集中构建政府公共服务平台。要以推动跨层级、跨部门信息共享和业务协同为抓手，促进公共服务的多方协同合作、资源

---

[1]　LTE 是基于 OFDMA 技术、由 3GPP 组织制定的全球通用标准，包括 FDD 和 TDD 两种模式用于成对频谱和非成对频谱。LTE-TDD（亦称 TD-LTE），即 Time Division Long Term Evolution（分时长期演进），由 3GPP 组织涵盖的全球各大企业及运营商共同制定，LTE 标准中的 FDD 和 TDD 两个模式实质上是相同的，两个模式间只存在较小的差异，相似度达 90%。TDD 即时分双工（Time Division Duplexing），是移动通信技术使用的双工技术之一，与 FDD 频分双工相对应。TD-LTE 是 TDD 版本的 LTE 的技术，FDD-LTE 的技术是 FDD 版本的 LTE 技术。TD-SCDMA 是 CDMA（码分多址）技术，TD-LTE 是 OFDM（正交频分复用）技术。两者从编解码、帧格式、空口、信令，到网络架构，都不一样。

[2]　IPv6 是 Internet Protocol Version 6 的缩写，其中 Internet Protocol 译为"互联网协议"。IPv6 是 IETF（互联网工程任务组，Internet Engineering Task Force）设计的用于替代现行版本 IP 协议（IPv4）的下一代 IP 协议。目前 IP 协议的版本号是 4（简称为 IPv4），它的下一个版本就是 IPv6。

共享、制度对接，强化多部门联合监管和协同服务，鼓励市场参与，创新服务模式，拓宽服务渠道，构建方便快捷、公平普惠、优质高效的公共服务信息体系，全面提升各级政府公共服务水平和社会管理能力。

（四）加快信息超越，增强产业支撑能力

加强新一代信息技术产业原始创新和协同创新，加快核心关键技术的研发突破和推广应用，促进软件、硬件、应用一体化发展，形成开放合作、垂直融合的产业发展格局，加快推动我国信息产业向价值链中高端跃升，打牢信息化发展核心驱动力。

主要任务：围绕集成电路、操作系统、平板显示、新型智能终端、通信设备等核心领域，加大对基础研究的投入力度，集中力量"抓重点、抓尖端、抓基础"，突破核心芯片、基础软件以及关键元器件等关键技术与产品。推动信息产业上下游协同发展，以网络部署和应用发展带动通信系统和终端整机产品，以移动互联网、智能终端为牵引，加强移动操作系统、核心芯片的研发和产业化应用，以云计算服务创新带动云操作系统、分布式数据库和云服务器的自主发展，以物联网应用带动传感器和海量信息处理技术的研发突破。积极布局前沿领域，推动量子计算、量子通信、深度挖掘等新技术的试点应用，实施人工智能超越计划，加强核心技术突破和生态环境培育。以人工智能为着力点，带动我国信息化向智能化、服务化、高附加值发展，实现整体跃升。

（五）建立网上丝路，拓展国际治理地位

加强与"一带一路"沿线国家信息化领域的交流合作，加快网络互联互通基础设施建设，发展更广范围、更宽领域、更深层次的互联网经济，推动互联网经贸服务、人文交流和技术合作，携手共建政治互信、经济融合、文化包容的信息丝绸之路，营造良好的国际发展环境。

主要任务：建设陆上、海上重要信息网络基础设施，拓宽我国对外"信息高速公路"主干网络，面向全球范围提供云计算、大数据等信息服务，充分参与国际竞争，加快推动我国信息企业走出去步伐，促进企业发展壮大。积极搭建商业、金融、应急、疾病防控等重要领域数据共享平台，加强经验交流和共享合作，实现互利共赢。支持跨境电子商务发展，探索建立海关、检验检疫、税务、外汇等综合服务体系，实现口岸管理部门与电子商务、物流、支付等企业或机构的联网对接、信息共享，提升电子商务通关、检验检疫、退缴税、结付汇等业务申报、处理、监管的效率。开展智慧城市、远程医疗等领域合作，加快推广城市治理、公共服务和民生领域的智慧应用。打造面向"一带一路"国家的网络平台，推动文化传媒企业在动漫游戏、网络文学和数字音乐等领域合作，共同开发文化信息产品和服务。

（六）保障网络安全，提高网络安全保障能力

网络空间已成为发展信息经济的新领域，信息技术、信息基础设施以及信息资源的能力不足将带来严重的安全隐患，要大力提高网络保障实力，掌握未来信息化发展主动权。

主要任务：积极培育具有国际竞争力和影响力的骨干互联网优势企业，通过掌握关键技术产品和信息服务，加强我国对信息网络和数据资源的安全保障。研究未来网络架构、技术体系和安全保障体系。在国际网络空间安全规则制定、打击网络犯罪、加快网络安全技术发展等领域，积极与美国、欧洲等西方国家加强对华交流，有效管控分歧，推动制定各方普遍接受的网络空间国际规则，制定网络空间国际反恐公约，健全打击网络犯罪司法协助机制，共同维护网络空间和平安全。

为落实上述六项重大任务，建议"十三五"期间启动实施："互联网＋"、电子商务创新、宽带乡村、智慧民生、智慧政务、智慧城市、更"芯"换"核"、前沿技术突破、网上丝绸之路、网络安全保障等十大信息化工程。（请见附表）

五、"十三五"信息化发展的重大政策和改革方向

（一）以电子商务倒逼经济转型升级

通过制定电子商务贸易、数据、金融等领域政策，助力经济体制改革，激发创新动力、创造潜力、创业活力，推动我国经济发展的高效化、高端化和高新化。

一是研究制定互联网贸易相关规则和制度，打造网络贸易区，建立国际互认的交易平台和支付体系，推动贸易服务体系改革。

二是完善数据所有权与使用权分离管理政策制度体系，推动政府和公共机构数据开放，促进分享型经济发展，促进技术创新、应用创新和商业创新。

三是完善互联网金融政策，撬动金融体系改革。推进互联网金融产品创新，抓紧建立信用信息系统，革新传统的金融中介，简化、优化和重构金融业务流程，创新金融生态环境。

四是创新电子商务流通监管政策，助力商事制度改革。逐步完善适应信息化条件下的商事登记、主体、仲裁、代理、交易、信托等制度。

（二）以电子政务引领治理能力现代化

通过制定政府数据共享开放等政策法规，推进建立市场化应用机制，创新电子政务发

展模式，助力依法治国、从严治党，促进政府治理的精准化、高效化和透明化。

一是制定政府数据开放共享政策。加快推动我国电子政务统筹建设、有效促进协同共享和开放透明，切实解决应用条块化、服务碎片化、信息割裂化、管理分散化等问题，促进管理模式创新和依法行政，形成"用数据说话、用数据决策、用数据管理、用数据创新"的管理机制，全面提升政府治理能力和公共服务水平。

二是建立市场化的数据开发利用机制，充分释放数据红利。鼓励政府创新合作新方式，积极与企业、社会、机构开展合作，探索数据资源交易新模式，鼓励数据资源的增值开发利用，培育信息消费新业态，释放数据红利。

三是加快数据安全保护立法。实现对数据资源的采集、传输、管理、存储、开放、利用等规范管理，对数据滥用、侵犯个人隐私等行为的管理和惩戒，为数据开放、数据保护提供制度和法律保障。

四是强化电子化监察和绩效管理。促进依法行政，实现行政事项的全过程公开、全过程透明、全过程监督，通过政府微博、网络论坛和公众监督平台主动接受社会监督。

（三）以信息惠民促进公共服务均等普惠

通过制定医疗、社保、教育等民生领域信息化发展和应用政策，推动社会体制改革，拓展服务渠道和方式，缩小城乡区域差距，促进民生服务的均等化、普惠化和便捷化。

一是制定支持远程医疗发展政策，促进优质医疗资源纵向流动。突破药品网上阳光直购政策，规范交易行为，建立来源可溯、过程可查询、责任可追究的网上药品交易体系。建设电子病历和互认共享平台，实现跨区域、跨医疗机构的电子病历互认共享，解决重复医疗、过度医疗等问题。

二是制定跨地区医保联网结算标准规范，建立中央和省级医保费用即时结算平台，在全国范围实现公众异地就医费用即时结算。

三是制定支持远程教育发展政策，推动国家精品开放课程等优质教育资源共享，缩小区域、城乡、校际之间的教育差距，促进教育公平，提高教育质量。

四是制定养老优质资源服务的惠及政策，扩大惠及面，发展远程智能健康监测服务，建立符合我国国情"以居家养老为基础、以社区服务为依托、以养老机构为补充"一体化服务体系。

五是制定社会救助信息的互联互通、资源共享政策，减少救助金跑冒滴漏现象，解决社会救助碎片化问题，促进信息对称，使困难群众求助有门、慈善机构爱心有道。

工业和信息化部

"十三五"时期信息化发展的方向和政策研究

全球信息化正步入全面普及、深度融合、加速创新、引领转型的新阶段，对各国经济社会运行、生产生活方式、治国理政模式产生了根本性、全局性影响，成为重构国际经济政治新格局的重要力量。"十三五"是我国建设网络强国的攻坚期，是抢占新一轮产业竞争制高点的战略机遇期，是信息化支撑引领工业化、城镇化、农业现代化的关键时期。

一、全球信息化发展新趋势

（一）信息技术处于加速发展和跨界融合的爆发期，成为引领新一轮科技革命的主导力量

信息技术是新一轮科技革命中创新最活跃、交叉最密集、渗透性最广的领域，以无线、宽带、移动、泛在为特征的网络建设和应用推动着群体性技术突破。一是信息技术创新步伐不断加快，技术创新活力和应用潜能裂变式释放。新一代感知、传输、存储、计算技术加速融合创新，信息技术体系架构、材料、装备、工艺及发展模式、产品形态创新步伐加快，极大激发了泛在获取、海量存储、高速互联、智能处理和数据挖掘等技术的创新活力和应用潜力，万物互联、模式识别、语义分析、深度学习、虚拟现实共同驱使人类智能迈向更高境界。二是信息技术与制造、能源、材料、生物等技术加速交叉融合，引领新一轮科技革命。智能控制、人机交互、分布式能源、智能材料、生物芯片、生物传感等领域的交叉融合创新方兴未艾，孕育工业互联网、能源互联网、新材料等新产品和新业态，引发多领域的系统性、革命性、群体性技术突破。三是前沿基础性信息技术处于突破性创新前

夜，将开辟国际竞争新赛场。未来，量子通信、生物计算、全息显示等新技术新理念不断涌现，以石墨烯、碳纳米管为代表的新材料技术快速发展，集成电路的加工和集成工艺加速创新，新一轮信息技术革命加速孕育，成为国际竞争新焦点。

（二）信息网络向高速宽带、天地一体、泛在融合迈进，智能化综合信息基础设施加速形成

信息基础设施在经济社会发展转型中的战略性、支撑性作用日益凸显，正呈现出新的发展态势。一是高速宽带、无缝覆盖、智能适配的新一代信息网络快速更迭。光纤宽带接入成为主流，4G 网络正在加速普及，围绕 5G 网络技术路线的博弈日趋激烈。全球卫星导航定位系统、长续航浮空信息平台、多轨道宽带卫星通信网络发展迅猛，加快形成全球天地一体、无缝覆盖的融合网络。软件定义网络（SDN）和网络功能虚拟化（NFV）等新技术不断完善，端到端的智能感知和智能配置促进云管端紧密协作，网络效率与性能空前提升。二是信息网络加快从人人互联到万物互联、从网络空间到信息物理空间（cyber-physical system，CPS）一体化扩展。物联网应用日益广泛普及，物与物互联终端爆发式增长，2020 年智能终端将超过 500 亿，嵌入计算和控制能力的联网物理设备无处不在，内容分发网络和云计算中心等网络应用基础设施的发展将实现数据高速传输、高效处理和深度挖掘，推动以信息传输为核心的传统通信网络向融合感知、传输、存储、计算为一体的智能化综合信息基础设施加速演进。

（三）新一代信息技术与制造业加速融合，推动生产方式持续变革

新一代信息技术与制造业融合发展，是新一轮科技革命和产业变革的主线，是德国"工业 4.0"、美国工业互联网的核心。一是智能制造正成为新一轮产业竞争的制高点。新一代信息技术的持续演进，推动着制造业产品、装备、工艺、管理、服务的智能化。无人驾驶汽车、无人飞机、数控机床、智能机器人、可穿戴设备等高度智能化产品的商业化步伐不断加快。制造装备正从智能制造单元、智能车间向智能工厂演进，柔性制造、网络制造、绿色制造、服务型制造等日益成为生产方式变革的重要方向。跨领域、协同化、网络化的创新平台正在重组传统的制造业创新体系。全球制造业正处于重塑发展理念、调整失衡结构、重构竞争优势的关键节点上。二是消费互联网持续扩张，工业互联网快速兴起。互联网日益融入媒体、娱乐、教育、医疗、零售、批发、物流、金融等领域的生产服务各环节，基于"互联网＋"的网络化、平台化、智能化现代服务业快速兴起，推动形成了新的消费

理念、商业模式和产业形态。物联网在工业生产、流通、服务等各环节的应用日益广泛和普及，工业互联网快速发展，新的生产方式、产业形态和商业模式不断涌现，正在引领更广范围、更深层次、更高水平的产业变革。三是互联网日益成为创新驱动发展的先导力量。全球创新网络深刻重构，国家重大科技基础设施的开放和共享全面加快。创新主体互动、创新资源组织和创新成果转化方式更加网络化、全球化和快捷化，促进形成更开放、更灵活、更快速、更贴近用户的创新发展模式，开启以融合创新、系统创新、迭代创新、大众创新、微创新为突出特征的"创新2.0"时代。

（四）网络社会加速成型，推动社会管理和公共服务模式的深刻变革

信息技术创新网络化的社会管理方式和公共服务生产、供给和消费模式，加快推进国家治理体系和治理能力现代化。一是以民主参与、集体协作、去中心化、自组织为特征的网络社会正在加速形成。社交网络、移动互联、即时通信、线上线下结合的广泛应用空前扩展了人际交往空间。网络亚文化群、网络自律团体等不断涌现，传统社会组织与结构加速向扁平化、多中心模式发展演化。二是互联网平台成为政民互动的重要渠道。网上听证、网络民意调查、在线政策协商等多样化电子参与方式日渐兴起，不断提升公众参政议政的广度和深度。政务微博、政务微信让政府与民众实现"指尖上的对话"。三是新一代信息技术应用加速以人为核心的公共服务模式创新。"慕课""微课"[1]等教学新模式不断涌现，加速优质教育资源的社会化开放。远程医疗、在线问诊、移动医疗极大提高医疗卫生服务的可获取性，推动医疗资源纵向流动。便捷、智能的终端设备和一体化服务内容形成智慧居家养老新模式。四是泛在连接和数据开放推动城市公共服务更趋普惠包容。智能终端无所不在，城市数据加快开放，社会力量广泛参与，城市交通、医疗教育、社区服务、文化娱乐领域的APP等创新应用持续涌现，不断拓展个性化公共服务的新渠道。

（五）围绕数字竞争力的全球战略布局全面升级，塑造国家长期发展新优势的国际竞争加剧

不断强化信息化背景下经济社会发展的主导权，是国际社会的共同选择。一是打造未

---

[1] 慕课（massive open online course，MOOC），是新近涌现出来的一种在线课程开发模式，它发展于过去的那种发布资源、学习管理系统以及将学习管理系统与更多的开放网络资源综合起来的新的课程开发模式。微课是指按照新课程标准及教学实践要求，以视频为主要载体，记录教师在课堂内外教育教学过程中围绕某个知识点（重点难点疑点）或教学环节而开展的精彩教与学活动全过程。

来网络强国成为全球主要大国的共识。主要国家围绕建立数字竞争优势，不断强化全面、系统和前瞻性的信息化战略设计，加快在宽带信息基础设施、核心技术产业、国家数据战略资产、以智能制造为核心的网络经济体系的战略部署，抢占全球经济发展的主导权和国际竞争的制高点。二是构建线上国家综合优势已成为各国网络空间国家战略的优先选项。各国纷纷动员国家力量，加快构建国际联盟，力图掌控网络空间国际规则话语权和国际治理体系主导权，并寻求与国家传统能力深度结合，构建政治、经济、文化、外交、国防等线下线上一体化的国家综合新实力。三是网络安全形势更趋严峻。网络安全在国家安全中的基础性、战略性地位更加凸显，各国围绕网络安全的攻防博弈日趋激烈。新技术、新业务带来的安全挑战不断涌现，网络安全威胁更趋隐蔽和复杂，并从网络扩展到工业控制、基础设施乃至实体经济的每个行业和社会生活的各个方面，网络安全保障能力成为维护国家安全的关键。

二、我国信息化发展现状及面临的主要问题

（一）信息化发展现状

经过多年努力，我国信息化发展开始迈向加速普及、深化应用、促进转型的新阶段。一是信息网络基础设施的战略地位日益凸显，加速向无线、移动、宽带、泛在的下一代国家信息基础设施演进。全国网民总数达到 6.49 亿，固定宽带用户总数突破 2 亿，4G 用户突破 1 亿。二是信息技术产业在规模领先的基础上加速"质"的赶超。高性能计算、网络通信设备、智能终端、集成电路、平板显示等领域取得突破，部分领域跻身世界前列，正处于从跟随到并肩乃至局部跨越的关键时期。自主品牌智能手机、智能电视、通信设备和服务器国内市场占有率分别超过 70％、87％、70％和 50％。三是新一代信息技术与工业融合发展迈上新台阶，正步入综合集成应用的新阶段。产品智能化水平不断提升，骨干企业研发设计迈向集成协同新阶段，智能装备在重点行业开始广泛普及，异地协同设计、个性化定制、网络众包、云制造等新的研发生产组织方式不断涌现。四是生产性服务业快速发展，新的基础设施体系不断完善。2014 年我国电子商务交易额超过 12 万亿元，已成为全球最大的网络零售市场。钢铁、石化、冶金、汽车等行业形成了一批百亿级、千亿级行业第三方电子商务交易平台。以第三方支付、P2P 金融[1]、众筹为代表的互联网金融业务快速

---

[1] P2P（peer-to-peer）金融又叫 P2P 信贷，是互联网金融（ITFIN）的一种。意思是：点对点。P2P 金融指不同的网络节点之间的小额借贷交易（一般指个人），需要借助电子商务专业网络平台帮助借贷双方确立借贷关系并完成相关交易手续。借款者可自行发布借款信息，包括金额、利息、还款方式和时间，自行决定借出金额实现。

发展，网络支付已占社会支付总额和交易笔数的 0.5% 和 40%。五是电子政务应用进一步深化，成为推动行政管理创新和改进公共服务的重要手段。电子政务信息共享和业务协同持续深化，一批金字工程、核心业务系统、重要基础数据库正在成为提升政府履职能力的重要平台。六是社会事业信息化步伐不断加快，有效推进了经济与社会的协调发展和全面小康社会建设。基础教育信息化"三通两平台"稳步推进，远程会诊系统初具规模，社会保障卡总数达 7.12 亿，养老保险和医疗保险转移接续、跨区结算取得新进展。

（二）面临的主要问题

当前，信息化发展仍面临一系列突出的问题和挑战。一是信息技术与传统产业融合发展的广度、深度和成效仍有差距。信息技术在各行业各领域的应用整体处于较低水平，大部分企业仍以信息化手段单项应用为主，面临集成应用困难、智能装备不足、流程管理缺失等挑战，以及国产研发设计工具、制造执行系统、工业控制系统、大型管理软件缺失等一系列问题。二是信息技术产业基础薄弱。产业整体面临核心技术受制于人、关键器件依赖进口、集成服务能力差等问题，国际先进、自主可控的产业生态尚未形成。跨学科、跨领域政产学研协同、以企业为主体的制造业创新体系尚不健全。三是信息基础设施尚不能完全满足网络强国的发展需求。宽带基础设施能力和普及程度等与国际先进水平尚有不小差距，面向未来网络的前瞻性布局尚未真正起步。四是公共服务和社会治理领域信息化应用创新不足。公共服务尚不能适应网络时代需求个性化、多元化的新变化。信息资源跨部门共享水平较低、开放不足，缺乏数据共享和开放制度保障。五是法律体系滞后。信息化发展带来的新理念、新产品、新业态对法律法规体系建设提出了更紧迫、更系统、更全面的要求，亟待完善电子商务、数据开放、网络安全、个人隐私、互联网金融等领域的法律环境。六是网络安全保障能力亟待提升。经济社会对网络与信息系统的依赖程度日趋加深，网络安全风险加剧，基础信息网络和重要信息系统安全保障能力需进一步提升，网络数据安全等新问题亟待解决。

这些问题产生的原因主要有：对信息化发展的战略性、全局性、紧迫性、艰巨性认识不足，对信息化发展规律、推进方式、管理模式等重大问题把握和驾驭能力不足；产业链、创新链、资金链联动发展、协调推进的体制机制和政策环境尚不完善，技术、产品、安全、应用协同互动机制尚不健全，亟待构建国家产业创新体系；网络安全保障、信息资源开放共享、跨部门业务协同等重大问题缺乏统筹协调和顶层设计；基础差、起步晚、积累少，技术能力、标准制定、人才培养、制度建设等方面严重滞后。

三、"十三五"我国信息化发展的基本思路和主要目标

（一）基本思路

以党的十八大和十八届三中、四中、五中全会精神为指导，深入贯彻习近平总书记系列重要讲话精神，落实"四个全面"总体布局，以建设网络强国和制造强国为目标，以全面深化体制改革、实施创新驱动发展战略为动力，以信息化和工业化深度融合为主线，以推进智能制造为主攻方向，坚持统筹部署、系统推进、需求牵引、协同共享的原则，强化产业基础支撑能力，提高信息资源开放水平，加快培育新业态新模式，完善人才培养体系，着力抢占全球信息经济制高点和网络治理国际话语权，增强公共服务能力、国家治理能力、网络支撑能力和网络安全保障能力，加快建设数字中国，走出一条具有中国特色的新型工业化道路。

（二）主要目标

到 2020 年，为网络强国建设奠定坚实基础，主要体现在：

核心技术自主创新实现系统性突破。5G 及网络通信技术成为全球的重要领导者，云计算、大数据、物联网、移动互联网等核心技术接近国际先进水平。集成电路、基础软件、核心元器件等薄弱环节实现重点突破。

信息基础设施服务能力接近发达国家水平。城市和农村家庭宽带接入能力分别达到50M 和 12M，5G 实现试商用，云计算数据中心和内容分发网络实现优化布局。物联网在重点工业行业实现规模化应用，初步形成比较完善的工业互联网基础设施体系。

信息化成为经济转型升级的重要驱动力。工业互联网、云计算、大数据在重点行业实现集成应用，智能工厂及智能制造生产模式在重点行业广泛普及，数字化研发设计工具普及率超过 72%，关键工序制造装备数控化率超过 50%。电子商务交易规模领先优势进一步扩大，平台经济、共享经济成为服务业发展的重要形态。

公共服务在线化、便捷化、均等化取得重大突破。公共信息资源有序开放格局基本形成。教育信息化基础设施全面普及，优质数字教育资源逐步覆盖城乡。数字健康档案、电子病历全面普及，远程医疗等基本满足多层次、多样化医疗服务需求。各项社会保障业务基本实现跨区转移、接续和结算。

基本建成较为完善的国家网络安全保障体系。网络安全法律法规制定基本满足实践需要，关键信息基础设施安全防护能力显著增强，网络安全监测、预警、处置能力有效提升。

重点行业工业控制系统漏洞可发现、风险可防范、产品可替代能力大幅提升。

四、"十三五"我国信息化发展的主要任务

（一）加快建立现代信息技术产业体系

打造国际先进的技术产业生态，构筑体系化发展新优势。深化科技体制改革，加强科技重大专项组织实施，集中资源持续突破，加快建立感知、网络、计算、通信等核心技术体系，形成智能感知、高速互联、高端存储、先进计算等领域的自主产业生态，提升网络设备、智能终端、数字视听、计算机、服务器等产业全球市场领导地位。超前部署，加快构建智能穿戴、服务机器人、智能汽车等新型智能终端产业体系和政策环境，积极培育信息消费新热点。

系统布局产业创新链，实现集成电路、操作系统等核心环节的重点突破。加强《国家集成电路产业发展推进纲要》的组织实施，发挥产业投资基金支撑引领作用，以整机和系统为牵引，强化设计业龙头地位，突破集成电路制造发展瓶颈，实现设计、制造、封测、装备、材料的联动发展、配套发展和自主发展。

加快互联网融合技术创新，抢占发展主导权。发挥大国大市场优势，支持云计算、大数据、移动互联网、物联网等在重点行业深化应用，带动高端服务器和存储系统、新型数据库系统、嵌入式操作系统、通用和嵌入式芯片等重点领域的群体性创新。发挥网络经济的竞争优势，推动互联网技术在制造、能源、生物等领域的融合应用，加快人工智能、工业电子、工业软件、工业互联网、能源互联网、智能材料、生物芯片等技术快速发展，引领新一轮技术革命和产业变革。

强化前沿通用基础技术创新的战略布局，构筑新赛场的先发主导优势。加强石墨烯、碳纳米管等新材料发展的统筹规划和超前布局，抢抓材料变革带来的难得"弯道超车"机遇。加强未来网络、量子通信、5G等领域的开放式创新、试验验证和应用示范，鼓励企业积极参与和组建开源社区，实现高水平高起点上的创新。

（二）建设下一代国家信息基础设施

加快高速宽带网络建设，构建天地一体无缝网络。深入推进"宽带中国"建设，基本建成覆盖城乡、服务便捷、高速畅通、技术先进的宽带网络基础设施。不断加强4G网络建设和用户普及推广，加快5G技术研发和标准化，开展商用试点。推动下一代互联网演进升级。加快推动国家骨干网大容量和高效化改造，优化互联网互联互通架构。系统筹划卫星

通信和空间互联网，提升北斗卫星全球服务能力。

加快向综合基础设施转变。加强全国数据中心建设的统筹规划，引导大型云计算数据中心合理布局，提升数据中心服务能力，支持采用可再生能源和节能减排技术建设绿色云计算中心。引导基础电信企业和互联网企业建设部署内容分发网络，增强服务能力，提升中小网站、政府和公共服务网站的应用水平。推进物联网感知设施的统一规划和集约部署，实现数据的统一采集管理和开发利用。

推进新型网络架构升级，推动网络关键资源国际共治。加快网络、数据中心、商业与政务教育类网站等IPv6部署与升级改造。加强国家级未来网络架构的顶层设计，整合构建未来网络创新试验平台。积极推进互联网根区管理、物联网业务标识与解析体系的国际共治。

优化网络国际布局，提升全球地位和辐射能力。紧密结合经济全球化新形势和"一带一路"战略，重点加强美国、欧洲、南美洲、非洲等方向国际海缆建设，完善周边跨境陆地光缆系统，形成东南亚、南亚、中亚和东北亚陆路信息大通道。鼓励和支持基础电信运营企业和互联网企业完善海外布局。加强我国国际网络互联能力建设，提升枢纽地位和作用。

（三）以智能制造为主攻方向，加快推进两化深度融合

推动重大装备和产品的智能化。组织实施智能制造工程，研究制定重点工业行业智能制造单元、智能生产线、智能工厂核心技术和装备自主发展路线图，坚持需求牵引、系统推进、示范引领、梯次突破的思路，抢占成套装备、智能机器人、数控机床、增材制造等战略制高点。实施强基工程，集中突破一批核心基础零部件、关键基础材料和先进基础工艺。推广普及两化融合管理体系标准。

构建智能制造生态系统。以构建工业操作系统及开放平台、开发工具、通用芯片、系统解决方案等为重点，加强科技重大专项组织实施，完善智能制造综合标准化体系，推动建立产业联盟，构建国家制造业创新体系，推动核心软硬件、网络设备、智能装备等核心技术与产品的深度应用和产业化发展，打造开放有序、富有竞争力的智能制造生态系统。

推进制造过程智能化。推广普及智能车间、智能工厂，促进制造工业的仿真优化、数字化控制、状态信息实时监测和自适应控制。推进产品全生命周期管理、客户关系管理、供应链管理系统普及应用，实现关键环节集成应用和智能管控。加快民用爆炸物品、危险化学品、食品、印染、稀土、农药以及重点行业智能检测监管体系建设。

积极发展生产性服务业。着力提升工业设计能力和水平，培育一批专业化、开放型的工业设计企业。以拓展产品功能、提升交易效率、增强集成能力、满足深层需求为重点，引导和支持制造业发展新型服务业态。积极发展覆盖产品全生命周期的远程监控、健康诊

断、在线维护等新业务，提升用户全程参与、需求实时感知和快速响应能力。支持合同能源管理、排污权交易、碳交易等专业服务发展。

（四）实施"互联网＋"行动计划，促进业务模式创新和产业转型升级

培育工业互联网新产品、新业态、新模式。推动制造业与互联网融合发展，开展面向重点领域的工业云、工业大数据、物联网创新应用试点，培育基于互联网的个性化定制、众包设计、云制造等新型制造模式，推动形成基于消费需求动态感知的研发、制造、服务新方式。以骨干企业为龙头，以产业链为基础，以供应链管理为重点，鼓励和支持行业企业间（B2B）电子商务平台、综合物流服务平台发展，推广普及移动电子商务。

打造富有活力的创业创新生态系统。完善人才、资本、园区、税收等政策环境，以互联网推动创业创新要素平台化、集聚化和生态化，培育低门槛、广覆盖、有活力的大众创业、万众创新生态系统。发展市场化与专业化结合、线上与线下互动、孵化与投资衔接的各类创客空间，积极发展众包、众筹等综合服务平台，营造创业创新新环境。加快建立一批面向中小企业的技术推广、管理咨询、融资担保、人才培训、市场拓展等信息化综合服务平台。

加强工业互联网基础设施体系建设。推动物联网在工业领域的深化应用，建立行业应用试点示范工程，深化物联网在工业研发、生产、管理、服务各环节的普及应用。加强工业网络标识和地址管理、无线宽带网络规划布局，超前部署面向智能制造单元、智能工厂的低延时、高可靠工业互联网，构建传感器网络、无线宽带、工控网络、工业 APP 等新的网络基础设施和应用体系。

大力发展互联网平台经济。鼓励网络银行、网络证券、网络保险、网络征信等创新型互联网金融服务平台发展，支持网络支付、网络借贷、众筹融资、供应链金融等新业务发展，加快建立面向小微企业的低成本、多元化、网络化的互联网金融服务体系。鼓励发展面向大众消费的以租代买、快速响应的共享经济新模式，以互联网综合信息服务平台、线上线下融合（O2O）新技术推动传统生活服务模式和业态创新，积极培育新型信息消费。

（五）推动国家社会管理现代化

深入推行电子政务。加快推进基于互联网的市场监管、税费认缴、食药监管、信用信息、不动产登记等重要政务应用建设，实施电子监察和联网审计。完善政府网站服务体系，加快移动政务、微博政务等在线政务的部署和应用，普及网上政务服务，推动公共服务向基层延伸。建立基于网络数据的国家统一经济核算制度、政府采购平台和宏观调控预测预

警信息系统。

推动线上线下高度融合的社会治理创新。建立和完善安全生产监管信息系统、国家应急平台和社会管理综合信息平台，提升对生产安全、公共事件和社会治安的综合管理水平。加强网络安全公共环境治理，完善互联网市场竞争规范。

构建以人为核心、普惠民生的网络化公共服务体系。推进优质教育资源数字化、网络化，打造城乡一体化教育资源共享体系。发展大规模在线课程，建设基于网络的学习型社会。以社保卡为载体，以数字健康档案、电子病历为核心，建设集医疗、养老、生育、救助等各类应用为一体的跨区域服务平台。推进远程医疗服务，促进优质医疗资源纵向流动，实施健康医疗信息惠民行动。

（六）推进智慧城市建设

提升城市基础设施智能、安全运行水平和综合服务能级。统筹部署覆盖公用基础设施的感知网络，加强城市地理空间、管线管网、建筑物信息资源建设与共享，完善基础设施智能化管理平台，推进城市数字化管理。发展集成在线监测、远程控制的绿色建筑。加快智能电网建设，构建覆盖城乡用水全流程的智能供水监测系统。

提升城市管理精细化水平。建设安全、高效、环保的智能交通体系，实现交通诱导、调度管理和应急处理的智能化。推行网格化管理等社会管理新模式，促进市场监管、信用服务、应急保障、治安防控、公共安全等领域信息系统互联互通，实现城市管理跨部门业务协同。

（七）推动信息资源开放和大数据应用

统筹推进国家数据战略，完善信息资源开发利用环境。编制实施信息资源建设、管理、开放、利用总体规划，探索建立信息资产管理制度，完善信息资源市场监管体系。完善国家人口、法人、金融、税收、统计、空间地理等基础信息资源动态更新和共享应用机制。加快建立大数据相关标准体系、数据开放及隐私保护政策，以数据内容业、大数据服务业为重点，推动数据资源规模化应用。

构建数据流通平台，推动信息资源的商业流通和交换。研究编制政府和公共部门信息资源目录体系，完善数据开放政策及标准规范。引导和培育商业数据共享和交易市场，加快建立数据交换交易的规范、标准与平台。鼓励商业数据开放接口，引导第三方数据资源开发者和社会力量对数据进行社会化开发、汇聚和整合。加强和规范跨国数据存储和越境数据流管理。

五、"十三五"我国信息化发展的政策取向

（一）完善法律法规体系

统筹信息化立法需求和现有法律在网络空间的延伸适用，加快制定电信法、电子商务法，研究制定关键信息基础设施安全保护、信息资源管理、信息资产等法规。围绕信息化的新业务、新业态、新模式引发的利益冲突、监管缺失等问题，开展前瞻性的法律储备研究。

（二）营造信息化应用发展环境

树立底线思维、红线管理理念，营造支持创新、宽容失败的发展环境，坚持多予少取、多放少管、多帮少诿的原则，妥善处理鼓励创新与加强监管的关系，支持新技术、新业务、新模式健康发展。加大信息化领域市场开放步伐，降低城市交通、金融等领域新技术新业务进入壁垒。完善物联网、云计算、大数据、网络安全、智能制造等领域的综合标准化体系。

（三）创新财税支持方式

完善电信普遍服务补偿机制。统筹各类资金和基金，重点支持智能制造、高端装备、工业强基等战略性领域跨越式发展。组织实施国家制造业创新中心建设工程，通过政府与社会资本合作（PPP模式）改建、新建一批国家制造业创新中心。适应互联网创新发展的新特点和新需求，健全多层次的资本市场和融资工具，支持新技术、新业态、新模式健康发展。研究制定促进互联网金融健康发展的政策，促进互联网金融、普惠金融发展。

（四）健全多层次人才培养体系

深化人才体制改革，完善股权、期权等激励机制以及创新风险共担和收益分享机制，创造优秀信息化人才脱颖而出的发展环境。围绕信息化和工业化融合急需短缺人才，在重点院校、大型企业和产业园区，建设一批产学研相结合的专业人才培训基地。把各类信息化人才培养作为专业技术人员知识更新工程、企业经营管理人才素质提升工程等国家人才

培养计划的优先领域。制定特殊人才政策，吸引海外高级人才和留学生来华工作和归国创业。推广首席信息官制度。

（五）健全网络安全保障体系

加强通信、能源、交通、金融等领域重要网络和信息系统安全防护和管理，强化个人信息保护和网络数据安全管理。发挥网络基础设施的基础性支撑作用，建立国家级网络安全监测处置手段，提升网络安全事件监测发现、态势感知、追踪溯源、应急处置的能力。建立面向工业控制领域的网络安全技术支撑、产品检测、检查评估综合保障体系，提高漏洞可发现、风险可防范、产品可替代能力。完善网络安全应急预案，健全突发重大网络安全事件跨部门协同应对机制。

（六）完善信息化协同推进体系

强化信息化制度顶层设计，统筹重大政策研究和制定，加强跨部门工作协调力度，充分调动各方面积极性。加强信息化领域国家高端专业智库建设，开展信息化前瞻性和全局性问题研究。围绕新一代信息技术、智能制造、信息资源开发等领域，加强技术研发、标准制定、人才培养、应用示范等方面的国际交流与合作。完善信息化相关统计监测、绩效评估和监督考核机制。

中共中央网络安全和信息化领导小组办公室

"十三五"时期信息化发展的方向和政策

根据中共中央的要求，我们组织力量，客观评估"十二五"期间国内外信息化发展现状，并对"十三五"时期的发展形势和趋势进行了初步分析和展望。从全球看，信息化正在并仍将深刻重塑世界地缘政治经济格局，一批"数字企业帝国"将触发全球价值链大重组，成为国际经济治理秩序纵横捭阖的力量，全球信息化正进入全面渗透、跨界融合、加速创新、引领发展的新阶段。从国内看，伴随经济社会发展进入新常态，我国信息化正在进入全面普及、深度应用、能力跃升和网络安全风险加剧的特殊时期。提升国家信息能力，释放数字化红利，建设网络强国是"十三五"时期我国信息化发展的主要方向。现将有关情况和建议报告如下：

一、关于我国信息化发展环境和基础条件

（一）全球信息化发展趋势

1. 信息基础设施加速朝着多技术综合利用、无缝立体覆盖的方向演进，应用型基础设施将基本定型

移动、泛在将成为信息基础设施的最显著特征。端到端全光纤网络进入主流发展轨道，新一轮全球宽带提速蓄势待发。融合有线光纤通信、陆地宽带无线通信、低空移动接入、宽带卫星通信等多种技术的超宽带云网络，将提供立体化、全球无缝覆盖的宽带网络服务。

嵌入计算、定位和控制能力的联网物理设备将无处不在，信息通信网络与强大的运算能力、存储能力和软件资源相叠加，正从被动接收和传输信息，转向主动采集、存储、处理和利用信息，应用驱动型基础设施将超越投资驱动型基础设施。据爱立信公司预测，到 2020 年全球将拥有 500 亿部互联设备，另据英国《经济学人》情智分析预测，届时全球 80% 的人将具有超级互联能力。

2. 信息技术创新突破原有技术架构和发展模式成为可能，技术代际周期加速缩短，技术潜能短期内仍将呈现指数级增长

高效和低碳组合将使信息技术创新进入"绿色 IT"时代。集成电路进入 10 纳米时代，新型信息功能材料、器件和工艺水平高速发展。计算模式从集中走向分布，并朝云计算方向快速演进，高性能计算迈入艾级阶段。软件技术进入以精细化、平台化、服务化、个性化为特征的"云时代"。"Wintel"[1] 模式走向终结，以"ARM＋Android"为主导的新模式将主宰开放技术架构和产业格局。下一代 Web 技术将重塑互联网应用版图。数据网络步入"后 IP 时代"，基于安全可信、宽带融合、高效扩展的未来网络呼之欲出。移动泛在、万物互联反逼现代通信设备产业走向大转型，5G 技术研发应用的国际竞争将更趋激烈。

3. 全球信息产业迈进跨界创新和产业生态体系竞合时代

以产业互联网和"工业 4.0"为代表，传统产业和新产业相向而行，技术、产品、流程、平台多层面融合，信息技术成为驱动产业转型的内核，资本密集、技术密集产业让位给软件密集型和系统密集型产业。国际 IT 巨头加速推动技术跨界融合和产业链全方位整合，单向技术优势向产业生态体系优势转化，"无工厂制造商"（factoryless manufactures）和微型跨国公司（mini-multinational corporations）将逐步崛起。产业生态主导权和价值链控制权之争日趋激烈。

4. 互联网生态体系渐行渐近，信息经济新形态、新模式竞相浮现

互联网应用一旦与国民经济和社会各领域相结合，就会产生化学反应和放大效应，不

---

[1] Wintel 即 Windows-Intel 架构。字面上是指由 Microsoft Windows 操作系统与 Intel CPU 所组成的个人计算机。实际上是指 Microsoft（微软）与 Intel（英特尔）的商业联盟。

同产业边界日益交融，价值链持续扩展，市场交易成本大幅下降，使得数据、信息和知识管理成为决定性生产要素。互联网应用在直接创造经济价值的同时，与实体经济齐头并进，正从平行发展走向融合创新，跨界融合将颠覆千业百态的发展格局，继传媒、广告和零售业之后，正加速向金融、交通、物流、制造、农业、公共服务等行业挺进。基于信息的新业态、新模式层出不穷，竞相涌现。互联网价值发现、资源聚合、大众协同、万众创新的应用特性，使得以规模化生产、层级制组织、线性分工为特征的传统经济发展模式进入大转型、大变革时代。与全球化相呼应，基于网络的全球价值链重构正处于量变到质变的关键节点。

5. 电子政务正在开辟政府治理创新的崭新模式和前景

大数据、智能终端、云计算等信息技术应用创新，推动各国电子政务向着管理更高效、服务更优质、问责更透明、包容性更强的治理模式方向发展。联合国对拥有政府网站的193个国家的调查表明，持续在线的公共服务是满足公民对政府服务期待的新载体，高效整合的协同治理是增强政民互动互信的新方向。新一代信息技术在公共产品、公共服务生产和投递中的应用，加速了教育、医疗、就业等社会事业的服务创新，资源配置均等化、资源可获取性以及投递方式人性化，有效提升了人们的幸福感。社交媒体、移动APP等多元化交互和线上线下结合，极大激发了人们的参与感和社会责任心。

6. 网络空间的竞争更趋激烈，正在成为国际话语权的博弈焦点

网络空间正在成为陆海空天之后的第五疆域，美、俄、英、德、法、日、韩、印等国家，纷纷将网络空间安全提升至国家安全战略层面，全面强化制度创设、力量创建和技术创新，不断争取网络空间话语权，谋求全球网络空间竞争优势。网络空间多维、时空一体、相互依存、相互竞争的现实需求正在与各国的国家利益碰撞激荡，网络空间"再平衡均势"陷入对抗而不破裂的窘境之中。网络安全与政治互信、外交对话、经贸往来、文化交流日益交织，成为影响经济社会发展、决定国家战略利益分配的关键因素。

7. 增强国家信息能力、构筑国家信息优势成为世界主要国家的战略选择

数据和信息是信息时代重要的战略资产，构筑在强大的信息技术和产业能力之上的信息采集、处理、传播、利用和安全能力，是信息时代国家综合竞争能力的重要表现，国家间的信息资源开发利用和控制权之争正上升为国家间战略竞争，以国家信息能力为界，世

界将被划分为"有们"（haves）和"没有们"（have-nots）。美国等发达国家凭借先发优势，不断增强对全球信息资源的获取和掌控能力。压制和钳制主要竞争对手的信息优势，是发达国家信息化战略转型的重要方向。

（二）我国信息化发展的基本条件

1. 我国已形成良好的信息产业基础，具备在局部领域实现突破的现实条件

我国电子信息产业年度业务收入、网络零售交易额分别达到 15.4 万亿元、3.88 万亿元，已经成为全球最大的信息产品制造基地和最具潜力的信息消费市场。产业链覆盖了元器件、芯片、软件、整机、网络以及应用服务主要环节，是少数具有相对完善产业体系的国家之一，在网络设备、超级计算、互联网应用等领域形成了一定优势，在芯片、云计算、移动互联网等技术领域取得了一定突破，华为、中兴、联想、百度、阿里巴巴、腾讯、中芯国际等一批领军企业正在崛起，具备了实现信息技术自主创新、自立自强的基础和条件。

2. 我国经济发展进入新常态，信息化正在成为转换增长动力、转变发展方式的重要途径

我国正从中等收入国家向高收入国家迈进，经济发展进入新常态。加快推进信息化与工业化深度融合，促进生产方式向数字化、网络化、智能化转变，正在成为我国制造业转型升级的主流方向。信息技术向农业生产经营全面渗透，加快了农业现代化进程，有力推动了农业从主要追求产量和依靠资源消耗的粗放式经营向质量效益并重、集约可持续发展的方式转变。信息化为集约、绿色、智能的新型城镇化发展提供了强大支撑。新型工业化、城镇化、农业现代化的巨大发展需求，为信息化发展提供了广阔空间。

3. 信息化成为推进国家治理体系和治理能力现代化的重要支撑

云计算、大数据的广泛应用将有效提升政府的宏观调控和市场监管能力。电子政务在优化政府组织结构和工作流程，支撑行政管理创新中的作用将更加突出。信息化将推动社会资源配置更加均衡，有效提升教育、医疗、就业、社保等领域的公共服务能力，成为保障和改善民生的有效手段。基于网络的协同治理和一体化服务，将有力推动服务型政府建设。

（三）我国信息化发展面临的挑战和风险

1. 主要挑战

（1）信息技术和产业发展面临"前堵后追"挤压的挑战。全球产业链集成创新推动寡头垄断地位不断强化，发达国家凭借其对产业生态系统的主导地位，利用产业联盟、投资并购、事实标准、平台垄断、专利诉讼等多种手段，频频打压新兴力量，我国核心技术突破和产业突围面临严峻挑战。同时，国际产业转移步伐加快，与我国要素禀赋比较优势减弱交织叠加，低端制造向低劳动力成本地区转移有扩大趋势。

（2）信息化促进产业转型升级面临来自体制机制的挑战。互联网加速产业跨界融合创新，是当前驱动产业转型升级的决定性力量。藩篱林立的市场壁垒，条块分割的行业管理体制，各自为政的公共服务模式，传统工业生产关系与先进信息生产力之间的冲突，正在成为制约产业转型升级的重大障碍，如处理不好，将有可能丧失结构调整的重大机遇。

此外，我国是信息化发展的后来者，尽管产业基础、技术创新能力和应用深度等取得了长足进展，但核心技术和设备严重受制于人，信息基础设施普及程度不够，信息资源开发利用水平不高，区域和城乡差距比较明显，网络空间法制建设滞后，风险防范、安全防御基础不牢，信息安全保障能力与全面维护网络空间国家战略利益的要求不相适应等长期累积的问题，亟待攻坚克难，在实现全面建成小康社会和第一个百年目标的决战决胜期迅速突围，跻身世界强国之列。

2. 需要防范的潜在风险

（1）避免数字鸿沟进一步拉大的风险。在新一代信息技术创新和应用中，数字鸿沟正在演变为宽带鸿沟、应用鸿沟、技能鸿沟。我国农村宽带用户为 4 873.3 户，仅占全国 24.3%，农村宽带人口普及率仅为 7.9%，落后城市 12.4 个百分点，差距较 2010 年进一步扩大 1.2 个百分点。中、西部宽带人口普及率分别落后东部 6.8 个百分点和 7.4 个百分点，差距较 2010 年均扩大 0.8 个百分点。

（2）重视信息化对就业结构的冲击以及可能导致财富分化的风险。工业机器人、人工智能的大量应用，传统低技能工作岗位被大量取代。伴随全球信息化的浪潮，低技能劳动力和高技能劳动力需求此消彼长，高阶劳动收入空间激增。与发达国家的经历一样，我国产业结构转型升级正向中高端迈进，低技能的工作岗位正加速向具有劳动力比较优势的后发国家转移，而高技能劳动者比重偏低，倘若国民信息技能不能有效跟进，信息化所创造的新增就业和替代岗位就可能严重失衡，加剧收入分配差距和财富分化，成为影响社会稳定的潜在因素。

综合判断，信息化仍是影响全球政治经济变革、调整和博弈的重要力量，是我国加速完成工业化任务、跨越中等收入陷阱、构筑竞争新优势的历史性机遇，我们也同样面临不进则退、慢进亦退、错失发展机遇的巨大风险。我们必须认清面临的形势和任务，立足自身发展实际，主动融入全球信息化浪潮，务实推进信息化发展。

二、关于我国信息化发展的基本思路

"十三五"期间我国信息化发展的基本思路是：以邓小平理论、"三个代表"重要思想和科学发展观为指导，全面贯彻落实党的十八大和十八届三中、四中、五中全会精神，深入学习贯彻习近平总书记系列重要讲话精神，紧紧围绕"五位一体"总体布局和"四个全面"战略布局，牢固树立创新、协调、绿色、开放、共享的发展理念，准确把握全球信息革命大势，立足国家经济社会发展新需求，以建设技术先进、产业发达、应用领先、网络安全坚不可摧的网络强国为目标，把信息化驱动现代化作为贯穿"十三五"时期信息化发展的主线，着力提高经济、政治、文化、社会、生态文明和国防军事各领域信息化应用水平，充分释放信息化发展的巨大潜能；把培育强大的自主发展能力作为"十三五"信息化发展的重点，着力提升技术和产业发展能力、基础设施服务能力、信息资源开发利用能力、人才队伍支撑能力和网络安全保障能力，加快构筑国家信息优势；把优化制度环境作为"十三五"信息化发展的重要支撑，着力推进信息化法治建设，完善网络空间治理，营造安全可信的信息化发展环境。

三、关于我国信息化发展的重大原则

（一）立足于激发活力，正确处理政府与市场的关系

将全面深化改革贯穿于信息化发展各环节，既要用好集中力量办大事的制度优势和大国大市场优势，提高我国市场议价和产业整体博弈能力，也要发挥市场配置资源的决定性作用，营造开放竞争、公平有序的市场环境，有效激发市场主体的活力和创造力。

（二）立足于开放创新，正确处理竞争与合作的关系

要利用好国内国际两个市场、网上网下两个空间，坚持扩大对外开放，积极参与后金融危机时代新一轮信息技术创新、标准制定和产业生态体系重组，在竞争中磨炼，在开放中成长。要准确把握世界经济治理体系重构和网络空间"再平衡的均势"，打好竞争和合作两手牌，以我为主，谋求共赢。

（三）立足于以人为本，正确处理效率和公平的关系

全面建成小康社会和实现公共服务均等化，信息化提供了不可或缺的手段。既要发挥信息化在提升经济效益和管理效率方面的作用，也要更加注重社会效益，要立足现实和可能，为亿万民众提供"用得上、用得起、用得好"的信息化环境。在信息化发展进入普及阶段，尤其要坚持公平优先，兼顾效率，杜绝嫌穷爱富，保持信息化发展水平与跃升到更高等级的收入水平携手并进，有效消弭数字鸿沟。

（四）立足于跨越发展，正确处理发展与安全的关系

要坚持以发展促安全，以安全保发展，把核心技术和产业发展主动权牢牢掌握在自己手中，从根本上保障国家网络安全。要避免患得患失、因噎废食，发展是解决安全的根本出路，不发展就是最不安全。要坚持底线思维，安全为根本，将防范、控制和化解网络信息安全的意识和举措贯穿信息化进程的始终。

四、关于我国信息化发展的基本取向和重点任务

（一）实现信息技术和产业从跟跑并跑到并跑领跑的战略转变

信息技术和产业的发展程度决定着国家信息化的发展水平。全球信息技术变革的重大机遇、我国完善的信息技术产业基础以及大国市场优势和制度优势为我国技术产业赶超创造了有利条件。

重点任务是：转变技术创新方式，以体系化创新弥补单点技术弱势，构建国际领先的网络、计算、感知、存储技术体系，集中优势资源，实现核心芯片、基础软件、高端服务

器、智能硬件等领域的重点突破，改变核心技术受制于人的局面。统筹基础研究、技术创新、产业发展与应用部署，强化价值链的高效衔接，加快自主可控产品在党政军部门和关键领域的推广和应用，打通技术向产业化转化的通道。统筹技术、产业、网络、应用、安全的协调发展，加强国产软硬件适配，加快培育龙头企业，提高产业链上下游协同能力，建立自主可控的产业生态体系。加强量子通信、类脑计算、人工智能、全息显示等新技术及石墨烯、碳纳米管等新材料的基础研发和前沿布局。强化市场主体地位，创新技术产业政策支持方式，营造长期稳定可持续的产业发展环境。

（二）构建泛在先进与普遍服务并重的信息基础设施

信息通信网络是当前技术创新最为活跃的领域，是国家经济社会发展的战略性基础。推动信息基础设施向着泛在先进、立体覆盖的方向发展，重在巩固既有竞争优势，增强服务经济社会发展的能力。同时也要解决好普遍服务的问题，有效弥合数字鸿沟。

重点任务是：继续实施宽带中国战略，持续优化升级宽带网络，扩大 4G 网络覆盖，加快下一代互联网商用步伐，加强 5G 技术研发、标准和产业化布局，积极谋划未来网络、太空互联网等前沿网络技术布局，谋求网络通信领域国际领先。加快北斗产业化进程，推动空间与地面设施互联互通，加强陆地、大气、海洋遥感监测，提升对我国船舶、飞机等动目标的全球服务能力。统筹规划海底光缆和跨境陆缆建设，加快信息基础设施海外布局，打通经中亚到西亚、经南亚到印度洋、经俄罗斯到中东欧国家等陆上通道，积极推进美洲、欧洲、非洲等方向海缆建设，提高国际互联互通水平，服务国家"一带一路"战略实施。完善普遍服务机制，灵活选择光纤、移动蜂窝、低空移动、卫星通信等接入技术，分类推进农村及边远地区网络覆盖，为社会困难群体运用网络提供便利条件。

（三）提高信息资源利用和掌控能力

信息资源利用能力是影响经济发展质量和国家治理水平的重要因素，国家对关键信息资源的掌控能力也将影响决定未来国际竞争的成败。加快建立信息采集、处理、传播、利用的规则制度，将信息资源开发利用纳入法制轨道，全面提升信息资源利用和掌控能力，是今后一段时期我国信息化发展不可回避的重大课题。

重点任务是：加强顶层设计，推动重点信息资源的统筹规划和分类管理，逐步实现部门业务应用与数据管理分离。推动公共信息资源有序开放，为全社会有效利用创造条件。完善制度规则，探索建立信息资源资产化管理和安全管理制度，寻求信息资源开发利用与个人隐私、商业秘密、国家安全保障之间的利益平衡。加快信息资源全球布局，既要加强跨国数据存储和越境数据流管理，也要善于利用互联网增强全球信息资源获取和利用能力。

（四）培育信息经济，促进转型发展

以经济建设为中心、服务国民经济主战场是信息化发展的重中之重。我国具有发展信息经济的后发优势和规模经济优势，继续推动信息技术向经济领域的广泛渗透，大力支持互联网与产业融合创新，是我国扩大消费和投资需求，突破经济发展瓶颈，转变经济发展方式的有力途径。

重点任务是：围绕信息生产和服务的需求，大力发展数据采集、处理、传播、利用相关产业，促进物联网、云计算、大数据、移动互联网有序发展，增强应用基础设施服务能力，夯实信息经济发展基础。加快实施"互联网＋"行动计划，推动传统产业转型升级。推进信息技术在农业生产经营中的全面应用，提升农业生产经营管理的信息化水平；加速信息化和工业化深度融合，创新智能工厂和智能制造模式，打造智能化、网络化、绿色化的现代生产体系；加速传统服务业互联网化，鼓励运用信息技术整合生产和制造资源，形成扁平化、柔性化、网状化的服务组织，推进以用户为中心的跨界服务模式创新。建立网络化协同创新体系，鼓励基于互联网的大众创新，广泛培育网络化、专业化的中小微企业，形成社会化协同分工新格局。建立健全法律法规体系，共建多元互动的监督和服务机制，营造有利于大众创业、市场主体创新的政策环境和制度环境。

（五）建立惠及全民的信息服务体系

针对我国在民生领域存在的公共服务资源短缺失衡、区域城乡差距过大、普惠化水平不高等问题，需要加大对教育、医疗、养老、就业和社会保障等领域的信息化投入，加快完善惠及全民的信息服务体系。

重点任务是：面向教育模式变革，推动优质教育资源的均衡配置和开放共享，推动解决教育不公平问题。建立网络环境下开放学习模式，鼓励将大型开放式网络课程（MOOC）纳入学校人才培养体系，构建新型教育生态体系，支持全民学习和终身学习。推进惠及全民的健康医疗服务，着力解决全国电子健康档案和电子病历数据共享和应用问题。探索建立市场化远程医疗服务模式、运营机制和管理机制。运用新一代信息技术，满足多元服务需求，推动医疗救治向健康服务转变。完善就业和社会保障体系，推进就业和养老、医疗、工伤、失业、生育等信息全国联网，引导劳动力资源有序跨地区流动，加快实现社会保险关系跨地区转移接续和异地就医联网结算，推进就业和社会保障服务从碎片化走向普惠、统一。主动应对人口老龄化带来的挑战，加快建立养老服务机构、医疗护理机构等网络互联、信息互通的服务机制，推进养老、保健、医疗服务一体化发展。

（六）深化电子政务，提升国家治理能力

长期以来，我国电子政务存在应用条块化、服务碎片化、信息割裂化等问题，其主要原因是没有将电子政务建设与全面深化改革紧密结合。充分发挥电子政务在转变政府职能、促进管理创新、提升国家治理能力中的积极作用，提高政府部门信息共享和协同治理能力，仍是深化电子政务的重要方向。

重点任务是：围绕建立公开透明的市场监管和服务体系，积极推进信用监管、便利服务、重要产品信息溯源，以及透明执法等信息化应用，充分发挥市场在资源配置中的决定性作用。运用大数据技术，加强产业、贸易、流通、财税、金融、资源、能源等经济运行信息分析，增强宏观调控能力。以公民身份号码和统一社会信用代码为基础，建立全国统一信用信息网络平台，构建诚信营商环境。加快财政预算和监管信息化，推进中央和地方财政信息互联互通，建立全国联网的个人税收登记系统，增强涉税信息共享能力，支撑深化财税制度改革。构建基层综合服务管理平台，推动政府职能下移，鼓励社区自治，加强政府治理和社会自我调节、居民自治良性互动，提高社会治理能力。建立强有力的国家电子政务领导管理体制，加强电子政务规划、工程投资、应用建设、运行维护、考核评估等环节的协同管理。支持有条件的地区开展集约化建设，推动已建应用系统向云服务模式迁移。

（七）增强国家文化软实力

网络文化作为一种全新的文化形态，承载着信息时代国家的精神价值。要坚持正确舆论导向，运用网络传播规律，弘扬主旋律，加强网络文化阵地建设，提高优秀网络文化产品的供给和传播能力，形成与经济社会发展水平和大国地位相适应的文化软实力。

重点任务是：加强网络文化精品建设，提高网络文化生产的规模化、专业化水平，丰富文化信息产品与服务。提升网络文化传播能力，加快传统媒体与新媒体融合发展，推动国际文化交流，提高中华文化输出能力。加强网络文化阵地建设，加快国家骨干新闻媒体的网络化改造，做大做强中央主要新闻网站和地方重点新闻网站，培育具有国际影响力的现代传媒集团。规范网络文化传播秩序，综合利用法律、行政、经济和行业自律等手段，完善网络文化服务准入和退出机制，加大网络文化执法力度，发展网络行业协会，推动网络社会化治理。

（八）加强网络生态治理

坚持正能量是总要求、管得住是硬道理，创新改进网上正面宣传，加强全网全程管理，建设和平、安全、开放、合作的网络空间，使网络空间清朗起来。

重点任务是： 加强互联网管理和依法治理，坚持积极利用、科学发展、依法管理、确保安全的方针，建立法律规范、行政监管、行业自律、技术保障、公众监督、社会教育相结合的网络治理体系，构建依法运营、依法上网和依法治网的法治化网络空间。推动形成全社会参与的治理机制，加快建立政府引领、企业、社会组织、公民共同参与、相互协作的互联网治理机制。维护公民合法权益，坚持以人为本，依法保护信息自由有序流动，切实保障公民基本权利和自由。

五、政策建议

（一）充分发挥市场机制的决定性作用，营造面向大众创业、万众创新的市场环境

深化电信业改革，进一步开放基础电信业务市场，鼓励多种所有制企业有序参与竞争。加强对信息通信、互联网等市场竞争秩序监管，消除各种市场支配力量对竞争的扭曲，确保市场公平。深化上市发审制度改革，降低首次公开募股门槛，完善股权众筹机制，支持创新型企业国内上市。完善互联网企业资本准入制度，设立中国互联网投资基金，引导多元化投融资市场发展。加大对科技型创新企业研发支持力度，落实企业研发费用加计扣除政策，适当扩大政策适用范围，支持中小微企业创新。

（二）加强战略统筹，把信息技术产业政策置于产业政策的优先位置

信息技术应用、生产流程重组和互联网生态体系是"十三五"时期和未来一段时期产业转型升级的转换器，也是经济活力的重要源泉。要坚持"互联网＋"思维，在技术创新、产业组织、退出和援助等政策方面，突出信息技术创新驱动的重要作用。同时，也要防止盲目追风，照搬照抄，真正建立起自主可控的信息技术产业体系。对现有国家高技术研究发展计划、国家重点基础研究发展计划、国家科技支撑计划等重大科技专项和计划，要加强统筹，提高技术创新、产业化和重大项目实施等政策的针对性和协调性，对新一代信息技术的关键环节和前沿领域，要适时增加投入，安排增量滚动，实施封闭管理，强化问责，

务求取得核心技术突破，提升产业整体的自生能力。

（三）制定特殊政策，完善激励机制，形成开放包容的信息化人才发展环境

实施信息化领军人才计划，依托"百人计划""千人计划"等国家重大人才工程，重点加大对信息化领军人才的支持力度。建立海外人才特聘专家制度，对需要引进的特殊人才，降低永久居留权门槛，探索建立技术移民制度，吸引海外高层次人才创新创业。拓宽人才发现渠道，支持开展创新创业大赛、技能竞赛、创意征集等活动，善用竞争性机制选拔特殊人才。健全人才激励机制，完善技术入股、股票期权等激励方式，明确科技成果知识产权归属及利益分享机制。面向提升信息技能，推广订单式人才培养，建立信息化人才实训基地。

（四）引导信息产业走出去，积极开拓国际市场

国家战略利益到哪里，信息化推进就要跟到哪里。要全面服务于"一带一路"战略的实施和推进，加强网络互联、促进信息互通，大力拓展合作共赢的国际发展空间。要支持信息技术企业拓展海外业务布局，制定鼓励和引导跨境并购的扶持政策，增强获取全球资源的能力。要统筹考虑中国装备、标准、品牌和金融、信息服务携手走出去的一揽子安排，利用多边、双边投资贸易协定和财政金融担保措施，建立我国信息技术产业的海外飞地。

（五）发挥立法的引领和推动作用，全面优化信息化法治环境

加快建立以网络立法为重点，以促进信息化发展和强化网络安全管理为目标，以网络基础设施、网络服务提供者、网络用户、网络信息为主要调整对象的基本法律框架。按照立法法的要求，加快制定《网络安全法》《电子商务法》，研究制定《密码法》。积极研究制定个人信息保护、未成年人网络保护、政府数据开放、跨境数据流管理等方面的立法，修订互联网新闻信息服务管理办法等相关法律法规。加强信息化领域执法能力建设，提高全社会自觉守法意识。

ZHONGYANG
"SHISANWU"
GUIHUA 《JIANYI》 ZHONGDA
ZHUANTI YANJIU

专题十　城镇化

国家发展和改革委员会

"十三五"时期积极稳妥推进城镇化的主要任务

城镇化是伴随工业化发展，非农产业在城镇集聚、农村人口向城镇集中的自然历史过程。城镇化是现代化的必由之路，是保持经济持续健康发展的强大引擎，是促进社会全面进步的必然要求。2014 年 3 月，党中央、国务院印发实施的《国家新型城镇化规划（2014—2020 年）》（以下简称《规划》），明确了走以人为本、四化同步、优化布局、生态文明、文化传承的中国特色新型城镇化道路，提出了有序推进农业转移人口市民化、优化城镇化布局和形态、提高城市可持续发展能力、推动城乡发展一体化四大战略任务，以及统筹推进人口管理、土地管理、财税金融、城镇住房、行政管理、生态环境等重点领域和关键环节体制机制改革。"十三五"时期，要继续强化统筹协调，推动相关政策和改革举措形成合力、落到实处，确保如期完成《规划》提出的主要目标和战略任务。

一、推进户籍制度改革成果落地，努力实现 1 亿左右农业转移人口和其他常住人口在城镇落户

推进农业转移人口市民化是新型城镇化的首要任务。2014 年 7 月，国务院印发了进一步推进户籍制度改革的意见，从国家层面对农业转移人口落户城镇拓宽了通道。从各地贯彻落实情况看，到 2015 年年初，只有 7 个省（自治区）出台了户籍制度改革贯彻落实文件，而人口流入较多、农民工落户意愿较强地区还没有制定具体的户改方案，还在延续原有的落户政策，再加上相关的土地、财税、公共服务等制度改革和政策配套不到位，影响到落户进展和目标的实现，不利于释放内需潜力，不利于消除城市社会二元结构。

"十三五"时期，要按照《规划》要求和国务院印发的户籍制度改革意见，全面实施差别化落户政策。各城市要根据调整后的城市规模划分标准和资源环境承载能力，制定公开透明的落户标准，并向全社会公布，确保户籍制度改革成果落地。在制定落户政策时，要以新生代农民工和长期进城务工人员为重点目标人群，2013年，新生代农民工数量达到12 528万人，在流入地居住年限达5年以上的约5 000万人、举家迁徙的约5 500万人，这些人落户意愿强、落户条件和能力都较好，率先有序落户可形成示范效应，带动实现1亿左右农业转移人口和其他常住人口落户城镇。

户籍制度改革是推动落户的首要，统筹推进相关改革和制定配套政策是实现落户的关键。"十三五"期间，要以户籍制度改革为引领，以财税、土地制度改革为支撑，制定相关配套政策，清除影响落户的政策障碍，营造良好制度环境，推动农民工放心落户城镇。在总结新型城镇化综合试点经验基础上，全面推行财政转移支付同农业转移人口市民化挂钩政策、城镇建设用地增加规模与吸纳农业转移人口落户数量挂钩政策，建立起完善的农业转移人口市民化成本分担机制，全面调动地方政府推动落户的积极性。加快农村集体产权制度、土地管理制度等改革，拓宽农村资产处置渠道，进一步调动农业转移人口落户的积极性。

二、建立健全居住证制度，推进2亿左右未落户农业转移人口逐步享有城镇基本公共服务

即使到2020年能够顺利实现1亿左右农业转移人口和其他常住人口落户城镇，还会有2亿左右农业转移人口没有落户，为他们提供相应的城镇基本公共服务，是市民化应有之义。目前，由于对跨省转移人口缺乏统一的政策设计，缺乏对人口流入地和流出地基本公共服务供给的统筹，不少地方为外来人口提供均等化基本公共服务的积极性不高，农业转移人口享有城镇基本公共服务的水平不高且差距较大。据国家统计局数据，2013年雇主或单位为农民工缴纳养老保险、工伤保险、医疗保险、失业保险和生育保险的比例仅分别为15.7%、28.5%、17.6%、9.1%和6.6%。

使农业转移人口享有城镇基本公共服务，可以在建立全国统一的居住证制度基础上，以居住证为载体建立与居住年限等条件相挂钩的基本公共服务提供机制。坚持"领取无门槛、服务有差异"的原则，全面推行覆盖所有流动人口的居住证制度，准确确定常住人口数量、结构、居住年限及其对应的基本公共服务。实施居住证制度，需要做好"两个衔接"：一是与暂住证的衔接，外来人口凭现有暂住证免费换取居住证，居住年限自办理暂住证之日起开始累积；二是与户籍制度的衔接，居住证要能够克服户籍在流动人口管理

和服务方面的缺陷和不足，承载相应的公共服务功能，在条件具备时可与户籍制度合并执行。

要合理划分中央和地方政府的城镇基本公共服务事权，解决部分地区的财力不足问题。依托全国统一的社会保障卡，推动基本公共服务补贴由"补到地区"转为"补到人头"，统筹处理好流入地和流出地利益，逐步实现城镇义务教育、就业服务、基本养老、基本医疗、保障性住房等基本公共服务覆盖全部常住人口。将农民工随迁子女义务教育纳入各级政府教育发展规划和财政保障范畴，逐步完善并落实符合条件的随迁子女在流入地享受普惠性学前教育和中等职业教育免学费政策，以及随迁子女在流入地参加升学考试的实施办法。健全公共就业创业服务体系，完善就业失业登记管理制度，面向农业转移人口全面提供政府补贴的职业技能培训服务。把进城落户农民完全纳入城镇住房和社会保障体系，在农村参加的养老保险和医疗保险规范接入城镇社保体系。推进最低生活保障制度城乡统筹，全面建立临时救助制度。采取廉租住房、公共租赁住房、租赁补贴等多种方式改善农民工居住条件。

三、加快推进城镇棚户区和城中村改造，明显改善 1 亿左右居民的居住条件

推进城镇棚户区和城中村改造，是消除城市内部二元结构的主要途径，是避免大规模"贫民窟"的必然要求。根据有关部门调查统计，全国城镇棚户区和城中村改造（包括不成套住房）涉及约 4 200 万户，按户均 2.71 人计算，会涉及 1 亿左右人口。近年来，国家大规模推进城镇棚户区和城中村改造，进展显著，要继续坚持科学合理推进，力争到 2020 年年末基本完成现有棚户区和城中村改造。

推进城中村和棚户区改造，要从实际出发、循序推进，先改造成片棚户区，再改造其他棚户区；要坚持政府主导、市场运作，充分调动各方力量共同参与。开拓资金来源渠道，加大各级政府资金支持，落实税费减免政策，进一步发挥开发性金融、政府和社会资本合作（PPP）的作用，鼓励各类金融机构积极支持经营现金流能覆盖债务本息的棚户区改造项目。

改造城镇棚户区和城中村的同时，逐步健全城镇住房保障制度。围绕保障城镇常住人口的合理住房需求，对城镇低收入和中等偏下收入住房困难家庭，提供保障性安居工程住房，满足基本住房需求。建立各级财政保障性住房稳定投入机制，完善租赁补贴制度，扩大保障性住房有效供给。加大保障性住房建设力度，到 2020 年城镇保障性住房常住人口覆盖率达到 23％。

四、加快中西部地区城镇化进程，引导1亿左右人口在中西部就近城镇化

我国城镇空间分布与资源环境承载能力不匹配，东部一些地区资源环境承载能力已近极限，但中西部一些地区潜力还没有充分发挥，东部地区城镇化率已经达到62.2%，而中部、西部地区分别只有48.5%、44.8%。"东高西低"的城镇化空间格局是经济发展的结果，但客观上也带来了人口大规模流动、资源大跨度调运，既增加了社会成本，也加剧了人口、资源、环境间的矛盾，不利于维护国家安全和现代化建设大局。

充分发挥中西部地区城镇化潜力，是现阶段优化城镇化空间格局的重要途径。立足中西部地区资源环境承载能力，统筹引导本地人口转移和外出人口回流，统筹推进特色产业发展和承接转移产业，统筹推进城市群、重点城镇化地区和以县城为重点的小城镇发展，加大基础设施和基本公共服务投入，加快体制机制改革创新，改善投资与产业发展环境，推动中西部地区城镇化进程，努力实现中西部地区1亿左右人口就近城镇化。

中部地区是我国重要粮食主产区，西部地区是我国水源保护区和生态涵养区，中西部地区推进城镇化必须坚持集约高效，引导城镇人口主要向《全国主体功能区规划》确定的重点开发地区集聚（据预测，到2020年这些地区城镇人口将增加约7 500万）。推进中西部地区城镇化进程，离不开产业就业支撑。初步测算，要实现1亿左右人口在中西部地区的就近城镇化，"十三五"期间年均需要新增就业岗位330万个，但过去三年新增就业岗位分别仅为665万、703万、726万个。加快发展符合中西部地区资源禀赋的特色产业，更好发挥城市规模经济和分工细化的就业效应，尽可能延续地区经济增长和就业岗位增加趋势；发挥中西部地区比较优势，加快承接东部地区产业转移，形成新的产业集群。加快中西部重点开发地区的交通、信息、能源、环境保护等基础设施建设，增强经济发展和人口集聚能力。

五、以城市群为主体形态，推动形成合理的城镇化空间格局

城市群是新型城镇化的主体形态，是城镇人口和经济集聚的主要载体。我国城市群主要分布在东部地区，京津冀、长江三角洲、珠江三角洲三大城市群，以2.8%的国土面积集聚了18%的人口，创造了36%的国内生产总值；中西部地区城市群多数处于雏形期，发育不足。从城市群内部看，行政主导色彩过浓，发展质量不高，东部城市群内部分工协作不够、集群效率不高，一体化发展水平较低；一些中西部地区不顾发展实际和城市间联系，

将空间上相对邻近的几个城市划作城市群，盲目规划、"拔苗助长"式做大城市群，有的省内规划了4～5个城市群，带有明显的政府主导色彩，影响到市场机制这一主导力量的发挥。

坚持市场主导和政府引导，在"两横三纵"城镇化战略格局中，综合考虑区域间城市数量、人口规模、城镇化率、经济密度、路网密度等因素，培育发展一批参与国际合作和竞争、促进国土空间均衡开发、引领区域经济发展的城市群。按照优化提升东部地区城市群、培育发展中西部地区城市群的要求，到2020年，努力培育形成京津冀、长三角、珠三角、长江中游、成渝、海峡西岸、山东半岛、哈长、辽中南、中原、关中、北部湾等城市群。特别注意强化城镇建设用地约束性指标和城镇人口预期性指标在城市群区域的"两个落地"，防止城市无序蔓延，也有利于从总体上解决土地城镇化快于人口城镇化的问题。在严格划定城市群边界前提下，按照有关部门和地方的预计，到2020年，这些城市群将集聚全国67%左右的城镇人口，占用全国56%左右的城镇建设用地。统筹制定实施城市群规划，明确城市群发展目标、空间结构和开发方向，明确各城市的功能定位和分工，统筹交通基础设施和信息网络布局，加快推进城市群一体化进程。城市群以外的其他城市和小城镇，作为特色产业中心或一定区域的公共服务中心，点状分布在其他区域，也将发挥着不可或缺的独特功能和作用。

六、转变城市发展模式，促进城市紧凑发展

集聚是城市的本质，城市集约紧凑发展是发挥集聚效应的根本。一些城市"摊大饼"式扩张，过分追求宽马路、大广场，特别是一些地方开发区、园区和新城新区建设数量过多、面积过大，产城融合程度和人口集聚能力低，加剧了城镇建设的低密度蔓延，2000年以来，城镇人口密度呈现下降趋势，全国人均城镇工矿用地从130平方米增加至142平方米，这降低了集聚效应，造成了资源浪费，还带来了财政金融风险。

转变城市发展模式，主要目标是建立起密度较高、功能混用和公交导向的集约紧凑型发展模式，关键举措是按照增量与存量相挂钩、以增量投入带动存量挖潜的原则，提高城镇土地利用效率。对于现状人均建设用地水平没有达到《城市用地分类与规划建设用地标准》（GB 50137—2011）所规定的各类城市，今后新增人口所需建设用地指标只能有限度地增长；现状人均建设用地超出120平方米的城市，"十三五"期末人均建设用地只能减少、不得增加。对于存量的城镇低效用地，要加快建立政府主导、规划管控、多元参与、利益共享的再开发激励约束机制。转变城市发展模式，要构建以公共交通为主体的城市交通系统，合理布局城市产业、交通设施和学校、医院、文化等公共服务设施，推动商业、办公、

居住空间混合搭配，推进便民服务均等化。

规范新城新区建设，更好地促进城市紧凑发展。严格新城新区设立条件，因中心城区功能过度叠加、人口密度过高或规避自然灾害等原因，确需规划建设新城新区的，必须以人口密度、产出强度和资源环境承载力为基准，科学合理编制规划，严格控制建设用地规模，严格控制过度超前的建设标准。建设新城新区要推进功能混合和产城融合，在集聚产业的同时集聚人口，防止出现"空心化"。

七、以绿色智能为方向，推动新型城市建设

推进城市绿色、智能发展，既是时代给予我国城市的重大机遇，也是防治"城市病"的内在要求。当今世界正处于信息化时代，我国基于信息技术的产业产品创新、新型业态创新和城市建设管理创新正方兴未艾，依托信息化推动城市智能化发展，可以大大提高城市管理运行水平。成功的城镇化必须是人与自然和谐相处的城镇化，但一些城市重经济发展、轻环境保护，导致大气、水、土壤等环境污染加剧，生态环境受到破坏，碳排放居高不下，影响到城市形象和居民生活。

推进城市智能化发展，要站在四化同步的高度，统筹城市发展的物资资源、信息资源和智力资源利用，加强信息网络、数据中心等信息基础设施建设，推动物联网、云计算、大数据等新一代信息技术创新应用，实现与城市经济社会发展深度融合，促进城市规划管理信息化、基础设施智能化、公共服务便捷化、产业发展现代化、社会治理精细化。

推动城市绿色发展，要从提高可持续发展水平的角度，实行最严格的生态环境保护制度，形成节约资源和保护环境的空间格局、产业结构、生产方式和生活方式。严格控制高耗能、高排放行业发展，节约集约利用土地、水和能源等资源，大力发展绿色能源、绿色建筑、绿色交通，使绿色生产、绿色消费成为城市经济生活的主流。

八、创新行政管理体制，探索形成新型设市模式

目前我国城市数量总体偏少，中小城市严重不足，城镇人口已超过 7.3 亿人，但城市数量只有 658 个。日本虽然只有 1.15 亿城市人口，但有 787 个城市；美国虽然城市人口只有 2.58 亿，但城市数量多达 10 158 个。这固然有城市标准差异的因素，但我国从 1997 年后基本停止设市是主要原因。目前我国镇区人口超过 10 万的镇有 237 个，镇区人口超过 5 万的镇有 876 个，很多特大镇已具备了城市的体量和特征，但由于不能升格为市，仍然实

行镇级管理机构和权限设置，阻碍了向功能更加完善的城市转化。如果采取传统的设市审批模式、简单放开设市，会导致由于行政编制增加带来行政成本迅速上升，这与国家总体要求不相吻合。

解决办法是创新管理体制、改革设市模式。在国家新型城镇化综合试点基础上，按照城市设置与简化行政机构联动原则，探索建立新的设市模式。新设市要调整政府纵向职能分工，减少行政层级；优化政府横向职能分工，推行大部门制，精简管理机构，提高行政效能，降低行政成本。进一步完善整县改市、切块设市、小县合并、联合设市等多元化设市模式。逐步改变按行政等级配置公共资源的管理体制，对经济总量大、吸纳人口多的县城和小城镇，赋予其与经济总量和人口规模相适应的管理权限。

以镇区常住人口规模、人口密度和经济规模等为基准，完善城市设置标准，启动设市工作。适当放宽少数民族地区和边境地区设市条件，培育发展一批小城市。

九、深化农村土地制度改革，拓宽城乡间土地流通渠道

土地制度改革内容丰富、涉及面广。从城镇化的角度看，受城乡二元土地制度影响，土地要素不能在城乡间顺畅流转、平等交换是最大问题，这也是城乡间制度安排的最大不公。农村宅基地取得困难、利用粗放、退出不畅，资产化渠道狭窄，大量农业转移人口长期保留农村宅基地，2000—2011 年，农村人口减少 1.33 亿人，农村居民点用地却增加了3 045 万亩，加剧了建设用地供需矛盾，影响到农业转移人口落户预期和意愿。

全面推进农村土地征收、集体经营性建设用地入市、宅基地制度改革试点，总结推广成功经验，逐步打破城乡间土地流动壁垒。加快改革完善土地征收制度，合理界定公益性和经营性建设用地，制定土地征收目录，逐步缩小征地范围；对确因公共利益征收的，要严格征地程序，完善征地补偿机制，探索以土地价格和房屋评估价值相结合的拆迁补偿办法，因地制宜采取留地、留房、留物业、留股份等多种安置方式，保障被征地农民长远发展生计。对因缩小征地范围产生的缺口，以农村集体经营性建设用地为重点，探索农村土地直接入市办法。

加快改革完善农村宅基地制度，剪断人口城镇化的农村"脐带"。搞好农村土地确权、登记、颁证工作，在依法保障农民宅基地使用权的前提下，按照依法自愿有偿原则，鼓励引导在城镇落户农民有序流转宅基地使用权，探索建立与公共服务相挂钩的有条件、有差别、有期限的流转退出机制。对城郊村和城中村的宅基地，采取规划征用、农民集体共建等方式进行流转和盘活后，部分收益用于支付公共服务成本。

十、深化财税体制改革，探索建立地方财力增长机制

新型城镇化会增加地方政府的支出责任，据发展研究中心、社科院等有关研究机构测算，每个农业转移人口落户城镇的公共成本为 8 万～13 万元，即使考虑到基础设施建设等公共成本已在前期支出、社会保障等公共成本具有长周期分摊特征，但按照初始支付 20% 计算，对城市政府而言也将是沉重的财政负担。破解这一难题的根本举措是加快推进财税体制改革，通过建立财政转移支付与农业转移人口市民化挂钩机制，适当减轻城市政府财政支出压力；通过建立城市政府财力随城市人口增长而增长的良性循环机制，凸显城市人口集聚的价值。

与城市人口规模直接相关的房产税，目前还处于空转阶段。推行不动产统一登记制度，实现全国住房信息联网。加快房地产税立法。统筹土地和房地产税费改革，降低建设和交易环节税负，增加保有环节税负。逐步健全地方税体系，促进城市财力增长。

有了稳定的税源，城市资产负债表得到改善后，就可以探索城市政府自行发债制度。在进一步完善省级政府代发地方债的基础上，逐步建立管理规范、风险可控、成本合理、运行高效的城市政府举债融资机制。完善城市政府举债的法定程序，把政府债务全额纳入预算管理，完善政府债务资金使用和偿还的信息披露制度，尽快建立健全政府债务信用评级体系。进一步修订完善《预算法》，允许城市政府自行发债。通过资产证券化等方式，拓展释放城市存量资产价值的渠道。

展望到 2030 年，我国城镇化将基本进入成熟稳定期，并呈现两大标志性特征：一是随着农业劳动力转移逐渐逼近刘易斯第二转折点（见附 1），农村人口进城规模将逐步递减并趋于稳定，持续近半个世纪的城乡间大规模人口流动现象趋于终结，城镇化开始跨越诺瑟姆曲线从加速阶段向成熟稳定阶段转变的拐点，城镇化率接近 70%（见附 2），城镇化速度将逐渐稳定，更多转向质量提升和内部结构调整；二是城镇化主体形态基本定型，城市群发展较为成熟，全国人口和经济在国土空间上的分布更趋均衡，城市竞合模式从产业竞争向人口竞争转变，拥有"用脚投票"权的居民在城市之间按照公共服务偏好进行的迁徙流动，将推动城市政府从追求工业集聚向追求人口集聚转变，在建设好城市的同时更加注重管理好城市。

2020—2025 年，是我国城镇化加速阶段向成熟稳定阶段迈进的关键时期。着眼于 2030 年的预期目标和引导方向，需要在深化"十三五"时期城镇化相关体制机制改革的基础上，根据城镇化进入成熟稳定期后可能出现的新特征新态势，进一步强化制度创新，彻底破除城市内部二元体制，并带动城乡二元体制的消融，构建市场主导、自发推进、自我完善的

城镇化动力机制，使各方面制度更加成熟定型，政府与市场、与社会的关系更加和谐。

　　——着眼于人口自由迁徙，推动户籍制度向居住证制度并轨。推动基于出生地、限制流动的户籍制度转变为基于居住地、自由迁徙的居住证制度，有利于推动劳动力资源优化配置和人口自由流动，符合新型城镇化的总要求，符合社会发展进步的总方向。可以考虑循两条路径推动居住证与户籍制度并轨，一是不断拓展居住证制度上附加的公共服务范围，实现持有一定年限的居住证上所附着的公共服务与户籍相同；二是率先在市县范围内以居住年限为主要条件享有各项福利待遇，居住证持有人和户籍人口享有同等基本公共服务，再逐步推向全国，实现由居住证向统一户籍的并轨。

　　——着眼于人人享有均等化社会保障，建立全国统一的大社保体系。现行社会保险制度是针对城镇职工、城镇居民、农村居民等不同社会群体建立起来的，这种针对不同群体设计的过渡性制度安排，使社会保险制度呈现"碎片化"状态，层级多、不连通，既妨碍了区域间、城乡间、不同职业间的人员流动，也削弱了社会保险制度的社会互济功能。要在完善体系、补齐短板的基础上，从构建全国统一大社保的理念出发，在整合碎片和提高统筹层次上下功夫。一是在完善职工基本养老保险制度、城乡居民基本养老保险制度基础上，整合形成全国统一的基本养老保险制度。二是在新型农村合作医疗、城镇居民医疗保险、城镇职工医疗保险基本实现全覆盖的基础上，针对三者性质不同、标准不统一、费率不统一、缺乏对接口等突出矛盾，加快整合推进"三网合一"和"三险合一"，建立全民统一的医疗保障制度。三是加快推进全国社会保障一卡通，完善社会保障卡功能，将养老、医疗、失业保险等统一纳入社保卡，实现人口全覆盖、保障可携带。

　　——着眼于城乡要素自由流动和平等交换，构建全国统一的建设用地市场。土地在城乡间自由流动，是基本生产要素配置市场化的最关键一步，蕴含着巨大的改革发展潜力，是长期优化城镇化制度环境的核心。要加快建立全国统一的建设用地市场，在规划和用途管制的前提下，赋予农村集体土地与国有土地同等权利，农村集体建设用地可直接参与城镇开发和城中村改造，这是促进土地自由流动的重点。建立全国统一的建设用地市场，还需要改变现行以年度供地指标为重点的"地根"调控机制，逐步压缩直至取消国家下拨建设用地指标规模，中央政府主要通过强化土地用途管制实现对土地的总体管控，而土地用途转变的时机、数量更多取决于市场因素。当然，这需要完成一系列前置性工作，包括全面摸清土地家底，全面完成农村土地确权颁证，强化土地管制和土地利用规划的科学性、有效性。

　　——着眼于提高行政管理效率，探索城市自发生成机制。要打破"上下对口"格局，根据常住人口规模和经济社会发展需要，坚持精简效能统一原则，自行调整机构设置和人员配置。促使资源配置中更多考虑常住人口因素和发展潜力。探索城市管理和区域管理分治，逐步实行省直接管理县和市，县管理镇和乡。

2030 年前后我国将跨越刘易斯第二转折点

一、刘易斯转折点的内涵

"刘易斯转折点"是著名发展经济学家、诺贝尔经济学奖获得者阿瑟·刘易斯（1954）提出的概念，分析的是农业劳动力向非农部门转移的规律。该理论认为，经济发展到一定阶段，传统农业部门剩余劳动力消失时，现代经济部门工资会上升，这一点即为"刘易斯转折点"。后来，刘易斯（1958、1972）、拉尼斯和费景汉（1964）、乔根森（1967）在此基础上进行了完善和拓展，将二元经济国家的发展过程划分为三个阶段，在这个过程中有两个转折点（见附图 1）：

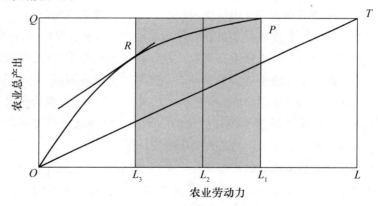

附图 1　刘易斯转折点示意图

第一个转折点是图中的 L_1，表示的是在经济发展初期，农业劳动力存在"无限供给"，即传统农业边际生产率很低甚至等于零，存在大量农业剩余劳动力，工业部门可以用稍高于传统农业部门收入的工资就能吸引农业劳动力转移，而且在劳动力大量转移条件下工资水平基本保持不变。但是，随着农业剩余劳动力的逐步减少，工资水平开始上升，达到第一个转折点。

第二个转折点是图中的 L_3，表示的是农业劳动力进入有限供给或有限剩余阶段后，随着农业劳动生产率上升，劳动力转移会影响农业产出，工资水平会继续增长，达到第二个转折点。此时，城乡劳动力市场实现一体化，农业剩余劳动力被全部吸收，农业部门与现代部门劳动边际产品相等，二元经济结构消失。

在这两个转折点之间的发展阶段，即图中的阴影区域，称作"刘易斯转折区间"。

二、2010 年前后我国跨越刘易斯第一转折点

按照刘易斯转折点的内涵，目前我国已经跨过刘易斯第一转折点，但关于转折点到来的具体时间存在较大争议。从国际看，刘易斯第一转折点一般在人均 GDP 为 3 000～4 000 美元（购买力平价 2000 年国际美元）之间出现。按照这一标准，我国在 2004 年就已进入刘易斯转折区间，不少人将"民工荒"现象作为刘易斯第一转折点到来的证据，认为我国在 2004 年左右跨越了刘易斯第一转折点，但彼时的"民工荒"只是劳动力的结构性短缺，并非总量性短缺，一定程度上是城乡劳动力市场二元分割体制造成的，真正跨越第一转折点在 2010 年左右。

从农业部门边际劳动生产率这一关键指标看，2004 年后我国农户农业劳动投入边际生产率开始提高，但并没有出现非常明显的"跳跃点"，明显的跳跃出现在 2010 年左右。刘守英、章元利用国家统计局对 7 万户抽样农户数据的分析结果指出，2003—2009 年，全国农户农业劳动投入边际生产率增幅为 109％，年均增幅为 13.07％；2009—2012 年，仅 3 年的增幅就高达 72.8％，年均增幅为 20％（见附图 2）。另从农业劳动人口占总人口比重这一指标看，日本达到刘易斯第一转折点在 20 世纪 60 年代，韩国在 20 世纪 70 年代，当时两国从事农业劳动的人口占总人口的比重在 30％左右。2011 年我国农业劳动人口占总人口比重已下降至 30％附近，与韩日跨越转折点时相当。

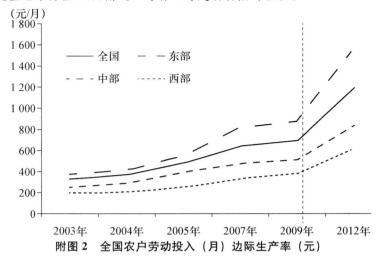

附图 2　全国农户劳动投入（月）边际生产率（元）

三、目前我国正处于刘易斯转折区间

尽管已经跨越刘易斯第一转折点，但我国统一的城乡劳动力市场尚未形成，农业剩余劳动力绝对数量依然比较庞大，劳动力转移正处在刘易斯转折区间。

我们采用固定时期测算法对农业剩余劳动力数量进行了估算，到 2015 年我国农业剩余劳动力数量为 1 亿左右。计算公式和步骤如下：

$$SL_t = L_t - S_t / M_t$$

$$M_t = \alpha \times (1 + \beta)^{(t-1952)}$$

上式中，SL_t 表示第 t 年的农业剩余劳动力，L_t 表示第 t 年第一产业从业人员数，S_t 表示第 t 年的耕地总面积，M_t 表示第 t 年的劳动耕地面积，α 表示假定农业劳动力充分就业时的劳均耕地面积，β 表示经营耕地变动率。要估算每年的劳均耕地面积 M_t，首先需要确定 α 和 β 的数值。

假定 1952 年我国不存在农业剩余劳动力，按照当年数据，可得到劳均耕地面积为 $\alpha = 0.6237$ 公顷。据国家统计局测算，农业初期集约化经营水平可以达到劳均耕地 $0.67 \sim 1.0$ 公顷。为估算经营耕地变动率 β，我们使用 1996—2008 年的劳均耕地面积构建预测模型：

$$M_t = 0.39830 + 0.00121 \ (t-1995)^2 - 0.01586 \ (t-1995)$$
$$(7.7011) \qquad\qquad (-7.0128)$$

判定系数（R^2）＝0.8642   P 值＝0.0000

根据预测结果计算，劳均耕地面积为 0.67 公顷时，$\beta = 0.00109$。通过对 2009—2015 年耕地面积和第一产业从业人员数量的模型预测，到 2015 年我国农业剩余劳动力数量仍有 10 581 万人（见附表 1）。

附表 1

1990—2015 年我国农业剩余劳动力估算

年份	耕地面积（千公顷）	劳均耕地面积（公顷/人）	农业劳动力实际需要量（万人）	第一产业从业人员数（万人）	农业剩余劳动力（万人）
1990	95 672.9	0.650 1	14 717.52	38 914.00	24 196.48
1991	95 653.6	0.650 8	14 698.53	39 098.00	24 399.47
1992	95 425.8	0.651 5	14 647.56	38 699.00	24 051.44
1993	95 101.4	0.652 2	14 581.87	37 680.00	23 098.13
1994	94 906.7	0.652 9	14 536.17	36 628.00	22 091.83
1995	94 973.9	0.653 6	14 530.62	35 530.00	20 999.38
1996	130 039.2	0.654 3	19 873.81	34 820.00	14 946.19
1997	129 903.1	0.655 0	19 831.39	34 840.00	15 008.61

续表

年份	耕地面积（千公顷）	劳均耕地面积（公顷/人）	农业劳动力实际需要量（万人）	第一产业从业人员数（万人）	农业剩余劳动力（万人）
1998	129 642.1	0.655 8	19 770.00	35 177.00	15 407.00
1999	129 205.5	0.656 5	19 681.97	35 768.00	16 086.03
2000	128 243.1	0.657 2	19 514.09	36 043.00	16 528.91
2001	127 615.8	0.657 9	19 397.50	36 513.00	17 115.50
2002	125 929.6	0.658 6	19 120.35	36 870.00	17 749.65
2003	123 392.2	0.659 3	18 714.69	36 546.00	17 831.31
2004	122 444.3	0.660 1	18 550.71	35 269.00	16 718.29
2005	122 082.7	0.660 8	18 475.78	33 970.00	15 494.22
2006	121 775.9	0.661 5	18 409.29	32 561.00	14 151.71
2007	121 735.2	0.662 2	18 383.10	31 444.00	13 060.90
2008	121 715.9	0.662 9	18 360.17	30 654.00	12 293.83
2009	119 889.3	0.663 7	18 064.95	31 535.00	13 470.01
2010	119 163.5	0.664 4	17 936.02	30 983.00	13 047.36
2011	118 457.6	0.665 1	17 810.37	30 412.00	12 601.17
2012	117 771.7	0.665 8	17 687.97	29 819.00	12 131.47
2013	117 105.9	0.666 6	17 568.81	29 207.00	11 638.27
2014	116 460.1	0.667 3	17 452.90	28 574.00	11 121.57
2015	115 834.2	0.668 0	17 340.22	27 922.00	10 581.39

注：a.1995 年以前的耕地资源数据为国家统计局年报数据；1996—2008 年耕地资源数据根据国土资源部各年国土资源公报整理，2009 年以后的耕地资源数据是根据 1996—2008 年的数据采用预测模型 $S_t = 132\,153.5 + 10.008\,(t-1995)^2 - 1\,016.122\,(t-1995)$ 估算得到。

b. 劳均耕地面积根据公式 $M_t = \alpha \times (1+\beta)^{(t-1952)}$ 计算得到。

c.1990—2008 年第一产业从业人员数来源于《中国统计年鉴 2009》，2009 年以后的数据采用预测模型 $L_t = 38\,312.75 - 10.128\,3\,(t-1989)^2 - 136.323\,(t-1989)$ 估算得到。

这一计算结果与多数学者的结果相一致（见附表 2）。

附表 2

我国农村剩余劳动力不同估算结果的比较

研究者	方法或模型	估算年份	农村剩余劳动力数量
刘建进（1997）	生产函数、生产资源配置优化角度	1994 年	1.12 亿
王红玲（1998）	生产函数、生产资源配置优化角度	1994 年	1.17 亿
侯凤云（2004）	劳动力要素最优配置角度	1999 年	1.38 亿
谢培秀（2004）	农业技术需求法	2000 年	1.31 亿～1.57 亿
蔡 昉（2007）	直接观察就业结构和年龄结构	2004 年	不到 0.12 亿

续表

研究者	方法或模型	估算年份	农村剩余劳动力数量
郭金兴（2007）	随机前沿模型	2005 年	0.94 亿~1.01 亿
周　健（2009）	农村剩余经济活动人口＋耕地劳动比例法估算数量	2005 年	1.25 亿~1.81 亿
马晓河、马建蕾（2007）	工日折算法	2006 年	1.14 亿
钟　钰、蓝海涛（2009）	工日折算法	2006 年	1.31 亿
	国际标准结构法	2006 年	0.55 亿
彭文生（2012）	工日折算法	2010 年	1.2 亿

四、我国将于 2030 年前后跨越刘易斯第二转折点

农业劳动力转移跨越刘易斯第二转折点的时间，将决定我国城镇化从快速发展阶段向稳定发展阶段转变的时间，甚至也会影响我国城镇化达到顶峰的时间。刘易斯第二转折点前后，劳动力供求、农业劳动生产率、工资水平、经济增速等重要经济变量都将发生较大变化。从国际经验看，刘易斯转折阶段需要数十年的时间，但后发国家跨越时期明显缩短，美国、英国等经历了 60~70 年时间，日本和韩国用了不到 20 年的时间。我国目前正处于刘易斯转折区间，预期到 2030 年前后将基本完成农业劳动力转移，跨越刘易斯第二转折点。

可以从以下两个关键指标来判断。

一是农业边际劳动生产率。尽管人口总量、基本国情不同，但我国农业劳动力转移很可能走东亚小农模式下劳动力转移的路径，区别于欧美模式。韩国、日本到达刘易斯第二转折点时，农业从业人员占全部就业人员比重在 20％左右，农业与工业部门的边际劳动生产率趋同。由于缺乏劳动生产率和工资的历史数据，可以用城乡居民收入比来替代性反映转折点前后农业与现代部门的劳动边际产品比值变化。随着劳动力转移，韩国农民收入从 20 世纪 70 年代开始快速增长，城乡收入差距逐步缩小，1965—1969 年城市家庭年均收入增速为 14.6％，农村家庭为 3.5％；1970—1976 年，城市家庭年均收入增速下降至 4.6％，农村家庭提高至 9.5％，农村家庭收入与城市家庭收入比例从 1970 年的 0.67：1 上升至 1980 年的 0.98：1，基本没有差距。日本城乡居民收入差距 20 世纪 60 年代后逐步缩小，农民家庭年均收入从 1960 年的 37.12 万日元迅速增加到 1965 年的 76.56 万日元，1967 年超过 100 万日元，与城市家庭相差无几，1973 年农民家庭收入超过了城市家庭。预计到 2025 年，我国农业从业人员占全部就业人员比重将下降至 24％，到 2030 年下降至 21％左右，接近日本和韩国到达刘易斯第二转折点时期的水平，农业部门和非农部门边际劳动生产率差距缩小，城乡居民收入水平将逐步趋同。

二是农业剩余劳动力数量。判断刘易斯第二转折点到来的主要标志之一是农业部门是否还存在剩余劳动力。目前我国农业剩余劳动力在 1 亿人左右，从农业剩余劳动力转移速度看，2010—2020 年每年转移农业劳动力约为 1 000 万人（人力资源和社会保障部预测数），2020 年后农业劳动力转移速度下降，年均转移 500 万～600 万人，到 2030 年农业剩余劳动力将基本转移殆尽。尽管农业技术进步、组织结构完善等会进一步释放出部分劳动力，增加农业剩余劳动力总量，但目前我国农业剩余劳动力年龄结构整体偏大，40 岁以上的劳动力占到很大比重，未来 15 年内这部分群体将集中规模化退出劳动力队伍，大幅减少有效剩余劳动力数量，到 2030 年我国农业劳动力转移过程将基本完成。

综合来看，到 2030 年左右我国将跨越刘易斯第二转折点，城乡二元经济和大规模劳动力转移现象终结。但考虑到经济增速变化、生育政策调整、老龄化速度等不确定性因素，刘易斯第二转折点到来的具体时点也可能发生前移或后延。

附 2

2020—2030 年我国城镇化发展情况预测

一、2030 年城镇化率接近 70%

《国家新型城镇化规划（2014—2020 年）》提出到 2020 年我国常住人口城镇化率达到 60%，从目前推进速度看，如果后续各项战略任务和体制机制改革进展顺利，2020 年我国常住人口城镇化率很可能将超过 60%。2020 年后十年，我国仍处在城镇化快速发展区间，但城镇化率年均增速将总体放缓。从城镇人口增长角度分析，假定 2020—2030 年人口增长率下降至 3‰，每年城镇人口自然增长约 260 万人，农业转移劳动力年均 500 万～600 万人（国务院发展研究中心课题组、卢峰和杨业伟等预测），农村非就业农业转移人口、参军等约 600 万人，到 2030 年城镇将新增人口 1.4 亿左右，达到 9.88 亿，如果全国总人口在 14.5 亿左右，城镇化率将达 68.1%，达到中等偏上收入国家城镇化水平。

从城镇化发展与经济增长的相关性分析，假定"十三五"时期我国经济年均增长 6.5%、2020—2030 年均增长 5.5%～6%，利用 1978—2014 年城镇化率历史数据，采用经济因素相关分析预测法进行预测（见附图 3），结果显示：我国城镇化率 2025 年、2030 年将分别达到 64% 左右和 69% 左右，这与联合国开发计划署和中国社会科学院、国务院发展研究中心和世界银行、麦肯锡等机构的预测结果基本吻合（见附表 3）。到 2030 年，我国将有 10 亿左右的人口生活在城市。

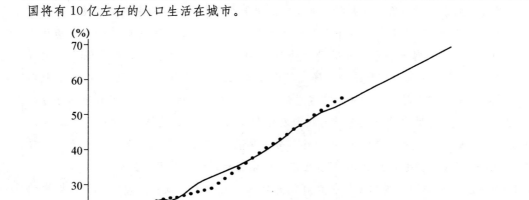

附图 3　经济因素相关分析预测法测算的城镇化率变化

$$\hat{y} = 10.825\,8 \times \ln\text{GDP} - 72.029\,3$$
$$R^2 = 0.986\,2$$

注：$\hat{y}$ 为城镇化率预测值，解释变量为不变价 GDP（1978 年为基期），使用 CPI 指数进行平减。

附表 3

2030 年中国城镇化率估算结果比较

机构	结果
联合国开发计划署 和中国社会科学院（2013）	到 2030 年中国将新增 3.1 亿城市居民，城市人口总数超过 10 亿，城镇化水平达到 70%。
国务院发展研究中心和世界 银行（2014）	2030 年在基准情境下中国城镇化率将达到 66%，改革情景下城镇化率达到 70%。
中国社科院（2013）	到 2030 年中国城镇化率将达到 70%，城市人口将超过 10 亿人。
麦肯锡（2008）	2025 年中国城市人口将增加到 9.26 亿人，2030 年达到 10 亿人。

二、城镇化率提高的支撑条件

未来 15 年，我国城镇化的发展条件发生较大变化，尽管受经济社会阶段变化和发展模式调整影响，城镇化减速的因素增多，在更高水平上推进城镇化的难度增加，但城镇化仍将处在较快发展区间。主要支撑条件有：

一是主导产业转换带动就业需求增长，形成对流动人口的持续吸纳能力。未来 15 年，我国经济增速将逐步转入中高速增长区间，对城镇就业带来一定影响，但从工业主导型经济向服务主导型经济转变，就业弹性趋于提高，会创造更多的就业机会，冲减经济增速下滑对城镇就业的影响。从国际上看，大多数国家和地区第三产业就业人员远多于第二产业就业人员，中高等收入国家第三产业就业人员是第二产业的2倍到3倍。近年来由于服务业发展，我国经济增长的就业带动能力增强，据有关专家统计测算，2008年GDP每新增长1个百分点，能带来120万个新就业机会，到2013年提高到180万～190万个，即便未来这一系数不再提高，也意味着经济增长保持在5.5％左右就能实现1 000万左右的新增就业。主导产业转换带动的城镇就业需求增长，将继续拉动农业劳动力向城镇转移。

二是农业生产力提高产生挤出效应，形成对农业转移劳动力的持续推力。尽管目前我国农业剩余劳动力绝对数量在逐步减少，且转移的难度不断加大，但随着农村土地制度、产权制度等改革的深入推进和农业技术进步，资本和技术替代劳动的趋势将更加明显，部分农业剩余劳动力将从农业生产中释放出来，农业劳动力转移仍具有一定潜力。大量实证研究表明，农业技术进步和农业劳动力转移之间存在长期正相关均衡关系，农业技术逐步形成的推力对农业剩余劳动力转移具有显著的正向影响。根据附1测算，我国农业剩余劳动力数量在1亿左右，此外还有相当一部分农村剩余经济活动人口，这部分群体的转移将支撑城镇人口增长。

三是新老流动人口代际更替，家庭化迁移带动农村非就业人口进城。目前我国农业转移人口主要以劳动力为主，家庭中大约还有3 000万子女和2 000万老人留在农村，随着新老农业转移人口的代际更替，家庭化迁移将成为主要模式。2011年，国家人口计生委开展的新生代流动人口专题调查显示，我国新生代流动人口全部核心家庭成员在流入地共同居住的达到61％，其中，九成新生代的配偶与其在同一城市，接近1/3的孩子随父母流动进城，15％左右的流动人口父母与其在同一个城市流动。新生代人口流动家庭化趋势将改变人口转移结构，大量农村非就业人口转移将推动城镇人口持续增长。

人力资源和社会保障部

"十三五"时期有序推进农民工市民化目标任务和主要措施

城镇化最基本的趋势是农村富余劳动力和农村人口向城镇转移。新型城镇化的核心是人的城镇化，有序推进农业转移人口市民化是国家新型城镇化的四大战略任务之一。农业转移人口的主体是农民工及其家属，有序推进农业转移人口市民化主要是推进农民工及其家属在城镇落户，平等享受城镇基本公共服务，促进农民工社会融合。农民工已成为我国产业工人的主体，是推动国家现代化建设的重要力量，为经济社会发展做出了巨大贡献。2015 年全国农民工总量 2.77 亿人，比上年增加 352 万人；其中外出就业农民工 1.69 亿人。农民工规模之大、涉及面之广、情况之复杂，在世界范围前所未有。从中国实际出发，有序推进农民工市民化，不仅是需要继续深入研究的理论问题，更是新型城镇化中的重大社会实践问题。

一、推进农民工市民化的工作进展和主要成效

党中央、国务院高度重视农民工工作。近年来，制定了一系列政策措施，促进农民工队伍不断发展壮大，推动了国家城镇化的快速发展。各地区、各有关部门认真贯彻党中央、国务院决策部署，创新工作思路，完善政策措施，加强统筹协调，强化公共服务，探索出了就业带动、保障地权、渐进转移的具有中国特色的农业劳动力转移道路，推进农民工市民化工作取得了新进展和新成效。

（一）农民工就业规模持续扩大，整体素质明显提高

2010 年至 2015 年，农民工总量由 2.42 亿人增加至 2.77 亿人，增加 3 524 万人。一是确立了城乡平等的就业制度。2008 年，明确了国家实行城乡统筹的就业政策，建立健全城乡劳动者平等就业的制度；农村劳动者进城就业享有与城镇劳动者平等的劳动权利，不得对农村劳动者进城就业设置歧视性限制。2014 年，人力资源和社会保障部修订了《就业服务与就业管理规定》，取消了对农村进城务工人员失业登记的限制。二是强化公共就业服务。建立健全覆盖城乡的公共就业服务体系，开通了全国招聘信息公共服务网，为农民工免费提供就业信息、就业指导、政策咨询等就业服务。从 2005 年起，每年春节前后在全国范围内组织以农村进城务工人员为主要服务对象的"春风行动"，促进农村劳动力转移就业。三是统筹规划农民工职业培训工作。2010 年，国务院办公厅印发《关于进一步加强农民工培训工作的指导意见》（国办发〔2010〕11 号），强调加强农民工培训工作的统筹协调。从 2014 年起，国务院农民工办会同发改、教育、财政、人社、科技、住建、农业、扶贫、工青妇等部门（单位）编制年度农民工职业技能培训综合计划，组织实施农民工职业技能提升计划，圆满地完成了 2014 年、2015 年的农民工职业技能培训任务。农民工培训质量不断提升，农民工综合素质得到加强，提高了农民工的就业能力。四是扶持农民工返乡创业。2008 年，国务院办公厅转发《促进以创业带动就业工作的指导意见》，将返乡农民工纳入创业政策扶持范围。2015 年，国务院办公厅印发《关于支持农民工等人员返乡创业的意见》（国办发〔2015〕47 号），组织实施鼓励农民工等人员返乡创业三年行动计划（2015—2017 年）。各地积极落实相关创业扶持政策，农民工按规定享受税收优惠、资金补贴、场地安排等创业扶持政策。

（二）农民工劳动权益得到更好保障

一是劳动用工管理进一步规范。深入贯彻落实《劳动合同法》及其实施条例，通过开展全面推进劳动合同制度实施三年行动计划、农民工劳动合同签订"春暖行动"、小企业劳动合同制度实施专项行动，推动农民工劳动合同签订率不断提高。二是工资水平逐步提高。开展了推动集体合同制度实施"彩虹计划"、推进实施集体合同制度攻坚计划，指导地方合理调整最低工资标准，促进农民工工资增长。外出农民工月均工资收入由 2010 年的 1 690元提高到 2015 年的 3 072 元，年均增长 12.7％元。三是参加社会保险覆盖面不断扩大。社会保险法规定，进城务工的农村居民依照本法规定参加社会保险，为农民工参加社会保险提供了法律依据。2015 年年底，农民工参加城镇职工基本养老保险 5 585 万人、医疗保

险 5 166 万人、工伤保险 7 489 万人、失业保险 4 219 万人。四是维护劳动保障权益工作不断加强。加大劳动争议处理力度，推动仲裁机构广泛建立"快立、快调、快裁、办好"涉及农民工劳动争议长效机制。不断加大劳动保障监察执法力度，连续多年在全国范围开展清理整顿人力资源市场秩序、劳动用工与社会保险以及农民工工资支付专项执法检查，推动各地建立保障农民工工资支付长效制度，加大对拒不支付劳动报酬犯罪案件的查处力度。

（三）面向农民工的公共服务明显改善

一是保障农民工随迁子女平等接受教育。国家确立并不断完善"以输入地政府管理为主、以全日制公办中小学为主"解决随迁子女平等接受义务教育的政策，目前，全国义务教育阶段农民工随迁子女在公办学校就学比例保持在 80％。2012 年，国务院办公厅转发教育部等部门《关于做好进城务工人员随迁子女接受义务教育后在当地参加升学考试工作意见的通知》（国办发〔2012〕46 号），全国 30 个省（自治区、直辖市）出台了实施方案。2015 年，全国除陕西、西藏外的 29 个省份，共有近 8 万名符合条件的农民工随迁子女在居住地参加了高考。二是多渠道解决农民工住房问题。全国地级以上城市将符合条件的农民工纳入当地住房保障范围。在农民工集中的开发区和工业园区集中建设向农民工出租的集体宿舍。一些地区通过公租房、廉租房、提供一定的住房补贴等方式解决部分农民工住房问题。三是加强卫生计生工作。将农民工及其随迁子女纳入基本公共卫生计生服务范围，为农民工提供健康教育、职业病防治、预防接种、儿童保健、孕产妇保健等服务，计划生育免费服务综合覆盖率达到 85％。四是促进农民工在城镇落户。2014 年，国务院印发《关于进一步推进户籍制度改革的意见》（国发〔2014〕25 号），已有 27 个省（自治区、直辖市）出台了具体实施意见。

（四）农民工的社会地位逐步提升

农民工对经济社会发展的贡献和作用得到了党和政府的充分肯定。26 名优秀农民工当选党的十八大代表。2016 年，国务院农民工工作领导小组组织开展了全国优秀农民工评选表彰活动，有 981 名全国优秀农民工受到表彰；一些农民工被各级政府和有关部门评选为优秀农民工。十二届全国人大代表中有 31 名农民工代表，有相当数量的优秀农民工当选为各级人大代表和政协委员。2015 年年底，全国农民工参加工会总人数达到 1.23 亿。各地不断加强对农民工的人文关怀，积极促进农民工融入城市社会，关心关爱农民工的社会氛围逐步形成。

二、农民工市民化面临的突出矛盾和问题

（一）农民工就业的稳定性不强

一是农民工的职业技能水平总体偏低。接受过职业技能培训的比例偏低，难以适应产业升级转型和城镇化快速发展的要求。农民工培训的针对性、有效性有待进一步提高，培训资金整体投入不足，培训补贴标准偏低，岗位技能提升培训的扶持政策有待加强。二是农村劳动力转移就业存在结构性矛盾。大量需要农民工的岗位，与农民工就业期望相差较大。工作条件相对较好的岗位，数量较少，难以满足大量农民工的求职需求；而对技能要求高的岗位，也难以找到符合条件的农村劳动者。三是农民工就业质量不高。农民工主要在制造业、建筑业、批发零售业和服务业就业。这些行业企业大多数待遇偏低，务工环境较差，缺乏职业发展空间，加大了农民工就业的不稳定性。四是公共就业服务与农村劳动力转移就业需求存在差距。城乡公共就业服务发展不均衡，部分乡镇尤其是村一级的公共就业服务更加欠缺。特别是中西部地区基层公共就业服务设施落后，信息化建设滞后。

（二）侵害农民工劳动保障权益的现象时有发生

一是农民工权益维护仍面临"三低两多"的突出问题：小微企业农民工劳动合同签订率、工资收入水平、社会保险参保率偏低，在一些高危行业和污染企业，农民工职业病和工伤事故较多。二是受经济下行压力加大的影响，拖欠农民工工资问题有所反弹。三是一些企业不能严格执行国家劳动标准，农民工超时加班、不按规定支付农民工加班工资现象仍然较多，休息休假权得不到保障。

（三）农民工市民化进程比较缓慢

一是户籍人口城镇化率滞后于常住人口城镇化率。2014 年，我国常住人口城镇化率为54.77%，但户籍人口城镇化率只有 36.7% 左右，被统计为城镇人口的农民工及其家属未能在城镇落户，没有真正在城市定居成为市民。由于农民工多在大城市尤其是特大城市务工经商，受城市规模约束难以落户。二是享受基本公共服务的范围仍然较小。城市公共教育资源增长和调整速度还难以充分满足随迁子女就学需求，数量和结构的供需矛盾仍然较大。

农民工在城市缺乏住房保障,居住条件差。医疗卫生保障水平低。主要依靠非均等化基本公共服务压低成本推动城镇化快速发展的模式不可持续。三是难以融入城市社会。2.77亿农民工仍处于"半市民化"状态,受尊重程度低,对就业地缺乏归属感,城镇内部出现新的二元矛盾,会带来大量的社会矛盾和风险。四是农民工市民化成本分担机制还未建立起来。

三、有序推进农民工市民化面临的机遇和挑战

党的十八大和十八届三中全会要求加快改革户籍制度,有序推进农业转移人口市民化,努力实现城镇基本公共服务常住人口全覆盖。2014年,国务院印发《关于进一步做好为农民工服务工作的意见》(国发〔2014〕40号),围绕有序推进农民工市民化的发展方向,明确了指导思想、基本原则、总体目标和"四个着力"的政策措施,为有序推进农民工市民化奠定了坚实的基础。有序推进农民工市民化是一项长期的艰巨任务,当前既面临新机遇,也面临着新的挑战和新的要求。

(一)国家城镇化快速发展对推进农民工市民化带来了新机遇

有序推进农民工市民化是提高城镇化水平和质量的关键。习近平总书记在中央城镇化工作会议上指出,解决好人的问题是推进新型城镇化的关键,从目前我国城镇化发展要求来看,主要任务是解决已经转移到城镇就业的农业转移人口落户问题,努力提高农民工融入城镇的素质和能力。李克强总理指出,推进城镇化,核心是人的城镇化,关键是提高城镇化质量,让农民工逐步融入城镇。《国家新型城镇化规划(2014—2020年)》将有序推进农业转移人口市民化作为实施新型城镇化的战略任务,提出到2020年常住人口城镇化率达到60%左右,户籍人口城镇化率达到45%左右。国发〔2014〕25号文件提出,实施差别化的落户政策,合理引导农业转移人口有序向城镇转移。国发〔2014〕40号文件进一步明确了引导约1亿人在中西部地区就近城镇化,努力实现1亿左右农业转移人口和其他常住人口在城镇落户的总体目标。目前,我国的城镇化率,不仅远低于发达国家80%的平均水平,也低于人均收入与我国相近的发展中国家60%的平均水平,还有较大的发展空间。根据世界城镇化发展普遍规律,我国仍处于城镇化率30%～70%快速发展区间。城镇化水平的持续提高,可以使更多农民工通过就业提高收入,通过转为市民享受更好的城镇基本公共服务。随着我国城镇化进程的快速推进,农业转移人口还将继续流向城镇,推进新型城镇化,必须走一条以人为核心的新型城镇化道路,把促进有能力在城镇稳定就业和生活的常住人

口有序实现市民化作为首要任务，这是伴随我国实现现代化全过程的长期任务。

（二）经济发展新常态对推进农民工市民化提出了新挑战

在经济发展新常态下，农民工的劳动就业、劳动关系、社会保障等方面都面临着新挑战和新要求。经济从高速增长转向中高速增长，一些企业生产经营困难，对继续扩大农民工转移就业规模和提高工资收入产生一定影响。虽然 2015 年农民工就业规模持续扩大，但 2011 年以来，农民工总量增速已呈现出持续回落态势，农民工正从无限供给向有限供给转变，就业和招工"两难"的结构性矛盾将成为常态。同时，农民工工资收入增长放缓，农民工月均收入年增长 2010 年为 19.3%，2011 年为 21.2%，2012 年为 11.8%，2013 年为 13.9%，2014 年为 9.8%，2015 年为 7.2%。经济结构调整优化升级，有些绝对过剩的行业就要收缩，有些竞争力差的企业就可能要退出。一方面，影响新增就业；另一方面，有些农民工将面临下岗，由此会带来对农民工劳动就业、参加社会保险的影响。特别是一些中小企业生产经营困难，对农民工参加社会保险扩面和征缴带来压力，地方财政对社保的补贴将受影响。创新驱动需要大批有技能的工人，给农民工技能提升带来新的机遇。当前，农民工总体上已进入以技能促进稳定就业、以公共服务促进融入城市阶段。全面提高农民工技能素质，是促进产业转移升级、提质增效的迫切要求，更是适应经济发展新常态的一项长期战略任务。

（三）农民工整体素质明显提高，更加期望融入城镇、共享经济社会发展成果

在我国新型工业化、信息化、城镇化和农业现代化建设进程中，农民工为农村增加了收入，为城镇创造了财富，为改革发展增添了活力。近年来，我国农民工的人员结构已经发生了重大变化，新生代农民工已经成为外出农民工的主体。新生代农民工受教育程度普遍较高，初中占 60.6%，高中占 20.5%，大专及以上文化程度占 12.8%。他们视野开阔，接受新鲜事物快，具有市场竞争意识，职业期望值较高，易于适应城市现代生活。他们寻求自我发展，关注自我价值的实现，期望实现身份认同，对融入城镇提出了更高的要求，平等享受城镇基本公共服务和在城镇落户，成为相当一部分农民工最关心、最直接、最现实的问题。推进农民工市民化有利于促进农民工特别是新生代农民工融入城镇、融入现代社会，享受城镇基本公共服务、享受城市现代文明，有利于促进社会和谐稳定。

（四）国外农业劳动力的转移模式提供了可供借鉴的经验和教训

农业劳动力转移是一个世界性的课题，在发达国家经济社会转型时期，伴随着工业化和城市化进程的推进，也曾经历过相当长时期的农业劳动力向城市转移的过程。既有成熟的经验，也有沉痛的教训。比如，英国在农业劳动力转移中后期，政府更加注重政策的公平性，通过逐步促进社会公平就业、建设社会福利制度、改善民生基础条件等促使农业劳动力转移。日本注重对农业转移劳动力进行职业技能培训，鼓励各企业、社会团体积极开展岗前培训，为农村谋职者提供各种学习机会，使其适应工作环境并获得劳动技能。又如，巴西由于产业政策与就业政策缺乏协调，不重视中等职业技术教育，带来失业或就业不足、就业质量差等问题。墨西哥城无序膨胀，政府缺乏有效的管理和服务，进城的农民大多年龄偏大，缺乏文化知识和职业培训，难以适应城市工业对技术工人的需求，产生了严重的失业和贫困现象，诱发了"城市病""贫民窟"等一系列社会问题。中国作为后发型发展大国，要完成发达国家历经上百年才走完的农业劳动力转移和现代化路程，要充分借鉴国外的经验教训，对国外农业劳动力的转移模式进行分析总结，可以为我国推进农民工市民化提供实践参考，避免落入"中等收入陷阱"，绝不能出现一些国家曾经或仍然存在的城市"贫民窟"现象。

四、"十三五"时期有序推进农民工市民化的重点任务和主要措施

有序推进农民工市民化将贯穿于新型工业化、信息化、城镇化、农业现代化的全过程，具有长期性、复杂性和艰巨性。国发〔2014〕40号文件明确了有序推进农民工市民化的路线图和时间表。"十三五"期间，要把促进农民工市民化作为我国城镇化健康发展的重要任务，落实好各项政策措施。

（一）大力提升农民工职业技能水平

加强农民工技能培训是促进农民工稳定就业、收入增加和转变为市民的基础。一是实施农民工职业技能提升计划。每年开展农民工职业技能培训2 000万人次。加强农民工职业培训工作的统筹管理，制定实施农民工职业技能培训综合计划。二是加快发展农村新成长劳动力职业教育。努力实现未升入普通高中、普通高等院校的农村应届初高中毕业生都能接受职业教育，切实从源头上提高农民工的职业技能水平。三是加大培训资金投入，提高

资金使用效益。增强培训的针对性和有效性，努力提高培训质量。四是加强农民工职业技能实训基地建设，强化实际操作技能训练，更好发挥公共职业培训机构在促进就业创业中的重要作用。

（二）着力稳定和扩大农民工就业创业

就业是农民工生存和发展的基础，也是农民工市民化的前提。一要完善和落实促进就业创业的政策。坚持就业优先战略，实施更加积极的就业政策，把扩大就业作为经济社会发展和经济结构调整的重要目标，加强政策协调，全面落实鼓励企业吸纳、稳定就业等方面的措施，支持农村劳动者多渠道、多形式就业。二是强化就业服务。完善覆盖城乡的公共就业服务体系，加强基层劳动就业和社会保障服务平台建设，提升公共就业服务信息化水平，明确服务标准，规范服务流程，创新服务方式，完善就业失业登记管理办法，强化均等化的公共就业服务，切实加强就业服务和管理。三是扶持农民工返乡创业。完善和落实促进农民工创业的政策措施，将农民工纳入创业政策扶持范围，加强对农民工的创业培训和创业服务。四是大力发展服务业特别是家庭服务业和中小微企业，开发适合农民工的就业岗位。

（三）着力维护农民工的劳动保障权益

切实维护农民工的合法权益是政府的一项重要职责，也是农民工市民化的重要条件。一是规范使用农民工的劳动用工管理。指导和督促用人单位与农民工依法普遍签订并履行劳动合同，在务工流动性大、季节性强、时间短的农民工中推广简易劳动合同示范文本。对小微企业经营者开展《劳动合同法》培训。二是加强工资支付保障长效机制建设。贯彻落实《国务院办公厅关于全面治理拖欠农民工工资问题的意见》（国办发〔2016〕1号）。完善并落实以"两金三制一卡"（在建设领域和其他容易发生欠薪的行业推行工资保证金制度，在有条件的市县探索建立健全欠薪应急周转金制度，完善并落实工程总承包企业对所承包工程的农民工工资支付全面负责制度、劳动保障监察执法与刑事司法联动治理恶意欠薪制度、解决欠薪问题地方政府负总责制度，推广实名制工资支付银行卡）为主要内容的工资支付监控制度和支付保障制度，努力实现农民工工资基本无拖欠。落实农民工与城镇职工同工同酬原则。推动农民工参与工资集体协商，促进农民工工资水平合理增长。三是切实维护农民工的安全生产和职业健康权益。加强安全生产培训和职业健康教育，将安全生产和职业健康相关知识纳入职业技能培训内容，严格执行特殊工种持证上岗制度。加强职业病防治宣传，实施农民工职业病防治和帮扶行动。深入开展粉尘与高毒物品危害治理。四是畅通农民工维权渠道。加大劳动保障监察执法力度，全面推进劳动保障监察网格化、网络化管理，将执法力量向基层延伸。健全举报投诉制度，依法查处用人单位侵害农民工权益的违法行为。畅通农民工劳动争议仲裁"绿色通道"，简化受理立案程序，提高仲裁效率。建立健全涉及农民工的集体劳动争议调处机制。

（四）努力扩大农民工参加城镇社会保险覆盖面

社会保险是农民工实现稳定就业助推器和生活保障网。一是要实施"全民参保登记计划"，推进农民工等群体依法全面持续参加社会保险。二是要完善制度。研究制定在城镇个体经营和灵活就业农民工参加职工养老保险不受户口所在地限制的政策，研究完善灵活就业农民工参加基本养老保险政策，灵活就业农民工可以参加当地城镇居民基本医疗保险；完善社会保险关系转移接续政策；推动农民工与城镇职工平等参加失业保险、生育保险并平等享受待遇。三是扩大农民工参保覆盖面。依法将与用人单位建立稳定劳动关系的农民工纳入城镇职工基本养老保险和基本医疗保险；努力实现用人单位的农民工全部参加工伤保险，组织实施以建筑企业为重点的高风险企业参加工伤保险专项扩面行动；着力解决未参保用人单位的农民工工伤保险待遇保障问题；对劳务派遣单位或用工单位侵害被派遣农民工社会保险权益的，依法追究连带责任。四是做好保险关系转移接续工作。切实落实城镇企业职工基本养老保险关系转移接续暂行办法和城乡养老保险制度衔接暂行办法。进一步做好流动就业农民工基本医疗保险关系转移接续、异地就医和费用结算服务等政策衔接和管理服务工作。

（五）逐步推动农民工平等享受城镇基本公共服务

平等享受城镇基本公共服务是推进以人为核心的城镇化、提高城镇化质量的关键，是推进农民工市民化的内在要求。一是深化公共服务供给制度改革，加大基本公共服务均等化的推进力度，积极推进城镇基本公共服务由主要对本地户籍人口提供向对常住人口提供转变，努力实现城镇基本公共服务覆盖未落户但在城镇常住的农民工及其随迁家属，使其逐步平等享受市民权利。二是全面实施居住证制度。贯彻实施《居住证暂行条例》，农民工及其随迁家属持居住证享受国家和居住地规定的基本公共服务和便利。指导各地建立健全与居住年限等条件相挂钩的基本公共服务提供机制。三是保障农民工随迁子女平等接受教育的权利。保障农民工随迁子女平等接受教育寄托着广大农民工家庭融入城市的新期待。

要将农民工随迁子女义务教育纳入各级政府教育发展规划和财政保障范畴，保障农民工随迁子女以公办学校为主接受义务教育。对未能在公办学校就学的，采取政府购买服务等方式，保障农民工随迁子女在普惠性民办学校接受义务教育的权利。积极创造条件着力满足农民工随迁子女接受普惠性学前教育的需求。各地要进一步完善和落实好符合条件的农民工随迁子女接受义务教育后在输入地参加中考、高考的政策。四是逐步改善农民工居住条件。要完善住房保障制度，将符合条件的农民工纳入住房保障实施范围，采取公共租赁住房、租赁补贴等多种方式改善农民工居住条件。在城市的城中村、棚户区改造过程中，妥善解决农民工的居住问题。

（六）有序推进农民工在城镇落户

推进农民工在城镇落户，实现农民工身份的转变，关系到农民工市民化的水平。一是贯彻落实国发〔2014〕25 号文件精神，落实放宽户口迁移政策，实施差别化的落户政策，合理引导农业转移人口有序向城镇转移，促进在城镇稳定就业和生活的农民工及其家属在城镇落户，实现在身份上由农民工向市民转变。二是保障农民工土地承包经营权、宅基地使用权和集体收益分配权。现阶段，不得以退出土地承包经营权、宅基地使用权、集体收益分配权作为农民进城落户的条件。

（七）着力促进农民工社会融合

促进农民工融入城市社会，关系农民工的生活幸福、关系社会的和谐稳定，也是衡量农民工市民化质量的重要标志，一是加强农民工中的党、团组织建设，健全农民工党员教育管理服务工作制度，依法保障农民工享有民主政治权利。二是不断丰富农民工精神文化生活。把农民工纳入城市公共文化服务体系，组织开展多种形式的文化活动，落实好对农民工集中居住点实施的推进"两看一上"活动，使农民工方便地看报纸、看电视，有条件的能上网。三是加强对农民工的人文关怀。关心农民工工作、生活和思想状况，开展"人文关怀进企业、进一线"活动。四是开展新市民培训。培养诚实劳动、爱岗敬业的作风和文明、健康的生活方式。要畅通农民工在城市发展的上升通道，使农民工通过自身努力和不断奋斗，能真正在城市安居乐业，实现真正意义上的"进城"，促进农民工共享改革发展成果。五是建立健全农村留守儿童、留守妇女和留守老人关爱服务体系，帮助他们解决在学习、生产、生活、安全等方面的问题。六是加强农民工综合服务中心建设。依托社区综合服务设施、劳动就业社会保障服务平台等现有资源，多渠道推进农民工综合服务平台建设，逐步拓展管理服务、权益维护、文化教育、党团活动等服务功能，为农民工提供"一站式"综合服务。

（八）建立农民工市民化成本分担机制

一是抓好国家新型城镇化综合试点工作，围绕农业转移人口市民化成本分担机制等问题开展改革探索。二是建立政府、企业、个人共同参与的农民工市民化成本分担机制和财政移动支付同农民工市民化的挂钩机制。三是政府要承担农民工培训就业、社会保障、公共卫生、随迁子女教育、住房保障、公共文化等基本公共服务的资金，加大投入力度，为农民工平等享受基本公共服务提供经费保障。四是企业要落实农民工与城镇职工同工同酬制度，加大职工技能培训投入，依法为农民工缴纳职工养老、医疗、工伤、失业、生育等社会保险费用。五是农民工要积极参加城镇社会保险、职业教育和技能培训等，并按照规定承担相关费用，提升融入城市社会的能力。

有序推进农民工市民化政策性强、涉及面广，情况复杂、任务艰巨，涉及多个部门。要充分发挥国务院农民工工作领导小组协调机制的作用，加强统筹协调和相互配合、形成工作合力，狠抓工作落实，共同推进农民工市民化。要加强农民工工作宣传，为有序推进农民工市民化营造良好的舆论氛围。

国土资源部

"十三五"时期积极稳妥推进城镇化的主要任务

本研究在客观分析国土资源管理与新型城镇化发展关系的基础上，回顾评价"十二五"时期国土资源管理在促进城镇化健康发展方面的工作实践与成效，分析研判新常态下国土资源管理在推进城镇化发展中的新定位、新要求，立足国土资源的保护与合理利用，研究提出"十三五"期间积极稳妥推进城镇化发展的目标任务及政策措施。

一、回顾与评价

（一）开展资源环境承载力调查评价和国土空间规划，促进城镇化格局优化

资源环境承载力是城镇化发展的重要基础，城镇人口产业分布与资源环境承载相协调是城镇化空间格局优化的基本原则。"十二五"期间，为缓解城市发展与资源环境约束之间的尖锐矛盾，国土资源部加强基础数据调查评价和空间规划管控，先后开展了第二次全国土地调查、重点区域资源环境承载力调查评价等基础调查工作，开展了《全国国土规划纲要》编制、全国土地利用总体规划调整完善、永久基本农田划定、城市开发边界划定和《京津冀协同发展土地利用规划（2015—2020 年）》等城市群区域土地利用规划编制研究等基础工作，在查清资源底数，摸清了重点区域特别是城市群地区资源环境承载状况的基础上，厘清了不同区域人口集聚和城市发展的方向、定位，研究制定了差别化的国土空间开发利用和保护政策，为国家制定新型城镇化规划提供了重要决策参考，也为下一步实施新型城镇化规划提供了基础支撑。

（二）推动土地利用方式转变，促进城镇化质量提升

土地利用方式对城镇化发展质量具有基础和长远性影响。为促进我国城镇化质量提升，国土资源部在"十二五"期间以落实两个最严格的土地管理制度为核心，指导地方全面推进土地节约集约利用，取得明显成效。深圳等地以减量规划理念引领城市转型发展，以精细化土地供应政策促进产业升级转型，培育符合城市发展方向的支柱产业和主导产业；广州、南京等地以存量挖潜促进城市更新，通过存量土地二次开发和功能调整促进建成区功能优化；上海探索以郊野单元、土地整治促进城市郊区土地利用空间结构优化，实现减量发展；厦门、宁波等地探索以基本农田红线、城市开发边界及生态保护红线"三线"划定倒逼城市集约发展，由外延式城市扩张转向内生型城市发展；浙江、福建等地以税控地引导城市高效发展，通过差别化用地政策，加大对亩产税收贡献大、符合产业转型升级方向企业的扶持力度。这些土地利用和管理政策的创新运用，有效提高了用地效率，提升了城镇发展质量，推动了城市发展模式转型。

（三）加大政策创新与制度供给力度，促进城镇化可持续发展

"十二五"期间我部加大政策创新与制度供给力度，布置开展了一系列改革创新实践探索。《不动产登记暂行条例》颁布实施，土地产权制度改革有了新进展；积极探索城乡建设用地总量控制、新增建设用地规模减小、永久基本农田划定和建设、建设占用耕地剥离耕作层土壤再利用等方面的政策和措施，土地用途管制制度正在转向土地"数量、质量和生态"并重的三维管控；先后出台了《招标拍卖挂牌出让国有建设用地使用权规定》《坚持和完善土地招标拍卖挂牌出让制度》等文件，重点在修订划拨用地目录、完善工业用地政策、完善考核评价、加强土地使用标准建设和批后监管等方面进行了积极有效的探索，国有建设用地有偿使用制度得以进一步完善；通过缩小征地范围、完善征地补偿机制、拓展安置途径、建立争议协调裁决制度等改革完善征地制度改革，有效缓解社会风险。土地管理制度改革探索，为维护群众权益、共享城镇化发展成果、促进城镇化可持续发展丰富了政策储备。

二、形势与要求

当前，中国经济发展进入新常态，从高速增长转向中高速增长，从规模速度型粗放增长转向质量效应型集约增长，从要素投资驱动转向创新驱动。"十三五"时期是全面建成小

康社会决胜阶段，必须认真贯彻党中央战略决策和部署，准确把握国内外发展环境和条件的深刻变化，积极适应、把握、引领经济发展新常态，全面推进创新发展、协调发展、绿色发展、开放发展、共享发展，确保全面建成小康社会。

（一）经济发展新常态迫切需要调整土地资源供需格局

在经济高速增长时期，主要依靠要素规模驱动，消耗了大量土地矿产资源，资源供给不足成为主要矛盾，增量扩张和总量平衡是资源供给的基本特点。随着我国经济进入新常态，经济增长速度、结构和动力正在发生变化。2014 年经济数据表明，我国经济全年增长速度 7.4%，比 2013 年有所放缓，在区域上呈现东部增速加快、中西部快速增长势头减弱的特点，在驱动上呈现山西、内蒙古等资源、能源和重化工业比重较大省份的经济增速较低、上海、新疆等经济结构加快调整地区保持快速增长的特点。相应地，2014 年土地资源供需和结构发生变化，建设用地供应下降超过 20%，其中工矿仓储和房地产用地分别下降4.6 个和 3 个百分点，基础设施用地占比提高 7.6%。未来一段时期，新型城镇化深入推进，尽管国土资源供需总量矛盾将有所缓解，但区域供需格局、产业供需格局以及供应类型格局将发生重大变化，比如生产性需求趋于减少，生活性、生态性需求显著增加；比如中西部基础设施需求仍将居高不下，东部存量土地的转型利用需求迫切。这对土地利用方式转型和多元化、精细化管理提出巨大挑战。

（二）生态文明新定位迫切需要改善土地生态环境承载格局

党的十八大提出优化国土空间开发格局、全面促进资源节约、加大自然生态系统和环境保护力度等生态文明建设新要求，给自然留下更多修复空间，给农业留下更多良田，给子孙后代留下天蓝、地绿、水净的美好家园。国土是生态文明建设的空间载体，全国第二次土地调查数据表明，湿地、草地等有所减少，耕地数据虽然增加了，但人均耕地少、耕地质量总体不高、耕地后备资源不足的基本国情并没有改变，一些地方资源环境承载能力已经达到或接近上限，土地利用变化反映出的生态环境问题还很严峻，与我国生态文明建设的目标和人民群众的生态环保需求存在较大差距。这给我们提出挑战的同时，也为优化生态空间格局提供了机遇。未来一段时期，要求土地资源管理在调整供需基础上，不断优化土地利用空间格局，调整土地用途和利用功能，提高土地的生态承载能力。既要按照人口资源环境相均衡、经济社会生态效益相统一的原则，控制开发强度，调整空间结构，促进生产空间集约高效、生活空间宜居适度、生态空间山清水秀；也要需在稳步推进生态退耕、生态修复和生态休耕的同时，强化土地利用的生产、生态等复合功能，促进土地发挥最佳功能，提高土地承载能力。

（三）城镇发展新动力迫切需要改革土地资源配置格局

过去，城镇化和工业化主要以要素投资推动为主，表现在国土资源配置方式上，国有土地有偿使用覆盖面偏小，工业用地市场化配置程度不高，各类外资企业用地超国民待遇，土地市场发育不够充分，资源配置效率不高。新型城镇化的核心内涵之一，是以人为本的城镇化，是依靠知识、创新和技术进步推动的城镇化，是遵循经济规律科学发展、回归城市发展本源的城镇化。新型城镇化的重要原则之一，是充分发挥市场在资源配置中的决定性作用，厘清政府与市场的边界，明确政府与市场的职能。对国土资源管理而言，一方面，必须进一步打破各种形式的条块分割与行政干预，清除各种市场壁垒和政策优惠，建立"公开透明、竞争有序、统一开放"的要素市场，完善市场规则和定价机制，扩大资源有偿使用范围，切实提高土地市场化配置程度。另一方面，必须加快转变管理方式，按依法行政的要求进一步处理好政府和市场的关系，不断完善审批、监管等政策，以管理方式和职能的转变来适应经济社会发展转型的要求。

（四）人民群众新期待迫切需要关注土地资源经济社会承载格局

推进以人为本的新型城镇化，根本目的是让广大人民群众充分分享城镇化成果，合理分享城镇化进程中土地增收收益。当前城镇化进程中，过多依赖新增建设用地土地出让和融资支撑城镇经济发展的方式难以为继，信访、征地所带来的利益诉求的多元化，倒逼土地征收、供应等政策不断调整。伴随城镇化进程的深入推进，农村土地的确权登记、集体建设用地流转、土地税收体系的改革完善等改革探索迫切需要加快推进，所有这些涉及经济发展模式的转型、社会治理结构的完善，我们必须高度关注土地的经济和社会属性，高度关注土地的社会经济和社会承载能力，从社会转型、国家治理体系和治理能力的现代化出发，审慎推进土地制度改革，加快推进土地利用和管理方式的转型。

三、目标与任务

（一）总体目标

全面贯彻党的十八大、十八届五中全会精神，适应全面建成小康社会和新型城镇化发展要求，围绕"尽职尽责保护土地资源，节约集约利用土地资源，尽心尽力维护群众权益"，以提升城镇化水平和质量、优化城镇化形态格局、促进大中小城市协调发展、推进城乡统筹为目标，以破解国土资源利用和保护面临的矛盾和问题为导向，进一步改进空间管控制度和土地利用政策，健全土地要素市场配置体系，加大政策引导和机制创新，不断提升土地资源承载能力，加快转变土地利用管理方式和法治国土建设，努力做到保护资源更加规范、利用资源更加节约集约、维护权益更加有力有效。

（二）主要任务

主要任务有六个方面：

1. 加强国土资源综合调查与承载力评价

国土资源本底调查和重点区域资源环境承载评价，是城镇化空间格局优化的资源国情基础。

——加强自然资源资产本底调查。在土地资源调查平台基础上，进一步开展对矿产、地质、水文等自然资源环境条件的补充调查，完善国土资源基础数据库，不断完善更新机制，强化对工业化城镇化过程中资源环境变化的掌控，为促进城镇化健康发展的政策决策提供支撑。

——开展全国和重点区域土地资源环境承载力评价与监测。根据主体功能区规划和国家城镇化规划，对全国县域单元主要的城市群地区和国土开发轴带重点区域开展土地资源环境承载状况的评价和监测预警，为相关规划规划编制和国土空间管控、国土综合整治工程部署、重大区域政策等制定提供参考依据。

2. 优化提升国土空间格局与质量

统筹各类空间规划，强化城镇发展空间形态的引导和控制，有效落实国土空间用途管制。

——进一步推进对国土空间开发利用保护的统筹管控。坚持土地利用总体规划的总量规模控制和空间用途管制，以土地利用总体规划为底盘，推进经济社会、城乡建设、环境保护等"多规"融合到土地利用"一张蓝图"上。

——推进大中小城市协调配置与合理布局。开展城镇化空间限制性和适宜性评价，促进大中小城市规模布局与资源环境条件相适应。推进区域性空间规划的编制和实施，强化区域层面对城镇规模、功能、布局的统筹协调。完善对城镇新增建设的用地计划管理，强化对城镇规模和空间扩展的动态调控。

——强化土地用途和空间管制对城镇发展空间形态的引导控制作用。统筹推进永久基本农田、城市开发边界和生态保护红线的"三线"划定工作，强化永久基本农田对城镇发展空间形态的刚性约束，严格落实永久基本农田特殊保护政策，提高用途转用许可门槛，以永久基本农田为空间隔离，控制大城市特别是特大城市无序扩张，引导城市建设向组团式、串联式、卫星城式发展，建设生态田园城市。

——多途径促进城镇空间理性发展。研究建立空间差异化的土地税费体系，探索土地发展权转移和补偿机制，加强对用地行为的经济引导。研究建立规范、统一的土地用途转用许可制度，改革现行用地审批模式，下放审批权，探索"负面清单"式的审批制。探索建立激励和约束机制，破解过多依赖新增土地出让收益和抵押融资等问题，从源头遏制土地粗放扩张的冲动。

3. 深入推进土地节约集约利用

以提高资源配置的质量和效益为中心，以破解资源供需矛盾、推动经济增长提质增效、加快经济发展方式转变和结构调整为目标，全力推进土地资源节约集约。

——严格控制建设用地总量。实施建设用地总量控制和减量化战略，城乡建设用地总量控制在土地利用总体规划确定的目标之内，努力实现全国新增建设用地规模逐步减少，城镇建设用地特别是优化开发的三大城市群地区实现存量盘活发展为主。

——稳步推进土地存量挖潜和综合整治。实施土地内涵挖潜和整治再开发战略，加大存量建设用地盘活力度，全面推进城镇低效用地再开发和农村建设用地整治，规范工矿废弃地复垦利用，拓展城乡建设用地增减挂钩试点，稳步提升土地利用效率。

——进一步夯实节约集约用地管理基础。加快推动土地资源节约集约利用立法。健全节约集约用地基础调查和评价制度，完善实施机制，拓展调查评价工作领域，全面推动调查评价工程化实施。建立土地使用标准控制与动态更新制度，加快推进土地使用标准制订和修改，健全符合节约集约用地原则的土地使用标准体系。研究制定区域、城市、农村等规划用地控制指标。研究节地新技术，加大推广应用力度。完善节约集约用地考核制度，强化政府目标责任。

4. 稳步推进城乡统一建设用地市场建设

围绕健全城乡发展一体化体制机制目标，加快推动建立城乡统一的建设用地市场，将国有建设用地和农村集体建设用地纳入统一市场体系，统一规划，统一规则和标准，统一平台和监管，建立健全利益平衡机制，实现国有土地与集体土地同等、同价和同责。

——进一步深化国有建设用地有偿使用制度改革。改进国有建设用地供应制度，扩大国有建设用地有偿使用范围；完善土地二级市场管理制度，加强对划拨土地用于经营和出租的管理，研究出台国有建设用地到期续期管理办法等，在更大范围、更深层次和更长远的周期上发挥市场配置资源的决定性作用。

——建立健全城乡统一的市场交易规则、标准和服务制度。借鉴国有建设用地市场管理的经验和做法，建立农村集体经营性建设用地市场交易规则、中介服务、纠纷仲裁、会计核算、审计监督和财务管理等服务监管制度，不断完善投资、金融、税收等相关配套制度。

——合理分配土地增值收益。坚持以人为本、地利共享的基本原则，建立兼顾国家、集体、个人的土地增值收益分配机制，平衡好各方利益关系。加强城镇存量土地收益征收管理；探索完善土地增值税制度，扩大土地增值税征收范围；促进土地征收转用与集体经营性建设用地入市取得的土地增值收益在国家和集体之间合理共享。健全土地增值收益在农村集体经济组织内部的分配机制。优化土地收益支出结构，逐步完善国有土地收益基金制度。严格规范土地使用权抵押融资。

5. 积极探索实施差别化和精细化管理

适应新常态下对国土资源需求的多样化、均衡性特点，针对区域发展、产业、行业等的差异和特点，实行差别化管理，服务宏观调控、推动结构调整，促进城镇化健康发展。

——实行有保有压的土地供应政策。在严控建设用地总量的基础上，找准稳增长和调结构的平衡点，坚持优化结构、有保有压。不断优化城镇工矿用地与农村居民点用地比例，逐步减少工业用地，逐步增加生活和基础设施用地，适当提高中西部地区建设用地占全国建设用地的比例。切实做好保障性住房、新农村建设、科教文卫等民生项目用地供应。

——逐步完善住房用地制度。适应城镇化发展对住房保障的要求，充分运用差别化的土地价格、土地产权、土地税费等政策工具，逐步完善住房用地制度，促进"低端有保障、中端有政策、高端有市场"的新型住房供应体系的建立。

——完善有利于农业转移人口市民化的土地政策。顺应农业转移人口市民化的要求，将吸纳外来人口和农村人口进城定居的情况作为评价土地利用总体规划、土地利用计划实施效果的重要指标。探索建立与居住证制度相适应的基本公共服务用地政策，统筹安排支持和保障民生的城镇建设用地。建立进城落户农民城镇住房保障机制。协同推进户籍制度、社会保障制度与农村土地产权制度改革。

——完善产业供地政策，促进产城融合。适应产业发展差异化、多样化的要求，综合运用弹性年期、权利限制、集约奖励等调节工具，增强供地政策针对性，促进产业用地集约高效利用。调整产业园区土地利用政策，除海关特殊监管区以外，鼓励现有产业园区向城镇功能区转型发展。鼓励现有园区兴办小微企业和乡镇企业功能区。围绕培育新的经济增长点，创新相关扶持政策。

——探索促进城镇化发展的综合交通体系建设用地政策。强化土地利用总体规划对城际综合交通用地的统筹，鼓励节地型城际综合交通廊道建设。适应绿色低碳、公交优先的城市公共交通体系建设要求，完善地上地下空间权利设置和土地供应政策，促进城市公共交通用地立体开发和综合开发。

6. 全面深化土地管理制度改革

适应全面建成小康社会和新型城镇化发展要求，坚持完善土地公有制和市场化改革方向，不断完善和定型土地管理核心制度，总结和提升地方实践经验，探索和创新土地管理制度政策。

——慎重稳妥推进农村土地制度改革。坚持底线思维、试点先行，把维护和实现好农民土地权益作为改革的出发点和落脚点，稳妥推进征地制度、集体经营性建设用地入市和宅基地制度改革，及时总结提升试点做法和经验，着力新制度供给。

——积极推进行政审批制度改革。按照转变职能、简政放权的要求，与土地用途转用许可制度相衔接，统筹考虑调整和下放审批权。强化放管结合，加强事中事后监管，加快形成依法行政、依法督察、严肃执法的综合监管机制和服务合力。建立完善全天候监测体系，切实提高土地利用实时监测监管能力。

——建立自然资源资产产权管理制度。构建统一的自然资源资产监管协调机制，加快推进自然资源的确权登记，形成归属清晰、权责明确、监管有效的自然资源资产产权制度。

——鼓励有条件的地区推进集体土地股份制改革。适应农业转移人口市民化和城乡一体化发展要求，探索集体土地产权实现财产价值的有效途径。具备条件的地方，鼓励农村集体经济组织在充分尊重农民意愿的前提下，量化成员权所对应的经济权益，探索推进农村集体土地产权股份合作制改革。

四、措施建议

为保障目标任务的落实和实施，针对新时期国土资源管理的支撑保障方面，提出以下几点建议。

（一）提升国土资源调查评价能力

为保障国土资源调查评价的公益性、客观性、持续性、时效性，同时也为适应自然资源资产管理改革的需求，建议在现行国家、省、市分级管辖的国土事业单位基础上，组建垂直化、专业化、直隶国家部委的国土调查评价机构，在此基础上，建立以土地调查和不动产统一登记成果为主体、持续更新的国家自然资源资产基础信息平台，深化基础评价，强化信息共享，全面提升面向政府、社会的公益性服务。

（二）改革完善国土空间管理体制

基于目前多头规划引发的问题，建议进一步优化国土资源和空间规划管控体系，鼓励各级政府成立统筹各类规划的规划委员会，探索资源、经济、建设、环境等领域的"多规"融合和城乡区域统筹的综合性规划，推进空间规划管理"一张蓝图"工程，强化部门信息共通共享和决策联动，形成集中决策、分散实施、充分衔接的规划管理新体制。适应生态环境影响外溢和区域一体化发展的趋势，进一步完善跨行政辖区的规划体制，推进公共契约型区域规划。

（三）健全国土开发利用保护的激励约束机制

进一步明晰自然资源资产的产权主体和相关权益，加强权益保护。加快研究建立统一的自然资源、资产价值评估核算体系，促进市场在资源资产配置中发挥决定性作用。加快推进资源税、不动产税改革，促进资源节约集约利用。加快完善土地征收征用、国有土地出让转让、集体经营性建设用地流转、宅基地有偿使用和退出中的税费体系，促进土地收益更公平、合理的分配和使用。结合国土空间管控和用途管制的需要，加快研究建立土地发展权的流转机制和补偿机制，丰富协调开发与保护的利益调节手段。

（四）协同推进相关法制建设

与土地管理制度改革相协同，有序推进相关法制建设，特别是土地管理法的修改完善。建议国家加快国土空间规划立法，明确空间规划体系和各类规划的职能分工、管理权限和实施责任，以及相关规划在编制、审批、实施阶段的相互协调机制。在系统总结改革试点成功经验基础上，加快出台农村集体土地征收征用、土地用途转用许可、农村宅基地使用、农村集体建设用地流转等方面法规规章，巩固改革成果。

（五）推进土地问题研究智库建设

土地问题极为复杂，中央高度重视、社会广泛关注，建议加快推进国家级土地问题研究智库建设，充分吸收国外智库建设经验，通过设立专项公益研究基金和开放式运作方式，广泛吸收社会各方面研究力量参与，以此推进针对土地问题的综合研究和有关理念、政策、技术的创新，不断提升智库对新型城镇化和有关制度改革的支撑能力。

住房和城乡建设部

"十三五"时期积极稳妥推进城镇化的主要任务

一、回顾与展望

（一）工作回顾

2014 年，全国城镇化率为 54.77％。"十二五"期间，我国城镇化率以每年 1 个百分点的速度递增，与经济社会发展基本相适应。

2014 年年底，全国有设市城市 653 个，县城 1 594 个，建制镇 20 401 个。目前城区户籍和暂住人口之和超过 1 000 万的超大城市有 5 座，分别为北京、上海、广州、深圳和重庆。500 万～1 000 万规模的特大城市有 7 座，100 万～500 万规模的大城市有 71 座。与此同时，县城等小城镇的人口增速也明显加快。

"十二五"时期，中央将"积极稳妥推进城镇化"作为推动区域协调发展的重要举措。一是加快实施《国家新型城镇化规划（2014—2020 年）》。国家已在 62 个城市（镇）启动新型城镇化综合试点工作，各地也在加快出台相关配套改革方案。二是上海等省市自贸、国家自主创新示范区、国家级新区相继获批，为优化全国城镇空间布局奠定了良好基础。三是保障房、城市轨道交通、市政公用设施和新农村建设等一大批民生工程加快推进，为我国城镇化健康发展起到重要促进作用。

（二）发展新要求

"十三五"时期，是全面深化改革的关键时期。推进"发挥市场在资源配置中的决定性作用"等系列改革，建立健全城市基础设施和公共服务设施建设和运营的市场化机制，将对区域、城乡各类资源的配置产生重要影响。

"十三五"时期，是全面推进依法治国的重要时期。有法可依、依法行政，是各级政府推进城镇化的重要思路和方法。充分发挥法定规划作用，依法进行空间管制和城镇建设，加强城市管理，要以更合法、更高效、更人性化的方式进行。

中央提出的"京津冀协同发展""一带一路""长江经济带"等发展战略，是影响我国未来一段时期内城镇化空间格局和城镇发展模式的重大举措。这些全局性战略，既要求各级城镇开放发展，打破行政区划壁垒，寻求区域分工与协同发展，又要求加快转变发展模式，实现绿色、低碳、可持续的发展。

随着经济社会的不断进步、生活水平的不断提高，人民群众也对城市建设有更多、更高的期待。习近平总书记在中央城镇化工作会议上强调"一定要本着对历史、对人民高度负责的态度，切实提高城市建设水平"，对今后城乡规划建设工作提出了更高要求。未来的城乡规划建设，要更加尊重自然、尊重历史、尊重人民群众的多元需求。

（三）面临的挑战

"十三五"时期，我国的城镇化进程，将从快速发展转变为较快发展。全面深化改革的很多举措、国家重大区域发展战略，将主要通过城镇化来承接和落实，诸多突出问题与矛盾也都集中体现在各级城市的改革发展上。

1. 实现"三个一亿人"目标压力巨大

经济发展进入新常态以后，受外需市场萎缩、国家宏观经济政策调整、老龄化问题凸显等综合因素影响，地方政府承担的责任越来越大。2020年实现"三个一亿人"目标，对各级政府的财政负担能力提出了挑战，也对城市综合承载力提出了更高要求。尤其是县、镇两级政府，事权与财权严重不匹配，应对人口增长的压力陡增。

2. 城镇建设水平滞后于经济社会发展

长期以来，我国城市基础设施投资与全社会固定资产投资的比例一直较低，城市基础设施的总量不足、标准不高、运行管理粗放等问题突出。城市建设"重地上、轻地下"问题严重，部分城市内涝频发，垃圾围城，水环境恶化，市政公用设施抗震和结构安全方面存在诸多隐患，城市运行安全形势不容乐观。

3. 城市病问题加剧

目前，交通拥堵、房价高、人居环境差、水资源短缺、服务设施供给不足、城市安全隐患多等"城市病"问题，既降低了城市居民的生活质量，也制约了城市竞争力的提升。如京津冀地区城市病问题突出，北京非首都功能过度聚集，区域的生态环境超载问题严重，区域间发展差距持续扩大。有些城市虽然规模不大，但由于人口快速聚集，基础设施和综合服务配套建设滞后，也易造成"城市病"。

4. 启动更有效的投资模式迫在眉睫

从国际经验来看，城镇化率达到 50%～60% 时，也是经济增长动力转型的关键阶段。整个国家的投资重心，要逐步从重化型、增长型投资，转向服务型投资。

2014 年年末，我国城镇化率已经达到 54.77%，城乡居民需求发生了较大变化，既有的投资模式与居民实际需求之间的差距越来越大，对经济的拉动效应下降明显。未来，迫切需要借助新型城镇化发展启动更加有效的投资，在就业、民生、公共服务等方面培育新的投资增长点，为经济社会持续健康发展注入源源不断的动力。

5. 资源环境紧约束日益强化

土地、水等资源的粗放使用现象依然较为普遍。部分城市建设用地增长过快，生态用地不断被蚕食，城市建设与生态保护的矛盾日益突出。城市资源型缺水和水质型缺水并存。污染向镇、村扩散趋势明显，农村地区环境治理欠账很大。

6. 人口流动模式变动带来诸多新挑战

我国长距离、大规模的人口流动，正转变为区域性的内部流动。特别是县域人口开始"沉淀"在县城，但现有的财政资金、土地资源分配体制机制，明显制约了县城的发展，导致其综合承载力不能满足常住人口快速增加的需要。

同时，东北地区、西部地区、边疆地区人口持续流出，出现越来越多的人口递减城市，已经影响到部分地区的稳定发展。空心镇、空心村现象越发突出，这些地区面临着经济活力差、综合服务能力不足、土地资源浪费等困境。

7. 城市的人文关怀、宜居水平有待提高

城市既是美好生活的家园，同时也是人们精神回归的场所。当前，我国的城市建设缺乏文化自信，缺乏人文关怀，"千城一面"，宽马路、大广场比比皆是，照搬国外建筑的现象屡有发生。在生态品质、服务水平、人文环境氛围等方面，我国城市建设的宜居水平与发达国家相比还有不小差距。

二、指导思想与原则

"十三五"期末将迎来建党 100 年，是党中央提出实现两个"百年梦"的第一个目标期限。"十三五"时期，是我国全面建成小康社会的收官期，是全球开放战略的开创期，是保持经济持续健康发展的关键期，是量质并举发展模式的形成期。

"十三五"时期，积极稳妥推进城镇化，要高举中国特色社会主义伟大旗帜，以邓小平理论、"三个代表"重要思想、科学发展观为指导，贯彻落实党的十八大和十八届三中、四中、五中全会的战略部署和习近平总书记系列重要讲话精神：一是落实国家空间战略，促进城市群合理布局，治理城市病；二是加快转型升级，全面提升市政公用基础设施和公共服务设施水平，建设美丽家园；三是探索多元社会治理模式，加强社区建设，提升管理效率，保障城市运行安全，激发城市活力，应对城市型社会需求；四是强化城镇建设对经济的拉动作用，培育新的经济增长点，促进新常态下的经济稳步增长，实现共享发展。

做好"十三五"时期工作，要坚持以下原则：一要坚持以人为本，更多关注人的需要和发展诉求，注重历史文化保护和守护"乡愁"；二要坚持设施总量供给与提质增效并重，全面提高建设与管理水平；三要坚持以差异化政策和精细化管理，分类指导各级城镇化发展；四要坚持集约节约、生态安全和绿色发展。

三、发展目标与指标

"十三五"期末，完成《国家新型城镇化规划（2014—2020 年）》的主要任务，形成以人为本、四化同步、优化布局、生态文明、文化传承的中国城镇化新格局，全面建成小康社会。

（一）发展目标

一是基本完成 1 亿左右农业转移人口和其他常住人口落户城镇所需的公共服务、基础设施配套。城镇棚户区住房改造 2 000 万套，到 2020 年基本完成现有城镇棚户区、城中村和危房改造。城镇人均住房建筑面积达到 35 平方米以上，实现户均一套住房，中小城市率先实现人均一间房。市政基础设施和基本公共服务设施在市辖区内实现均等化。

二是形成国际竞争力显著提升、区域经济优势互补、人口分布与生态资源承载力相匹配的城镇化总体空间格局。"一带一路"、京津冀协同发展和长江经济带战略取得实质性进展，出台全国城镇体系规划，引导全国城镇化空间合理布局。加快沿海地区和内陆地区国际化门户的建设，培育一批具有成长潜力的边疆支点，建设一批具有国际影响的文化名城、名镇。确保各级城镇人口规模控制在资源承载力之内，发挥大中小城市和小城镇在就业、居住、公共服务等方面不同优势，多层级、多方式推进城镇化。

三是规划建设城市群和都市区，解决城市病。发挥城市群和都市区规划建设在解决城市病、优化城镇化空间格局中的重要作用，特大和超大城市人口得到有效控制。立足城镇区位特点和发展基础，按照优势互补、协调发展、强化联动原则，明确区域内城镇功能定位，优化空间布局。突出公共服务设施合理配置对引导人口合理分布的重要作用，强化各分区内公共服务设施总量保障、均衡布局和集约建设。京津冀、长三角、珠三角、成渝、长江中游五个城市群率先实现集约高效、环境友好、产业协同、功能互补的城市群发展机制，并在其他城市群建设中推广和提升。

四是形成集约高效的城镇发展模式。划定生态控制线与城镇开发边界，城市空间结构和用地结构明显优化，存量用地再利用比例大幅提高，城乡建设蔓延增长得到有效控制。老城区人居环境明显改善，新区继续提高公共服务水平，促进人口聚集。绿色建筑比例大幅提高，单位面积建筑能耗达到中等发达国家水平。城市路网得到优化加密，绿色交通出行成为主体。

五是提升城镇建设水平和生活品质。加大地下基础设施投入，用十年左右的时间，建成较为完善的城市地下管线网络，发达地区的城市新区基础设施应率先达到中等发达国家水平。进一步突出基础设施建设改善民生的目标，让人民群众喝上放心水，吃上安全食物，呼吸清新空气，住上安心房屋。加强城市设计和风貌管控，城市形态呼应山水格局，城市空间蕴含诗情画意，城市风貌展现地域特色，建筑风格彰显中华神韵。形成一大批环境优美、特色鲜明、文化得到彰显传承的城镇。城镇公共服务配套完善，建设水平提高，服务质量和生活品质进一步提升。

六是优化政府投资结构，加快体制机制创新。加大市政基础设施投入力度，使市政基础设施投资占国内生产总值的比例达到 3％以上，中小城市要达到 4.5％以上。市政基础设施投资中，政府投资占比不低于 40％；政府投资中，中央政府投资占比大幅提高。全面推广 PPP 建设模式，建立健全多元化的基础设施投融资机制。不断完善治理结构，建立比较完善的居民村民自我管理的城乡社区治理制度。

（二）重要指标

指标选取原则：选取城镇化发展中矛盾最突出、群众最迫切需要的设施总量供给与质量提升目标；选取体现城乡全面实现小康生活水平的建设目标；选取对经济增长拉动效应明显的投资项目建设目标（见表 1）。

指标新特点：突出区域差异性、城市层级差异性、人群需求差异性（向老龄人口和弱势群体倾斜）。

表 1

"十三五"期间城镇化发展主要指标

指标	2020 年［累计］
住房	
城镇人均住房建筑面积（m²）	≥35
城镇棚户区住房改造（万套）	［2000］
城镇公共设施	
人均公共服务设施用地（m²）	≥5
教育科研设施（m²/人）	100 万人以上城市：3.2～4.8 20 万～100 万人城市：2.9～4.0 20 万人以下城市：2.5～3.2
文化娱乐设施（m²/人）	50 万人以上城市：0.8～1.0 50 万人以下城市：0.8～1.1
体育设施（m²/人）	100 万人以上城市：0.6～0.8 100 万人以下城市：0.6～0.7
养老设施（m²/人）	0.1～0.3
新建社区商业和综合服务设施面积占社区总建筑面积的比例（％）	≥10
城镇基础设施	
全国城市轨道交通新增运营里程数（km）	≥3 000

续表

指标	2020 年［累计］
城市公共交通分担率（%）	500 万人以上城市≥40 100 万～500 万人城市≥30 100 万人以下城市≥20
城市公共供水普及率（%）	95
城市污水处理率（%）（县城）	95（85）
缺水城市再生水利用率（%）	20
城市燃气普及率（%）	97
城市家庭宽带接入能力（Mbps）	≥50
城镇资源与环境	
城镇绿色建筑占新建建筑比例（%）	50
城镇装配式建筑占新建建筑比例（%）	15
城镇新建建筑中绿色建材应用比例（%）	40
城市建成区绿地率（%）	38.9
城市（老城区）人均公园绿地面积（m²）	≥6
地级以上城市空气质量优良天数比率（%）	80
城市（县城）生活垃圾无害化处理率（%）	95（80）
城市垃圾回收利用率（%）	≥35
农村人居环境建设	
农村困难家庭危旧房改造（万户）	每年完成 300 万户以上
城乡自来水一体化水平（%）	33%
对生活垃圾进行处理的行政村比例（%）	90%
农村电网覆盖率（%）	100
行政村通宽带比例（%）	＞98
财政支出与投资	
市民化财政支出占地方财政总支出的比例（%）	≥8
城市市政基础设施建设投资总量占 GDP 的比重（%）	≥3
城市市政基础设施投资中财政投入比例（%）	≥40

四、主要任务

（一）落实国家重大空间战略，调整城镇布局

按照中央确定的"一带一路"、京津冀协同发展、长江经济带等重大战略部署，根据不同地区的战略责任和使命，编制有针对性的空间规划。优化各层级城镇体系，优化区域发展格局，加强重大战略性空间资源和生态环境管控，强化区域统筹与协同发展。明确各级城镇的功能定位、发展目标和空间布局；规划建设交通走廊和重大交通枢纽节点，统筹安排重大跨区域的基础设施，促进境内外交通与基础设施互联互通。推进边境地区口岸及战略节点发展，提升边境地区中心城市的国际化门户功能；加快疏解超大和特大城市非核心功能，引导核心地区经济与人口合理分布，促进区域生态环境改善。

（二）加强住房保障，稳定房地产市场

一是深化城镇住房制度改革。健全市场配置和政府保障相结合的住房制度，建立符合国情的住房保障和供应体系，逐步实现总量基本平衡、结构基本合理、房价与消费能力基本适应的住房供需格局。加强住房租赁市场管理，推动租售并举。

二是继续推进棚户区改造。调整财政支出结构，拓宽融资渠道，加大棚户区更新改造力度，稳步实施城中村改造，有序推进旧住宅小区综合整治、危旧住房和非成套住房改造。制定颁布城镇既有建筑适老化改造标准和指导意见，全面提高居住品质。

三是健全住房保障制度。住房保障实行实物保障与货币补贴相结合，逐步转向以租赁补贴为主，不同区域和规模的城镇因地制宜、稳步推进将居住证持有人纳入城镇住房保障范围。加强保障性住房管理，建立健全住房保障退出机制。积极改善农民工居住条件，逐步实现农民工落脚安居。

四是满足多样化居住需求，促进住区合理布局和品质提升。适应人口家庭结构变化和消费偏好转变，优化住区空间布局和住宅设计，满足多样化居住需求。进一步提高住宅产业化发展水平，大力发展绿色建筑，鼓励和推广新建住房全装修。

五是强化市场自我调控能力，建立住房发展规划引导住宅供应的调控新机制。调整完善住房、土地、财税、金融等方面政策，通过市场机制，优化住房供给结构，促进市场供需平衡，保持房地产市场平稳运行。编制实施住房发展规划，作为住房保障、市场调控和住宅用地供应的依据。完善住房发展规划的编制、审查、备案、修订和实施评估制度，规

划编制经费列入政府财政预算。促进农业转移人口就近就地城镇化。

（三）加快城镇群和县域发展，引导合理布局

一是划定城市发展地区的生态控制线，保障城镇化进程中的生态安全。住建部门会同环保、国土部门在城镇化发展地区划定生态控制线，在建设用地范围内保留相当比例的自然生态用地。理顺生态控制线与城市开发边界关系，在特大城市和大城市中心城区全面划定城市开发边界，控制城市无序蔓延。

二是创新城镇群发展的体制机制。率先在城镇群内实现异地务工人员及随迁家属养老和医疗保险、最低生活保障等跨地区转移接续。建立城镇群统一的规划建设管理平台，建立统一地理信息数据、统一规划、统一用地供给、统一环境保护标准与管控要求、统筹生态补偿标准等城镇群协同发展机制。

在国家层面建立健全城市群发展协调机制，推动跨区域城市间产业分工、基础设施、生态保护、环境治理等协调联动，实现城市群一体化高效发展。强化省级政府在省内城镇群建设中的重要作用，推进跨区域重大基础设施建设，督促落实各项发展目标。

三是建设高效的公共交通系统，引导城镇群和大都市区的合理布局。加快完善区域综合交通运输体系，大幅提高城际铁路和轨道交通快线在城镇群和都市区的覆盖率。推动城际轨道交通建设与区域核心功能地区的协同发展，提升区域运行与土地利用效率。建设城市公共交通"智慧卡"服务平台，推进跨行政区的互联互通。

四是大力支持县域发展，积极培育中小城市，促进人口就地就近城镇化。在财税、土地、项目等方面加快推进省管县进程，赋予县级单元更多发展机会。推进县域规划编制，进一步完善镇村体系，明确重点镇和一般镇、中心村和一般村的整体布局。全面提升县城基础设施和公共服务设施水平，培育一批吸引力强的中小城市。加强县域生态环境保护，传承地域文化，促进农民实现本地城镇化。加大中央财政支持力度，开展特色小镇示范，有重点、有特色地推进小城镇发展，着重提升全国重点镇、特色小镇产业发展、公共服务和人口集聚等功能，加快推进全国重点镇棚户区改造。完善一般建制镇基础设施和公共服务。

（四）实施六大基础工程，提高城市承载能力

通过实施六大工程，到2020年，基本解决城市基础设施总量不足、标准不高、运行不畅等问题。

1. 高效通达工程

加大对城市公共交通的投入，大幅提高城市公共交通分担比例。到 2020 年，超大、特大城市公共交通分担率达到 40％以上，大城市达到 30％以上，中小城市达到 20％以上。"十三五"期间，全国城市轨道交通运营里程新增 3 000 千米，新增投资 1.5 万亿元。

加大地面常规公交建设，优先保障公交枢纽和场站建设。推进公交专用道建设，高峰时段公共汽电车的平均运营速度不低于 15 千米/小时。构建连续、安全、便捷的城市步行和自行车系统，引导绿色出行。

加强多部门协作，多方式治理城市拥堵。到 2020 年，超大城市通勤时间控制在 1.5 小时以内，特大城市和大城市通勤时间控制在 1 小时以内，其他城市交通拥堵状况得到明显改善。

2. 蓝天清水工程

不断优化产业结构和城市工业布局，提高清洁能源使用率，结合清洁生产审核的全面推进、控制机动车和施工扬尘污染等环保措施，到 2020 年，空气质量得到明显改善和提高。

提高公共供水的普及率和保障饮用水安全。加快公共供水设施建设与扩大公共供水服务范围，限期关闭城市公共供水管网覆盖范围内的自备水井。改造工艺落后水厂和老旧的供水管网、二次供水设施。到 2020 年，力争实现全国城市公共供水普及率达到 95％，城镇供水企业漏损率达到国家标准要求。

加强城镇排水与污水处理设施建设。加强配套管网改造与建设，以解决河水倒灌、地下水入渗导致污水管网"清污混流"为重点，沿入河排水口逐段排查，提高城镇污水收集能力；按照"绿色、循环、低碳"的原则，加快污泥无害化处置设施建设，防止二次污染；加快城市污水处理设施建设与改造，达到相应排放标准或再生利用要求，提高污水再生利用水平。到 2020 年，全国所有县城和重点镇具备污水收集处理能力，县城、城市污水处理率分别达到 85％、95％左右；地级以上城市建成区力争实现污水全收集、全处理，污泥无害化处理处置率达到 90％以上；缺水城市再生水利用率达到 20％以上。

3. 节能增效工程

大力推广绿色建筑，不断提高建材绿色化和循环利用水平。到 2020 年，绿色建筑占新建建筑比重超过 50%，建筑能效整体提升 20% 以上，城镇可再生能源建筑应用比重达到 13%。政府投资公益性建筑全部执行绿色建筑标准。大幅推进北方采暖地区城镇既有居住建筑节能改造，完成老旧住宅节能改造面积 10 亿平方米，研究适宜南方地区既有居住建筑节能改造模式和技术路径。完成公共建筑节能改造 2 亿平方米。到 2020 年，装配式建筑占新建建筑比重超过 15%，新建建筑中绿色建材应用比例达到 40%。建筑垃圾资源化利用比例达到 30% 以上（重点城市达到 70% 以上）。

加快推进北方采暖地区供热节能改造。开展北方采暖地区既有居住建筑供热计量及节能改造，新建建筑全面推广供热计量工作，加快老旧供热管网改造。

推进城市地下综合管廊建设，抓好地下综合管廊试点工作，尽快形成一批可复制、可推广的示范项目，经验成熟后有效推开。到 2020 年，建成一批具有国际先进水平的地下综合管廊并投入运营，反复挖掘地面的"马路拉链"问题明显改善，管线安全水平和防灾抗灾能力明显提升，逐步消除主要街道蜘蛛网式架空线，城市地面景观明显好转。

提升城市节水水平，创建国家节水型城市，推进城市节水综合改造。到 2020 年，地级及以上缺水城市全部达到国家节水型城市标准要求。加强城市供水设施改造与建设，控制管网漏损，到 2020 年，全国公共供水管网漏损率控制在 10% 以内。

4. 绿色环境工程

推动垃圾资源化和减量化，解决垃圾围城问题。建立生产者延伸责任制度，发布产品及包装强制回收名录，以立法形式要求生产商和贸易商承担起回收和处理责任。逐步实施垃圾计量收费，促进垃圾减量。整合废旧商品回收和垃圾分类体系，引入社会资本，培育专业企业做大做强。到 2020 年，力争将垃圾回收利用率提高到 35% 以上。

优化配置综合处理技术和设施，加强城乡生活垃圾、餐厨垃圾、建筑垃圾等固体废弃物资源化循环利用和无害化处置。2020 年年底，36 个重点城市垃圾综合处理率达到 100%；县级以上城市无害化处理率达到 80%。完善激励机制和政策，力争用 5 年左右时间，基本建立餐厨废弃物、建筑垃圾回收和再生利用体系。

5. 安全保障工程

开展全国性的城镇主要灾害识别、风险评估和抗灾能力调查。建立城镇主要灾害综合风险调查评估制度和评估系统，制定城镇典型灾害风险区划图及综合风险区划图。

提升生命线工程及房屋建筑抗灾能力。建立生命线工程及房屋建筑安全评价制度，全面排查生命线工程以及各类输油、输气工程隐患并进行整改，重要工程隐患整改率不低于80％。开展建筑抗灾能力鉴定，加大病危建筑的修复和拆改力度。建立部、省、市三级抗震危房普查、鉴定和加固的动态监测管理平台。结合老旧危房综合整治，开展抗震加固工作，推进城市抗震危房改造。

结合城市空间布局，合理安排城市排涝设施、应急避难场所和消防救援体系。建设满足可达性、安全性、平灾结合等要求的应急避难场所，配置应急物资、应急供水、应急指挥等设施。

6. 智慧信息工程

到2020年，建成一批特色鲜明的智慧城市，基本实现信息网络宽带化、规划管理信息化、基础设施智能化、公共服务便捷化、产业发展现代化、社会治理精细化。

加快交通系统信息化建设，推进交通基础设施信息与交通运行管理信息的集成应用。逐步建立市政基础设施和建筑智能化管理系统。构建覆盖供水全过程、保障供水质量安全的智能供排水和污水处理系统。实现地下空间和基础设施智能化管理，对地下空间开发利用、地下管网建设与运行进行智能监控。建立智能化建筑管控系统，从工程建设到各类建筑内部设施运行效率进行智慧化管控。

建立综合智能的城市应急指挥中心。提高城市生命线工程安全运行隐患管控及预测预警能力，提升应急反应、信息沟通、资源统筹优化、指挥协调效率等应急能力。

（五）推进五大举措，提高城市建设管理水平

1. 完善法律与监督体系

适时修订《城乡规划法》，明确城市设计的法律地位，明确违法建设查处等细化规定，开展地下空间规划立法。严格各类开发区和城市新区设立，凡不符合城镇体系规划、城市总体规划和土地利用总体规划进行建设的，一律按违法处理。

加强规划督察。出台《城乡规划督察条例》，进一步明确城乡规划督察员的权力和责任，增强督察力度，对城乡规划管理进行全过程督察。加大对违法行为的惩罚力度，切实提高督查效能。

完善建设监管法规制度，健全工程质量保证体系。建立健全工程质量保险、质量检测、施工图审查、工程质量评价以及从业人员资格管理等制度，加大对违法违规行为的处罚力

度，强化刑事责任追究。

2. 推进"多规合一"

以城乡法定规划为基础，建立完备的城乡空间管控体系，实现"多规合一"的规划管控和实施。改革完善城市规划管理体制，加强城市总体规划和土地利用总体规划的衔接，推进两图合一。在有条件的城市探索城市规划管理和国土资源管理部门合一。整合各部门规划事权，建立统一的规划委员会，协调既有规划，确保城镇化发展目标、空间布局与管控目标、生态环境保护目标得到真正落实。

推进市县"多规合一"试点。将国民经济和社会发展规划、土地利用总体规划和生态环境保护规划有关内容纳入市县城乡规划，形成多部门联动共享的空间信息管理平台，实现"一张图"指导城乡建设。

3. 加强城市综合管理

推进城市综合执法体制改革。建立中央与地方事权清晰的城市管理体制，明确城市管理范围，规范管理程序，统一管理标准。提高城市管理队伍整体素质，推进数字化城市管理模式和标准化管理模式，切实保障城市安全、稳定、有序运行。强化城市管理保障措施，加强人员保障、经费保障、装备保障。建立城市规划、建设和管理等部门间的协调沟通机制。设立专门机构，对市政公用设施和公共服务设施建设统筹管理，严格公共设施建设、运营、维护的问责机制。

4. 完善城镇基础设施建设税价政策

完善资源有偿使用制度和生态补偿制度。加快自然资源及其产品价格改革，理顺市政公用产品和服务价格机制，建立健全居民生活用水、用气等阶梯价格制度。明确将一定比例的燃油税收入专项用于城市道路桥梁的建设维护。

5. 转变社会治理模式

发挥社会公众的决策参与和监督作用。实现规划公开和公众参与贯穿规划编制和实施的全过程。建立起一套完善的公共设施和基础设施项目的立项论证、听证和公示制度。开展城市总规划师试点工作，提高城市规划决策科学性。

大力推进社区建设，引导社会组织和公众参与社区建设，促进社区管理向政府、社区组织、非营利组织、社区成员单位及社区居民之间协商合作的模式转变，实现居民共建共管美丽家园。

（六）提升城市空间品质，建设美丽家园

一是保护城市山水格局，增加绿地、湖泊、湿地面积，构建城市绿地系统。结合城市生态修复、旧城改造等，加快建设大型郊野公园、湿地公园、集雨型绿地、社区公园、街头游园、绿道绿廊等，增强城市生态空间连通性和可达性，满足居民休闲健身需求。结合公共活动空间建设，增加室外公共体育健身场所。确保老旧城区人均公园绿地面积不低于6平方米。

二是加强自然文化遗产保护与传承。加强历史文化名城、名镇、名村、传统村落保护。加大对风景名胜区、重点文物和非物质文化遗产保护力度，加强专项资金支持。依法严格保护各级文化和自然遗产保护地、考古遗址公园、历史街区、文保单位和历史建筑。

三是加强城市设计与建筑设计，提升建设品质，展现地域文化和特色。从规划编制和行政管理两个方面加强城市设计及风貌管控，逐步完善省、市两级风貌管控体系。在《建设项目选址意见书》《建设用地规划许可证》《建设工程规划许可证》中增加城市设计条件，并在竣工验收、商品房预售许可中核查实施情况。鼓励建筑设计在经济、适用、绿色、美观的基础上加强创新，融合"现代"与"本土"，展现文化自信。

四是严控不切实际的宽马路和大广场，建设人性化的城市。设计尺度适宜的道路系统，提高步行舒适性和过街便捷程度。鼓励城市依据自然地貌、文化景观和建筑传统等特质，从街道、广场和街区细节做起，建设有人情味的城市。

五是打造设施完备、服务齐全、特色鲜明、环境优美、管理规范、温馨舒适的幸福社区。新建社区的商业和综合服务设施面积占社区总建筑面积的比例不得低于10％。实现每个社区都有一个综合服务站、一个卫生服务站、一个日间照料中心（托老所）、一个幼儿园、一片室外活动场地、一套完善的市政设施、一套便捷的慢行系统。

六是开发利用地下空间。加快出台地下空间开发利用领域的法律法规，针对不同的城市规模、类型制定适宜的地下空间管理政策，科学编制与城市总体规划相匹配的地下空间总体规划，达到地上地下同步规划、同步设计、同步建设、同步经营，以适应城市发展需求。

七是全面推进海绵城市建设。转变城市规划建设理念，保护和恢复城市生态；老城区

以问题导向，重点解决城市内涝、水体黑臭、水资源利用等问题，避免大拆大建；城市新区以目标为导向，优先保护生态本底，合理控制开发强度。综合采取"渗、滞、蓄、净、用、排"等措施，加强海绵型建筑与小区、海绵型道路与广场、海绵型公园与绿地、雨水调蓄与排水防涝设施等建设；大力推进城市排水防涝设施的达标建设，加快改造和消除城市易涝点。到2020年，城市建成区20%以上的面积能够将70%的降雨就地消纳和利用。

八是整治城市建成区黑臭水体。因地制宜、一河一策，综合采取控源截污、内源治理、生态修复等措施，科学整治城市黑臭水体，到2020年，地级及以上城市建成区黑臭水体控制在10%以内。

（七）建设干净、便捷、有特色的新农村

在四化同步、城乡统筹的总体要求下，"十三五"期间的农村人居环境建设将是决定我国农村与城市同步进入小康社会的关键。

一要加快农房改造。完善农村危房改造政策，提高对贫困农户的补助标准。率先完成建档立卡贫困户和集中连片特困地区以及国家扶贫开发工作重点县的农村危房改造工作，统筹推进农房抗震改造。修改《建筑法》，统一城乡房屋建设管理，加强农房建设质量安全监管。

二要切实做好对传统村落和乡土文化的保护。全面开展传统村落和传统建筑遗产的调查、记录和评估，完善中国传统村落名录，制定全国传统村落和民居保护规划。加强中央财政对传统村落和传统建筑保护支持力度，将中国传统村落保护分批次纳入中央财政支持范围，传承优秀传统建筑文化，调查挖掘传统建造技艺。建立传统村落监管机制，加强传统村落的技术指导，加大培训力度，制定防止商业过度开发等各类破坏行为的措施。

三要全面完善农村基础设施建设。继续加快农村饮水安全工程，因地制宜推行城乡区域供水。实施新一轮农村电网升级改造工程，实现城乡用电同网同价。加强地质灾害防治，完善消防、防洪等防灾减灾设施。继续实施"宽带中国"战略，推进宽带网络农村全面覆盖。组织推动村庄公共照明和村内道路硬化工程。

四要全力推进农村环境整治，改善村容村貌。全面推进农村垃圾治理。建立以奖代补的村庄保洁长效机制。推行农村垃圾就地分类减量和资源回收利用，因地制宜确定垃圾转运和处理方式。加快城镇污水处理设施建设。采取城镇管网延伸、集中处理和分散处理等多种方式，加快农村生活污水治理和改厕。加快农村水环境、土壤环境整治，大力开展生态清洁型小流域建设。结合水土保持等工程，保护和修复自然景观与田园景观。开展绿色村庄创建工作，大幅提升村庄绿量，提高村庄绿化水平。保持村庄整体风貌与自然环境相

协调，开展农房及院落风貌整治。

　　五要依托小城镇建设农村生活服务圈。利用周边小城镇公共及商业服务设施，带动提升农村的各项服务水平，全面提升农村地区的宜居性。农村社区公共服务要突出养老设施和公交设施建设。完善农村最低生活保障制度。健全农村留守儿童、妇女、老人关爱服务体系。

ZHONGYANG
"SHISANWU"
GUIHUA 《JIANYI》 ZHONGDA
ZHUANTI YANJIU

专题十一　农业和农村发展

中央农村工作领导小组办公室

"十三五"时期农业农村发展的重大任务和主要措施

"十三五"时期，是我国全面建成小康社会的决胜阶段，也是加快推进社会主义现代化建设的关键时期。如何在经济增速放缓的背景下，促进农民持续增收，大幅度减少贫困人口，尽快改变农村落后面貌，实现农村与全国一道迈入全面小康社会，确保农村不拖全面建成小康社会的后腿，是"十三五"时期必须攻克的难题。如何在资源环境压力持续加大、农业生产成本不断攀升、国内外农产品价格普遍倒挂、城乡要素流动加速的背景下，确保农产品有效供给和农业产业安全、加快构建新型农业经营体系，提升农业可持续发展能力，尽快改变农业基础薄弱和发展方式粗放问题，实现农业现代化建设与新型工业化、城镇化、信息化同步推进，确保农业不拖整个现代化的后腿，是"十三五"时期必须破解的难题。"十三五"时期，面对各种错综复杂的矛盾和更加严峻的挑战，必须始终把解决好"三农"问题作为全党工作的重中之重，切实防止出现放松农业的倾向，勇于直面挑战，敢于攻坚克难，准确把握农业农村发展的方向和任务，采取有针对性的重大举措，攻关过坎、补齐短板，切实夯实农业稳定发展的基础，巩固和发展农村持续向好的局势，努力缩小城乡发展差距，为新常态下应对各种风险增添底气，为发展经济扩大回旋余地，为经济社会持续健康发展和全面建成小康社会提供有力支撑。

一、"十三五"时期农业农村发展面临的重大挑战

今后一个时期，农村改革发展面临的环境更加复杂，困难挑战日益增多。从生产力发展的角度看，主要面临四大挑战。

（一）资源环境压力持续加大

1. 耕地和淡水资源短缺矛盾将更加突出

耕地数量逐年减少，耕地保护形势严峻，1998—2012 年耕地年均减少 860 万亩。后备耕地资源仅有 1.1 亿亩且开发利用难度大、成本高。耕地质量总体下滑，土壤有机质普遍下降，中低产田占三分之二。农业用水供需矛盾突出，水资源过度开发，用水效率普遍较低。全国农田灌溉水有效利用系数仅为 0.52，远低于发达国家 0.7～0.8 的水平，更加剧了水资源供需不平衡问题。农业生产区域布局与耕地、淡水、气候等资源分布不匹配，淡水资源短缺矛盾在粮食主产区尤为突出。

2. 生态环境恶化趋势没有得到遏制

全国水土流失面积高达 295 万平方千米，90％的草原出现退化，70％以上的江河湖泊受到不同程度污染，农业生态环境状况堪忧。化肥农药过量使用、畜禽粪污排放、农膜等废弃物残留，造成严重的农村面源污染。全国耕地污染点位超标率达 19.4％，中度和重度污染点位超标率达 2.9％，耕地土壤污染正从东部沿海地区向中西部蔓延，约有 3 亿亩耕地受到重金属污染。自然灾害和极端气候多发频发，加剧了生态环境恶化趋势。

（二）保障农产品有效供给和质量安全任务艰巨

1. 要素成本上升趋势仍在延续

我国农产品生产成本呈上升趋势，2004—2013 年的十年间，水稻、小麦、玉米三大粮食作物生产物质与服务费用年均上涨 11.9％，劳动力成本年均上涨 20.7％，土地成本年均上涨 26.2％。预计未来一个时期，农业生产要素成本仍呈上升趋势，农业比较效益将进一步降低，这对于稳粮增收将产生不利影响。

2. 国内外农产品价格倒挂短期难以逆转

2015 年 2 月初，稻谷、小麦、玉米、大豆和食糖国内市场收购价格比国际市场配额内到岸税后价格分别高出 38.0％、37.8％、45.8％、44.6％和 18.1％。我国进口农产品的平均关税税率为 15％，配额外最高关税税率为 65％，是世界农产品关税最低的国家之一。在我国农产品生产成本持续上升、进口农产品关税处于较低水平的情况下，即使国际市场大宗农产品价格有所回升，预计国内外农产品价格倒挂格局仍将持续，这将打压国内农产品价格水平，进而对农业生产形成冲击。

3. 农业支持保护政策亟待完善

我国现有农业补贴水平的"黄箱"空间已基本用满，"绿箱"政策亟待有效开发和运用。过往对于调动农民种粮积极性起到重要作用的"四补贴"资金规模难以继续大幅增长，小麦、稻谷最低收购价政策、玉米和油菜籽临时收储政策、糖料企业代储政策均需进一步完善，棉花和大豆目标价格改革试点实施效果有待观察。在新的市场供求格局下，这一系列农业支持保护和市场调控政策都需要因情而治，在制度层面上进行重新审视和不断完善。

4. 提升农产品质量安全水平刻不容缓

农产品质量和食品安全涉及从"农田到餐桌"的农业食品整个产业链，目前各个环节中都存在不安全因素，质量安全监管不到位，农产品质量安全存在很大隐患，质量安全事件时有发生，成为我们的"心头之痛"。这不仅削弱农业竞争力、损害城乡居民身体健康，而且影响政府公信力和社会和谐稳定。

（三）保持农民稳定增收难度很大

1. 农民持续增收形势严峻

尽管近年来城乡居民收入比有所缩小，到 2014 年城乡居民可支配收入比降至 2.75∶1，但绝对差距依然很大。地区间农民收入水平不平衡问题突出，2014 年，农民人均纯收入最高的上海市为 21 192 元，而最低的甘肃省仅为 5 736 元，不足上海市的 1/3。在农民收入中，经营净收入占 40.4％，工资性收入占 39.6％，财产净收入占 2.1％，转移净收入占 17.9％，前两项收入之和占 80.0％。农民收入增长主要取决于农产品价格水平和宏观经济增长速度，但当前农产品价格水平上涨乏力，外出农民工增长数量和工资水平都出现了增速下降的趋势。今后一个时期，在经济下行压力持续加大的情况下，农民增收形势将十分严峻。

2. 农村扶贫任务艰巨

按 2010 年人均纯收入 2 300 元/年的贫困线标准，2014 年年末全国农村还有 7 017 万贫困人口，占农村总人口的 11.3％，绝大多数分布在中西部地区。贫困人口比重从 2012 年的 19.1％下降到 2014 年的 14.9％，但剩下的基本是"硬骨头"，减贫难度越来越大。

（四）新农村建设仍然滞后

1. 农村人居环境亟待改观

全国农村尚有 2 700 万户需要进行危房改造，一些地区还存在人畜混居，有大量村内和田间道路需要建设，分别有 91％和 63％的行政村需要进行生活污水和生活垃圾集中处理，畜禽粪污与病死动物无害化处理严重不足，城市工业"三废"和生活垃圾大量向农村排放。农村水电路气等基础设施建设仍需加强，长效管护机制需要尽快建立。

2. 农民综合素质亟待提高

2013 年，农村居民各类疾病死亡率为每 10 万人 641 人，高于城市 34 人；5 岁以下儿童死亡率为 1.45％，是城市的 2.42 倍；贫困地区农村儿童生长迟缓率高达 20.3％。农村居民受教育水平偏低，高中及以上文化程度的农业劳动力占比不足 15％，接受过技能培训的农民工仅占农民工总数约 1/3。农村"三留守"问题依然严峻，其中农村留守儿童 6 000 多万人。农村基本公共服务总体水平依然严重落后于城市。

二、"十三五"时期农业农村发展的指导思想、主要目标和基本原则

（一）"十三五"时期农业农村发展的指导思想

全面贯彻落实党的十八大和十八届三中、四中全会精神，以邓小平理论、"三个代表"重要思想、科学发展观为指导，深入贯彻习近平总书记系列重要讲话精神，按照全面建成小康社会的总体部署，主动适应经济发展新常态，以加快推进农业现代化为主线，继续全面深化农村改革，加快转变农业发展方式，深入推进新农村建设，做强农业，富裕农民，

繁荣农村,推动新型工业化、信息化、城镇化和农业现代化同步发展,努力在提高粮食生产能力上挖掘新潜力,在优化农业结构上开辟新途径,在转变农业发展方式上寻求新突破,在促进农民增收上获得新成效,在建设新农村上迈出新步伐,让广大农民共同分享全面建成小康社会的成果。

(二)"十三五"时期农业农村发展的主要目标

客观恰当地提出"十三五"时期农业农村发展目标,对于指导和推动未来一个时期的"三农"工作意义重大。到"十三五"期末,要实现以下主要目标。

1. 粮食等主要农产品供给稳定

"十三五"时期,我国主要农产品需求刚性增长压力将持续存在。预计 2020 年我国粮食需求量将达到 1.38 万亿斤。大豆、食用植物油、棉花、食糖等缺口也较大。综合考虑国内农业资源环境条件、农产品供求格局、国际贸易环境、可持续发展要求等因素,粮食播种面积稳定在 16 亿亩以上,粮食生产能力保持在 1.2 万亿斤以上,谷物自给率要保持在 95% 以上。肉蛋奶、水产品、蔬菜、水果等稳步增长,棉花、油料、糖料、橡胶等保持必要的自给率。

2. 农民收入实现持续增长

按照全面建成小康社会总目标的要求,到 2020 年农民人均纯收入比 2010 年翻一番,城乡居民收入差距、区域间农民收入差距持续缩小,贫困人口大幅度减少。

3. 现代农业建设取得较大突破

农业基础设施不断完善,装备水平不断提升,职业农民队伍不断壮大,农业集约化、规模化、信息化、产业化水平不断提高。到"十三五"期末,确保建成 8 亿亩、力争建成 10 亿亩集中连片、旱涝保收、稳产高产、生态友好的高标准农田,农田有效灌溉面积达到 10 亿亩以上,农田灌溉水有效利用系数提高到 0.55 以上。农作物耕种收综合机械化水平和科技进步贡献率继续提升。

4. 农业可持续发展取得明显进展

落实最严格的耕地保护制度和水资源管理制度，坚守国家生态保护红线，加快农业资源环境治理修复，加强农业废弃资源利用。农业面源污染得到有效治理，农业生态环境恶化趋势总体上得到遏制，森林覆盖率达到23％。

5. 新农村建设同步推进

农村基础设施不断改善，农村公共服务水平显著提升，农村人居环境根本改观，农民健康水平逐步提高，乡村治理机制进一步完善，总体上实现城乡基本公共服务均等化。

6. 农业转移人口市民化有序推进

以人为本的新型城镇化健康发展，常住人口城镇化率达到60％左右，落实"三个一亿人"目标，努力实现1亿左右农业转移人口和其他常住人口在城镇落户，户籍人口城镇化率达到45％左右，实现城镇基本公共服务常住人口全覆盖。

（三）"十三五"时期农业农村发展的重大原则

1. 坚持立足国内解决我国人民的吃饭问题

保障国家粮食和农业产业安全，增加农产品有效供给，是"十三五"时期农业发展的首要任务。要立足国情，体现大国思维，坚定不移地贯彻"以我为主、立足国内、确保产能、适度进口、科技支撑"的新形势下国家粮食安全战略，确保谷物基本自给、口粮绝对安全，把饭碗牢牢端在自己手里。在确保国家粮食安全的背景下，要更加积极地利用国际市场、国际资源。

2. 坚持完善农村基本经营制度

坚持农村土地农民集体所有，坚持家庭经营基础性地位，坚持稳定土地承包关系。健全以公平为核心原则的农村产权保护制度，落实农村土地集体所有权，稳定农户承包权，放活土地经营权。加快培育家庭农场、专业大户、农民合作社、农业产业化龙头企业等新型农业经营主体,推进家庭经营、集体经营、合作经营、企业经营等共同发展,形成与之相匹配的现代农业社会化服务体系和机制,构建符合国情和发展阶段的以农户家庭经营为基础、合作与联合为纽带、社会化服务为支撑的立体式复合型现代农业经营体系。

3. 坚持农业发展数量质量效益并重

加快转变农业发展方式,农产品供给要从注重数量向注重数量与质量并重转变,农业增长要从过度依靠物耗投入向更多依靠科技创新转变,农业资源利用要从过度粗放开发向节约集约与保护修复并重转变。要注重提高农业竞争力,注重农业技术创新,注重可持续发展,更加注重提高农业生产者综合素质,走产出高效、产品安全、资源节约、环境友好的现代农业发展道路。

4. 坚持新型城镇化引领农业现代化

坚持工业反哺农业、城市支持农村的基本方针,发挥好新型城镇化对农业现代化的辐射带动作用,破除制约城乡发展一体化的主要障碍,切实改变"三农"在资源配置和国民收入分配中的不利地位,促进城乡要素平等交换和公共资源均衡配置,加快形成以工促农、以城带乡、工农互惠、城乡一体的新型工农城乡关系。

三、"十三五"时期推进农业农村发展的重大举措

按照"十三五"时期农业农村发展的战略重点和目标任务,坚持问题导向与目标导向相结合,充分发挥政策引领、投入支撑、创新驱动的巨大作用,探新路、下大力、出实招,力争"三农"工作实现新突破、取得新成效。初步考虑采取七个方面重大举措。

(一)大力夯实农业发展基础条件

1. 继续加大对农业农村的投入力度

坚持把农业农村作为各级财政支出的优先支持领域,财政支出和基建投资继续向农业农村倾斜,建立健全投入稳定增长机制,重点支持农民增收、基础设施建设、结构调整、可持

续发展和民生改善等。农业补贴要完善存量、加大增量，加快扩大"绿箱"支持政策实施规模和范围，调整改进"黄箱"支持政策，提高补贴的针对性和有效性。引导金融资源向"三农"倾斜，增加农业信贷总量，提高涉农贷款比例，创新金融服务"三农"模式，提高各类金融机构在农村的覆盖面。加大农业保险的支持力度，增加险种、扩大范围、提高保障水平。

2. 大规模推进土地整治和高标准农田建设

要把大规模推进土地整治作为当前和今后一个时期的国家重大工程项目，为农业长远发展奠定坚实基础。下决心集中力量、整合完善建设规划、统筹安排，优化调整建设内容，整合土地整理复垦开发等各类建设资金，分区域集中连片推进。继续实施全国高标准农田建设总体规划，稳步提高高标准农田比重，加快高标准农田保护立法。全面开展永久基本农田划定工作。研究制定《基本农田保护法》，将划定的永久基本农田落实到地块和农户，划定红线予以严格保护。

3. 加强水利等农业基础设施建设

把农田水利作为农业基础设施建设的重点，按照"确有需要、生态安全、可以持续"的原则，集中力量建设一批打基础、管长远、利发展、惠民生的重大水利工程。采取有力措施确保中央确定的172项重大水利工程建设项目，把农业节水作为一项重大水利战略来抓，加快重大农业节水工程建设，重点实施大中型灌区续建配套节水改造骨干工程、田间高效节水灌溉工程。

4. 强化农业科技创新驱动作用

抓紧制定国家农业科技创新规划，优化整合农业科技资源，全面加快农业科技创新、成果转化、技术推广步伐，力争在生物育种、新型肥料、智能农业、农机装备、生态环保和农业大数据等关键领域取得突破。建立形成现代农业产业科技创新体系，强化企业的农业科技创新和应用主体地位，发挥科研院所、高校等科研群体农业科技创新和推广作用，推进以物联网、大数据为核心的农业信息化。

5. 积极推进农业标准化建设和农产品质量安全监管

把农业标准化作为发展现代农业的一件大事来抓，加快健全重点产业、重点产品的标准体系，继续实施国家级农业标准化整建制示范县建设。健全农业投入品和农产品质量安全监管体系，完善农产品质量安全风险评估、市场准入、质量追溯制度，加快发展无公害农产品、绿色食品、有机食品和地理标志农产品。推动农产品生产、加工、流通企业诚信制度建设。

（二）切实保障国家粮食等重要农产品供给

1. 优化重要农产品生产布局和功能区

根据国家主体功能区规划，进一步修订完善全国优势农产品区域布局规划，促进粮食等重要农产品生产布局、品种结构与耕地、淡水、气候等资源条件合理匹配，形成优势农产品产业带。探索建立粮食生产功能区和重要农产品生产国家保护区。在耕地土壤质量退化的东北等地区，适度调整粮食和经济作物种植结构；在水资源紧缺的华北、西北等地区，适当调减粮食产量指标；在降水较多的长江中下游、西南和南方地区，充分利用资源优势发展粮油生产。在黑龙江、新疆、广西等地区分别建立大豆、棉花和糖料蔗"重要农产品生产国家保护区"。在优势产区和大中城市郊区，稳定和强化肉类、水产、水果、蔬菜等"菜篮子"产品生产。

2. 加强粮食等大宗农产品主产区建设

强化对粮食主产省和主产县的政策倾斜，加大粮油生产大县奖励力度。探索以人均粮食产量为基本指标的粮食产销区利益补偿机制，建立健全约束与激励并行的耕地和基本农田保护长效机制，支持粮食主产区建设粮食生产核心区，在重要农产品生产国家保护区内探索"指定生产、定向补贴制度"。继续推进全国新增 1 000 亿斤粮食生产能力规划落实工作，深入开展粮棉油糖高产创建，鼓励和支持销区政府、企业到粮食主产区建设产销基地。合理设定棉花、大豆、糖料等进口量大的农产品国内产能保有底线。

3. 深入推进农业结构调整

科学确定主要农产品自给水平，合理安排农产品发展优先序。启动实施油料、糖料、天然橡胶生产能力建设规划，支持粮食作物、经济作物、饲料作物三元种植结构协调发展，开展种养结合、草畜配套模式试点，促进草食畜牧业和特种种养业发展，着力构建农牧结合、资源循环、健康养殖、节约高效的现代生态畜牧产业体系，支持粮食主产区发展畜牧业和粮食加工业。稳步发展水产养殖业，大力扶持远洋渔业发展。

4. 加快农村产业融合发展

以市场需求为导向，以提高农业综合效益为目标，加快农村第一、第二、第三产业融合发展。大力发展特色种养殖、农产品精深加工、农村服务业。拓展农业多种功能，挖掘原生生态、乡村休闲、旅游观光、文化教育价值。采取乡村差别化发展政策，发展一村一品、一乡一业，壮大县域经济。推进城市二、三产业向农村转移扩散，扶持发展形式多样、各具特色的乡村产业。

5. 积极利用国际农业资源和农产品市场

审时度势，配合"一带一路"战略，综合运用政治、经济、外交、科技等手段，构建利用全球农业资源和国际农产品市场新格局，增强对国内紧缺品种全球农业产业链的掌控能力。充分发挥农业对外合作部际联席会议制度作用，制定和实施农业对外合作规划。增强农产品国际贸易战略的透明度，加快形成互利共赢的稳定经贸关系，引导国际市场增加有效供给。创新农业对外合作模式，重点加强农产品加工、储运、贸易等环节合作。加快培育具有国际竞争力的大粮油商、大棉商，进入农产品国际贸易产业链。根据国内发展需要加强国际农产品贸易规则研究和谈判，争取对我有利的国际贸易条件。

（三）加快创新农业经营体系

1. 推动土地经营权规范有序流转

实行土地规模经营，对于稳定种粮务农者队伍，保障粮食安全和主要农产品供给，促进农业增效和农民增收，都具有重要作用。要因势利导，顺势而为，加大扶持力度，引导土地有序流转和集中。同时，要把握好土地经营权流转、集中和规模经营的度，不片面追求超大规模经营，不搞大跃进，不搞强迫命令，不搞行政瞎指挥，使适度规模经营与农村劳动力转移、农业科技进步、农业社会化服务水平相适应，朝着正确的方向发展。

2. 发展多种形式的农业经营主体

在符合农业经营特点和各地实际的基础上，积极探索创新农业经营组织形式，构建稳定成熟的新型农业经营体系。坚持农民的家庭经营主体地位，按照规模化、专业化、标准化发展要求，引导农户采用先进适用技术和现代生产要素，制定培育新型农民的具体政策。重点发展规模适度的家庭农场，制定促进家庭农场发展的法律法规。制定专门规划和切实可行的政策，吸引年轻人务农，培育职业农民，培养造就一支高素质的新型农业生产经营者队伍。促进农民合作社规范发展，拓展合作领域和服务范围。探索发展农民以土地经营权入股等多种形式的农民合作社、龙头企业，让农民更多分享农业产业链增值收益。制定工商资本租赁农地的准入、监管办法和风险防范机制。

3. 健全农业社会化服务体系

家庭经营在相当长时期内仍是农业生产的基本力量，加快创新农业经营体系要重点鼓励发展种养大户、家庭农场、农民合作社，通过周到便利的社会化服务把农户经营引入现代农业发展轨道。加强农业公益性服务机构能力建设，培育发展各类农业经营性服务组织，形成农业公益性服务供给机制和公共财政保障机制，支持经营性服务组织提供农业公益性服务。全面深化供销合作社综合改革，把供销社改造成为与农民利益联结更紧密、为农服务功能更完备、市场化更高效的合作经济组织体系，使之成为服务农民生产生活的生力军和综合平台。

（四）健全农产品市场体系

1. 创新农产品流通制度和体系

加快转型升级，形成统一开放、竞争有序、高效公平的农产品市场体系。继续实施以全国性和区域性鲜活农产品批发市场、物流节点为重点的流通基础设施升级，完善重要农产品仓储物流设施、跨区域冷链物流体系，加强农产品期货市场建设。实施以信息化为核心的流通支撑服务体系建设，大力支持电商、物流、商贸、金融等共同参与物联网、互联网等新型业态。开展以促进公平交易和提高流通效率为目标的市场制度建设、以提高组织化程度为导向的市场主体建设。

2. 完善农产品价格形成机制和农产品市场调控制度

坚持市场化改革取向与保护农民利益并重，根据各类主要农产品在国计民生中不同的重要程度，采取"分品种施策、渐进式推进"的办法，改革和完善农产品价格制度。完善稻谷、小麦最低收购价政策，保障农民种粮收益不减。按照市场定价、价补分离的原则，积极稳妥推进玉米收储制度改革。继续搞好棉花和大豆目标价格改革试点，积累经验、完善办法。明确农产品市场调控目标，提高市场调控针对性和有效性。探索建立保持粮食等重要农产品国内生产、进出口、库存动态平衡机制。积极利用国际市场弥补总量不足、调剂品种余缺，综合运用关税和非关税手段避免大量进口过度冲击国内市场。合理确定粮食、棉花、食糖、肉类等重要农产品储备规模，完善国家粮食储备吞吐调节机制、重要商品企业代储制度。增加市场调控透明度，通过发布生产、进口、库存、消费等信息引导市场预期。

（五）着力促进农业可持续发展

1. 加大生态保护建设力度

抓紧完成划定生态保护红线工作。继续实施天然林保护、京津风沙源治理等重大林业工程，扩大北方重点国有林区停止天然林商业性采伐试点覆盖范围，加强沙化土地封禁保护，继续推进草原退牧还草，开展南方草地开发利用和草原自然保护区建设，加大海洋生态和湿地保护力度，继续开展江河湖泊、小流域综合整治和水土保持工程建设。强化湿地、森林、草原、矿山等资源开发利用生态补偿制度。

2. 推进生态脆弱地区农业休养生息

实施农业环境突出问题治理整体规划和农业可持续发展规划。进一步完善农业资源休养生息制度和综合治理措施，继续在耕地重金属等严重污染地区实施土壤改良和农业生产结构调整，在25度以上陡坡地区实施退耕还林，在地下水严重超采、淡水紧缺、重要水源地等地区逐步退出农业生产，进行生态综合治理和修复。进一步加强农业面源污染综合治理，全面开展农产品产地环境普查，实施土壤、水体等污染防治行动计划，建立全国性农业生态环境动态监测预警网络。

3. 推动农业资源高效利用

高度重视农业资源节约集约、绿色循环和综合利用。大力推行资源节约型农业生产新技术，继续深入开展测土配方施肥和高效有机低残肥料和农药使用，促进农业生产投入减量化，资源利用集约化。大力构建生态农业循环体系，发展循环型种养一体化，深入开发农业废弃物能源化、肥料化、饲料化等综合利用新技术和新模式，广泛实施秸秆、畜禽粪便、农田残膜的资源化回收利用。

（六）加快推进新农村建设

1. 实现农村人居环境根本改观

建设人与自然和谐、农民安居乐业的农村人居环境。完善县域村镇体系规划和村庄规划，突出乡村特色、地域特点和民族风格，强化规划的科学性和约束力。加快完成农村饮水安全、危房改造和农村道路建设任务，深入开展农村环境集中连片整治，大力推进农村垃圾污水治理和改水改厕改厨，逐步实施村庄绿化美化，加大对传统村落民居和历史文化名村名镇保护建设力度。

2. 促进农民全面发展

人的新农村建设与物的新农村建设并举，把全面提高农民的综合素质作为一项战略任务抓好抓实。继续加强农村义务教育、中等职业教育和成人教育、进城农民工子女教育，对农村考生继续实行高等院校招生倾斜政策，加强农村精神文明和法治宣传教育，提高农民科学文化素质和思想道德水平。加快推进城乡统一的居民基本医疗保险、基本养老保险、最低生活保障制度。加强人文关怀，切实改善农村"三留守"人员的生活状况。

3. 加大扶贫开发工作力度

把精准扶贫摆在更加突出位置，健全精准扶贫工作机制，推动各类扶贫资源向贫困户和贫困村精准配置。创新贫困县考核机制，推动扶贫开发工作重点县和集中连片特殊困难地区县领导班子把大部分精力用在摘掉贫困帽子上。建立健全扶贫开发工作重点县的动态管理和退出机制。创新干部驻村帮扶机制，完善干部驻村帮扶工作考核办法。健全扶贫资金稳定增长和有效使用机制。创新金融服务机制。允许部分易地扶贫搬迁地区进行试点，探索在省域内开展城乡建设用地增减挂钩，同时明确增减挂钩所获增值收益全部用于易地扶贫移民的搬迁安置。完善社会各方力量参与扶贫开发的体制机制。

（七）有序推进农业转移人口市民化

1. 完善农民工就业创业政策

完善全国统一的就业失业登记管理制度，提供城乡均等的公共就业服务。实施农民工职业技能提升计划，改进培训补贴方式，采取政府购买服务等多种方式，扩大培训覆盖面。落实农民工与城镇职工同工同酬原则，突出解决好农民工工资拖欠问题。将农民工纳入创业政策扶持范围，运用财政支持、政策性金融服务等扶持政策，促进农民工创业。尽快实现农村免费中等职业教育全覆盖。

2. 推动农业转移人口在城镇落户和平等享受城镇基本公共服务

落实农业转移人口落户不同类型城镇的制度，促进有能力在城镇稳定就业和生活的常住人口有序实现市民化。完善细化落户标准，把三四线城市作为重点，分类指导农民工市民化。公办义务教育学校要普遍对农民工随迁子女开放。采取政府购买服务等方式对公益性民办学校、普惠性民办幼儿园进行扶持。落实符合条件的农民工随迁子女接受义务教育后在输入地参加中考、高考的政策。扩大社会保险覆盖面，把进城落户的农业转移人口完全纳入城镇社会保障体系。统筹规划城镇常住人口规模和建设用地面积，将解决农民工住房问题纳入住房发展规划。完善住房保障制度，将符合条件的农民工纳入住房保障实施范围。对吸纳农业转移人口较多地区，加大均衡性转移支付支持力度，逐步建立财政转移支付同农业转移人口市民化挂钩机制，保障农业转移人口享受应有的基本公共服务，并积极督促地方建立省以下转移支付同农业转移人口挂钩机制。切实维护进城落户农民的土地承包权、宅基地使用权、集体收益分配权。

3. 鼓励农民就近转移就业和市民化

加快产业结构调整和实施主体功能区战略，特别是大力发展县域经济，加强农村一二三产业融合发展，就近消化一批农村剩余劳动力，减少人口大规模、跨地区流动。大力支持流动人口返乡就业和创业，培养新型农民。

农业部

"十三五"时期农业农村发展的重大任务和措施建议

"十三五"时期是全面建成小康社会最后冲刺的五年，是全面深化改革取得决定性成果的五年，也是加快推进农业现代化、实现"四化"同步的关键五年，科学判断"十三五"农业农村发展形势，准确把握重大任务，深入谋划政策措施，对加快中国特色新型农业现代化建设具有十分重要的意义。本课题在深入分析我国农业农村发展内外部环境条件变化的基础上，提出了"十三五"农业农村发展的总体思路、主要任务和有关政策建议。

一、发展形势判断

"十三五"时期我国经济社会发展仍处于大有可为的重要战略机遇期，农业农村经济发展也面临着前所未有的历史机遇。中央始终坚持把解决好"三农"问题作为全党工作的重中之重，全党全社会关心支持"三农"的氛围更加浓厚，农业的基础保障地位更加凸显；我国经济由高速增长向中高速增长和中高端水平迈进，国家转方式调结构战略的全面实施，为加速传统农业向现代农业转型升级带来了重大契机；全面深化改革、全面依法治国深入推进，将为农业农村经济发展提供强大动力和法治保障；"一带一路"建设、京津冀协同发展、长江经济带建设等国家区域经济发展战略的实施，有利于形成农业农村经济新的"发展极"。但是，也应看到，与以往任何时期相比，"十三五"农业农村经济发展面临的形势更加复杂、挑战更加严峻、任务更加艰巨，突出表现为三个"前所未有"。

（一）发展基础之好前所未有

"十二五"我国农业农村经济发展取得了前所未有的好成绩。**粮食生产实现历史性突破。**2015 年总产达到 12 429 亿斤，实现了"十二连增"，连续五年超过 11 000 亿斤，连续三年超过 12 000 亿斤，综合生产能力站稳 11 000 亿斤的大台阶；棉油糖、肉蛋奶、果菜茶、水产品等其他主要农产品生产均保持了稳定发展的态势，市场供应充足。**农民收入实现历史性跨越。**2015 年我国农民人均可支配收入达到 11 422 元，比上年增长 7.5%，增幅连续六年高于 GDP 和城镇居民收入增幅；城乡居民收入比由 3.23:1 下降到 2.73:1。**农业现代化实现历史性发展。**现代生产要素得到广泛应用，2015 年农业科技进步贡献率、耕种收综合机械化率分别达到 56% 和 63%，比 2010 年分别增加了 4 个和 11 个百分点；全国农田有效灌溉面积比 2010 年增加 4 000 多万亩，占耕地面积比重超过 52%，实现了从人力畜力作业为主到依靠物质技术装备生产的历史性跨越。**农村改革进入历史性新阶段。**以土地制度、经营制度为核心的农村改革全面深入推进，土地确权登记颁证稳步开展，新型经营主体进一步发展壮大。截至 2015 年，土地承包经营权确权登记面积超过 3 亿亩，家庭农场、合作社、龙头企业等新型农业经营主体达到 250 万家。这些显著成就，为"十三五"加快传统农业向现代农业转型升级奠定了更加雄厚的物质技术装备基础，但也意味着，农业农村发展已经站在新的更高起点上，高位护盘、高点爬坡任务更加艰巨。

（二）面临挑战之大前所未有

与以往任何时候相比，"十三五"农业农村经济发展内外部环境都发生了前所未有的变化，世界经济复苏仍将错综复杂，国内经济新常态影响深远，农业内部新老问题交织叠加、内外矛盾集中显现。可以预见，"十三五"农业农村经济发展面临挑战之大是以往任何时期无法比拟的。

从农业外部看，面临来自国际和国内两方面挑战。**国际方面，**世界经济分工中再平衡和大国博弈影响增大，对我国整体经济的带动作用比以往会有所减弱，势必会影响农业和农村发展的外部需求；部分国家（地区）可能进一步实施量化宽松货币政策，将加大农产品市场炒作风险；国际能源价格持续低迷，玉米、糖料等农作物转化为燃料乙醇的需求降低，国际农产品市场供应相对宽松，将传导和打压国内农产品市场价格。同时，TPP、TTIP 等区域性贸易谈判加快推进，国际农产品贸易格局正在发生深刻变化，全球经贸主导权竞争日益激烈，我国在国际农业贸易竞争中被边缘化的风险加大。**国内方面，**我国经济发展进入新常态，经济增速放缓，下行压力加大，工业化对农业现代化的促进作用、城镇化对新农村建设的带动作用将有所减弱，可能会导致农产品需求、农村劳动力转移就业、财政支农的增速放缓，将对农产品市场供求、农民持续增收、现代农业建设产生深远影响。

从农业内部看，主要面临着"五个难度加大"：**在资源环境两道"紧箍咒"越来越紧的背景下，统筹"保饭碗"和"保生态"的难度加大。**随着人口总量继续增长，居民膳食结构加快升级，工业用途拓展，"十三五"时期农产品消费需求将继续刚性增长，但资源约束越来越紧，环境承载力已接近极限，统筹推进资源保护、环境治理和保障供给的压力加大。**在成本"地板"和价格、补贴"天花板"双重挤压的背景下，促进农民持续较快增收的难度加大。**受宏观经济形势变化影响，农产品价格可能持续弱势运行，将导致家庭经营性收入增幅下降；传统劳动密集型产业受到较大影响，延续多年的农村劳动力转移就业和工资增幅"双升"可能逆转为"双降"，农民工资性收入增速也将趋缓，"十三五"时期，如何促进农民就业增收，确保农民在全面建成小康社会中不掉队，面临很大难度。**在工业化、城镇化、信息化深入推进的背景下，协调资源要素在城乡之间均衡配置难度加大。**改革开放以来，工农产品价格"剪刀差"逐步消除，近些年城乡要素配置"剪刀差"却日益突出，土地、资金、劳动力大量流向工业和城市。"十三五"期间，工业对农业、城市对农村资源要素"虹吸"效应可能更加凸显。"十三五"时期，如何保持强农惠农富农力度不减，缩小资源要素"剪刀差"，实现工农、城乡之间均衡配置，保障农业农村发展"不失血、不缺血"，面临很大挑战。**在国内外价差不断扩大的背景下，统筹利用国际市场资源和保护国内产业安全的难度加大。**目前国内主要农产品价格已全面高于国际市场，预计"十三五"期间，国内外主要农产品价差将继续扩大。如何既用好进口弥补国内不足，又保护国内生产、避免过度进口影响产业安全面临重大考验。**在农产品市场竞争加剧的背景下，统筹发展适度规模经营和稳定传统农户家庭经营难度加大。**我国户均耕地规模仅相当于欧盟的1/40、美国的1/400，发展适度规模经营，提升农业市场竞争力愈发迫切。但发展适度规模经营具有渐进性，在今后相当长时间内，分散小农户在我国农业生产中将继续占据主体地位，平衡适度规模经营发展速度和保护传统农户力度的难度加大。

（三）肩负的任务之重前所未有

"十三五"时期是实现全面建成小康社会目标、加快推进社会主义现代化的关键时期，现代农业发展肩负的历史使命将比以往任何时期都更加繁重。**肩负着全面建成小康社会、促进城乡发展一体化的重大使命。**"小康不小康关键看老乡"，如期实现全面建成小康社会目标，基点在农业、难点在农村、重点在农民，加强农业、富裕农民、繁荣农村的任务异常艰巨。**肩负着增强从容应对新常态底气的重大使命。**经济发展新常态下稳定经济增长成为首要任务，首先就是要稳住农业生产、保障农产品供给，发挥农业"压舱石"的作用；同时，挖掘农村居民消费潜力，用好农业农村投资空间，做大做强农业产业，对扩大内需、挖掘新的经济增长点至关重要。**肩负着促进生态文明建设的重大使命。**我国已步入中等偏上收入国家行列，"十三五"时期人民生活水平将进一步提高、环保意识将进一步增强，对生态文明建设的要求越来越高，对蓝天白云、青山绿水、"阳光田园"的渴求越来越强烈，需要农业更好发挥生态根基作用。**肩负着支撑国家现代化的重大使命。**世界上没有任何一个国家可以忽视农业而实现国家的现代化，而在我国，农业现代化仍然是"四化"中的"短板"，实现党的十八大提出的"四化同步"发展战略，需要尽早补齐农业现代化这个短板，避免拖整个国家现代化的后腿。

综合分析，"十三五"农业农村经济既有很好的发展基础，也面临着内外部的各种风险挑战，如果处理得好，就能够顺利实现转型升级；如果处理得不好，就可能导致农业滞后、农村凋敝，拖全面建成小康社会和"四化同步"的后腿。为此，必须强化顶层设计，找准推进路径，明确目标任务，努力开创中国特色农业现代化的新局面，为全面建成小康社会、实现第一个"百年目标"做出积极贡献，为实现第二个"百年目标"奠定坚实基础。

二、国际经验借鉴

当前，我国人均 GDP 超过 8 000 美元，已迈入中高等收入国家发展阶段[1]。据预测，"十三五"期间，我国人均 GDP 将处于 8 000～10 000 美元发展阶段，这一阶段是跨越"中等收入陷阱"、促进经济社会生态全面转型升级的重要时期，也是促进传统农业向现代农业加速转变的关键时期。纵观世界各国发展历程，有 100 多个国家（地区）曾经历这个阶段，但只有日本、韩国、我国台湾地区等少部分国家（地区）顺利跨越了这一阶段，成功实现了现代化。这些国家（地区）实现成功飞跃的核心经验是，在推进工业化、城镇化的同时高度重视推进农业现代化，较好地处理了事关农业农村发展的重大方向性问题，实现了农业农村经济的繁荣发展。这些国家（地区）的好经验、好做法值得学习借鉴，其不足也值得总结分析。

---

[1] 根据世界银行 2013 年版的人均国民总收入分组标准，1 045～12 745 美元处于中等收入发展阶段，其中：1 045～4 125 美元属于中低等收入阶段，4 126～12 745 美元处于中高等收入阶段。同时，这一阶段也大体处于美国著名经济学家罗斯托提出的经济成长阶段中的经济起飞与走向成熟的阶段。

（一）在保障农产品供给问题上，核心是由保全部向保口粮等重点农产品转变，加强综合生产能力建设，并适时推进农业结构战略性调整

为缓解资源环境压力、应对国际竞争、促进农民增收，各国对粮食安全的内涵、定义进行重新诠释，重点更加突出，并适时转变国家粮食安全实现方式，释放资源对生产结构进行调整优化。在 20 世纪 60 年代以前，日本的粮食安全保障产品涵盖水稻、小麦、玉米等多个品种。其后，政府在放开对小麦、玉米等管制的同时，强化了对大米的直接控制，加大对大米生产者的补偿力度，通过高关税、非关税技术壁垒长期阻止大米进口，并强化农田水利建设支持，大力推动水稻耕种收全程机械化。1961—1980 年，日本大米自给率一直保持在 100% 以上，小麦、玉米自给率在此期间下降到了 10% 以下。我国台湾地区 20 世纪 70—80 年代针对稻米生产过剩、比较效益不高等问题，大力推进农业结构调整。80 年代中期先后推出《稻米生产及稻田转作六年计划》《改善农业结构与提高农民所得方案》，鼓励调整稻米生产，发展园艺、畜牧等产业。同时，通过实施《发展休闲农业计划》等大力支持休闲生态农业发展，推动了台湾地区农业结构转型和农民收入提高。

（二）在农业资源环境保护问题上，核心是要转变资源利用方式、促进可持续发展

发达国家农业发展大体都经历过先污染后治理的发展过程。美国 20 世纪 60 年代针对水体面源污染突出问题，加强了依法治理和执法主体建设，制定了《水质法》《环境政策法》等，1970 年美国环境保护署成立后积极提出环境保护行动计划，大力实施相关重大工程建设，全面引导控制化肥农药合理使用，使美国的农业生产污染状况逐步好转。20 世纪 60 年代，日本的农药残留、水环境污染、土壤退化等问题也非常突出，日本就此实施了保护治理并重的农业生态保护政策，相继出台了《农药取缔法》《土壤污染防治法》等法律政策。同时，大力提倡循环型农业发展，对使用循环农业模式给予高补贴，生态循环理念逐步成为日本农业生产的基本前提。

（三）在农产品质量安全问题上，核心是要构建科学高效的农产品质量安全管理体系，强化可追溯监管

这一阶段，顺应市场诉求，各国都加强了质量标准体系、检验检测体系、法律法规体系等建设，逐步形成了一套设计科学、架构合理、机制完善、运行高效的农产品质量安全

管理体系。美国自 20 世纪六七十年代开始，先后构建起了有害物质残留监控体系和全程监控可追溯体系，管理理念从监管为主向预防、监管并重转变。在生产中严格要求各企业必须保全相关过程记录，并通过条形码和人工可识度方式，对食品原料供应链从"农田到餐桌"进行全过程跟踪追溯。日本 20 世纪 50 年代发生水俣病[1]后，逐步重视食品安全问题，20 世纪 70 年代修订出台《农林产品品质规格和正确标识法》《植物防疫法》等严格的质量安全管理法律法规。其中，对假冒认证标识或产品达不到标准要求的个人和企业处以严厉惩罚。

（四）在解决规模狭小、竞争力弱的问题上，核心是要在保护传统农户利益的基础上适时推进适度规模经营

已经实现农业现代化国家的经验表明，农业现代化的过程也是经营规模逐步扩大的过程。法国自 1960 年先后颁布《农业指导法》《农业指导补充法》等法律措施推动土地规模经营。一方面做"减法"，设立基金对 55 岁以上自愿离农的农民发放一次性"离农终身补贴"，鼓励老农场主退出土地；另一方面做"加法"，规定农场主唯一合法继承人，防止土地分散；通过税收优惠等措施，鼓励父子、兄弟农场土地入股联合经营；设立土地整合专门机构，高价收购农民手中细碎土地，将其重新规划整治后再保本销售给周边规模化农场。法国在 20 世纪 70 年代有效实现了农业规模化生产，农业竞争力也得到显著提升。

（五）在农业支持保护体系构建问题上，核心是要适时调整政策目标、丰富政策工具与方式

已经实现农业现代化的国家，在这一阶段都将政策目标由注重保数量转向保收入、保生态、保数量并重，支持方式由支持当期生产、稳定种植面积转向直接补贴收入方式，政策工具由单一的财政支持转向综合运用财政、金融、保险等多种方式。如欧盟自 20 世纪 60 年代起，逐步由实行目标价格、干预价格等为基础的价格补贴为主的补贴方式[2]，过渡到实行与产量脱钩的直接收入补贴、支持生产结构调整的休耕补贴以及强调可持续发展的环境保护补贴等支持。美国自 20 世纪 70 年代开始实施《农业信贷法》，构建了完整的农业信贷体系，为农民提供农产品抵押贷款、紧急灾害贷款等多样化服务。80 年代起实施新的

---

[1] 日本氮生产企业大量排放含甲基汞的废水，污染水体和鱼虾等生物，通过食物链侵入人体，导致人致病。
[2] 当市场价格低于某一价格时，由欧盟收购存储过剩农产品，稳定市场价格。

《联邦农作物保险法》，全面推广农作物保险计划，通过提供补贴和再保险等方式，吸引各类商业保险公司和联邦农作物保险公司一起参与保险经营，联邦政府为农业保费提供30％左右的补贴，为降低农场生产风险发挥了重要作用。

三、总体思路和重点任务

立足"十三五"时期发展形势判断，借鉴国际经验，根据中央经济工作会议、中央农村工作会议、中央一号文件精神，初步研究提出了"十三五"农业农村经济发展的总体思路和重点任务。

（一）总体思路

"十三五"期间，解决好农业农村经济发展自身存在的矛盾和问题，更好地发挥农业在经济社会发展全局中的基础保障作用，确保全面建成小康社会目标如期实现，关键是要加快农业现代化建设。为此，必须立足世情、国情、农情变化，牢固树立创新、协调、绿色、开放、共享的发展理念，顺应现代农业发展规律，以农业现代化取得明显进展为目标，以"提质增效转方式、稳粮增收可持续"为工作主线，以全面深化农村改革为动力源泉，大力推进农业供给侧结构性改革，更加注重数量质量效益并重，更加注重提高竞争力，更加注重技术创新，更加注重可持续发展，努力走出一条产出高效、产品安全、资源节约、环境友好的农业现代化发展道路，推动东部沿海发达地区、大城市郊区、国有垦区和国家现代农业示范区基本实现农业现代化，为确保如期全面建成小康社会奠定坚实基础。具体而言，要突出"五个坚持"。

1. 坚持把保供增收作为首要任务

"十三五"期间，确保中国人的饭碗牢牢端在自己的手上，确保在全面建成小康社会过程中不丢农民这一头，必须把保障粮食等重要农产品有效供给和促进农民持续增收作为现代农业发展的首要任务，推动政策和投入向口粮、主产区、产粮大户集中，力争谷物基本自给、口粮绝对安全，显著提高农产品供给体系的质量和效益；农村居民人均收入比2010年翻一番，年均增幅继续保持高于国内生产总值和城镇居民收入增幅。现行标准下农村贫困人口全面脱贫。

2. 坚持把"转方式调结构"作为工作主线

"十三五"期间是我国农业农村经济发展转型升级的重要时期，推动农业发展由数量增长为主转到数量质量效益并重上来，由主要依靠物质要素投入转到技术创新和劳动者素质提高上来，由依靠拼资源拼消耗转到可持续发展上来，必须牢牢把握"转方式调结构"这条工作主线，力争到"十三五"期末，初步建立起粮经饲统筹、种养加一体、农林牧渔结合、一二三产融合发展的现代农业结构，控制农业用水总量，实现化肥、农药施用总量零增长，农膜、秸秆、畜禽粪便基本资源化利用。

3. 坚持把创新驱动作为根本动力

"十三五"期间全面深化农村改革、全面推进依法治国，必须把创新驱动作为农业现代化发展的第一动力，紧紧围绕发挥市场在资源配置中决定性作用和更好发挥政府支持保护作用，加快推进农村土地、农业经营管理、农业支持保护、科技创新、有效利用国际市场和资源等制度创新，提高农业科技创新水平，力争在打破各种体制机制障碍、突破技术发展瓶颈上取得重大进展，农业农村经济发展内生动力明显增强。

4. 坚持把培育新型农业经营主体和服务主体作为核心载体

"十三五"时期，破解"谁来种地、谁来养猪"难题，推进多种形式适度规模经营发展，提升农业竞争力，必须把培育新型农业经营主体和服务主体摆在更加突出的位置，加快培育一支懂技术、善经营、会管理的新型职业农民队伍，使之成为新技术推广、新设施应用、新业态发展的核心载体，成为农业生产、加工、流通各环节中的生力军。

5. 坚持把统筹利用好"两个市场、两种资源"作为战略布局

"十三五"时期，要在科学确定国内农产品自给率的基础上，制定农产品进口优先序和分品种、分国别贸易政策，确保农产品进口有序有度，在弥补国内生产不足的同时，确保国内农业产业安全不受冲击；加强农业对外合作，着力提升国际农业科技利用能力、国际农业资源掌控能力和国际农产品市场影响力。

（二）重点任务

根据上述思路，为确保"十三五"期间农业现代化建设取得新进展，初步提出了八项重点任务。

1. 稳定粮食产量，保护和提升粮食产能

贯彻落实新形势下的国家粮食安全战略，大力实施藏粮于地、藏粮于技战略，推动由注重年度产量向稳定提升粮食产能转变。坚守耕地红线，全面开展永久基本农田划定工作，从特大城市、计划单列市或省会城市着手，尽快将城镇周边、交通沿线地区优质耕地划为永久基本农田；建设旱涝保收高标准农田，探索划定粮食生产功能区，到2020年确保建成8亿亩、力争建成10亿亩集中连片、旱涝保收、稳产高产、生态友好的高标准农田；实施耕地质量保护和提升行动，在土地出让收益中提取一定比例，由中央集中安排用于耕地质量建设；开展耕地质量督查，研究设立国家耕地质量保护督查办公室，探索在重点区域建立国家耕地质量保护督查中心；深入推进粮食高产创建和绿色增产模式攻关。

2. 调整优化农业结构，加快构建现代农业产业体系

适应市场需求，立足资源环境承载力，加快构建粮经饲统筹、种养加一体、农牧渔结合的现代农业产业体系。优化区域布局，加快形成与资源环境承载力相匹配的农业生产力布局。调整优化粮经作物生产结构，调减"镰刀弯"地区玉米种植面积，因地制宜发展饲用玉米、青贮玉米和优质牧草。调整优化种养结构，坚持以种促养，以养带种，为养而种，推进种养结合循环农业发展。积极发展草食畜牧业，推进振兴奶业苜蓿发展行动，发展现代渔业。加快打造农业全产业链，推动农产品加工业转型升级，加强农产品流通设施和市场建设，努力拓展农业多功能，促进一二三产融合发展。

3. 强化物质技术装备条件支撑，夯实现代农业的发展基础

加快转变农业生产方式，大力提升农业物质技术装备水平，用现代生产技术改造传统生产方式。加强农田基础设施、科技创新条件、农业公共服务体系建设，夯实现代农业发展的物质基础。加快农业科技创新，加强农机农艺融合、资源环境保护等共性关键瓶颈技

术的科研攻关，加快建立节水、节肥、节药的农业技术体系和生产制度。大力发展现代种业，实施现代种业建设工程和种业自主创新重大工程，做大做强育繁推一体化种子企业。加强农机作业薄弱环节与后续服务，推进主要农作物全程机械化生产。加快新一代信息技术在农业生产经营管理等方面的应用，深入实施"互联网＋"现代农业行动，基本建成覆盖农业全产业链，集数据监测、分析、发布和服务于一体的国家数据云平台，推进信息进村入户。

4. 培育新型农业经营主体，发展多种形式适度规模经营

加快转变农业经营方式，推动小农户小规模经营为主尽快转到多元主体、合作经营为主上来，向规模经营要效率。支持新型农业经营主体和新型农业服务主体成为建设现代农业的骨干力量，支持种养大户、家庭农场等新型经营主体发展多种形式的适度规模经营，开展农民以承包地经营权入股农民合作社、龙头企业试点。创新农业全程社会化服务机制，实施农业社会化服务支撑工程，开展政府向经营性服务组织购买农业公益性服务机制创新试点。加快建立教育培训、认定管理和政策扶持"三位一体"的新型职业农民培育制度，造就一批适应现代农业发展的高素质职业农民队伍。

5. 保护和治理生态环境，促进农业可持续发展

加快转变资源利用方式，坚持利用与保护并重、生产与生态相协调，大力发展资源节约型、环境友好型、生态保育型农业，使透支的农业资源、环境得到休养生息。加快发展节水农业，大力推广水肥一体化、保护性耕作、地膜覆盖等技术。实施化肥、农药使用量零增长行动，推进有机肥替代化肥，深入开展专业化统防统治和绿色防控融合，全面推行高毒农药定点经营。推进畜禽粪便秸秆地膜基本资源化利用、无害化处理区域示范，探索畜禽规模化养殖、农家肥积造、沼气生产三位一体发展模式，推进残膜回收区域性示范。探索实行耕地轮作休耕制度试点，对地下水严重超采区、重金属污染耕地开展综合治理。

6. 提升农产品质量安全水平，确保"舌尖上的安全"

坚持"产出来"与"管出来"两手抓、两手硬，稳定提升农产品质量安全水平，满足人民群众日益升级的质量安全诉求。建立健全农业标准体系，尽快制定推广一批简明易懂的生产技术操作规程。继续推进园艺作物标准园、标准化规模养殖场（小区）、水产健康养

殖场建设，实施动植物保护能力提升工程。加快建立农产品质量安全监测评估和全程可追溯体系，建设国家农产品质量安全县，构建全国统一的农产品和农业投入品质量安全监管信息平台，开展质量安全全程追溯试点。实施农产品品牌化战略，大力发展"三品一标"农产品生产。

7. 全面深化农业农村改革，激发农业农村发展内在活力

着力破除制约现代农业发展的体制机制障碍，增强农业农村经济发展的动力。深化完善农村土地制度，加快推进农村土地承包经营权确权登记颁证，有效放活土地经营权。在国家现代农业示范区和农村改革试验区，开展农户承包地有偿退出试点。深化农村金融改革，拓宽抵押物范围，创新金融产品和服务。深入推进农村集体产权制度、农产品价格形成机制、农业投资机制等领域改革。发挥国家现代农业示范区和农村改革试验区的先行先试作用。

8. 强化区域农业发展指导，缩小区域发展差距

深入贯彻落实东北振兴、中部崛起、西部大开发、东部率先"四大板块"和"一带一路"建设、京津冀协同发展、长江经济带"三个支撑带"国家区域发展总体战略，促进农业现代化与其他"三化"协调发展，培育区域农业新的"发展极"，缩小区域间农业农村经济发展差距。实施精准扶贫、精准脱贫，加大新疆、西藏、青海等特殊地区农牧业发展支持力度，发展主导产业和特色产业。加快集中连片特困地区的扶贫攻坚，推进片区开发和精准扶贫相结合，大力开展产业扶贫。扎实推进社会主义新农村建设，加大农村社会事业和基础设施建设，促进城乡公共服务均等化。改善农村人居环境，保护传统文化村落，建设美丽乡村。

四、政策建议

为确保"十三五"上述八项重点任务取得突破性进展，提出以下七点建议：

（一）调整优化财政补贴政策，方向是由"保供给""增收入"向"保产能提质量""增收入强生态"转变

增加高标准农田建设、农业可持续发展、农业科研与技术推广、新型职业农民培育等

方面的投入，提高补贴的针对性、指向性。将种粮农民直接补贴、良种补贴、农资综合补贴合并为农业支持保护补贴，重点支持耕地地力保护和粮食产能提升，探索建立粮食生产功能区、重要农产品生产保护区和重点生态功能区农民收入补偿政策。完善结构调整补贴政策，探索开展耕地轮作休耕制度试点，扩大"粮改饲"、粮豆轮作试点范围。建立生态建设补贴政策，提高草原生态保护奖补标准，开展化肥减量增效、农药减量控害和秸秆资源化利用补贴试点。

（二）尽快启动实施一批重大建设工程，方向是突出重点领域、关键环节，强化涉农资金整合，着力提高农业综合生产能力、公共服务能力和农业市场竞争力

启动实施高标准农田建设、种养业结合循环农业、农业资源与生态环境保护、现代种业提升、农业科技创新能力条件建设、农业执法监管能力建设、农业生产安全保障等工程。同时，积极探索先建后补、以奖代补等多样化投资方式，引导社会资本参与涉农工程建设与管护，进一步优化农业投资绩效。

（三）完善价格调控政策，方向是坚持市场化改革取向与保护农民利益并重，理顺农产品价格形成机制，健全农产品价格调控体系

继续执行并完善稻谷、小麦最低收购价政策。深入推进新疆棉花、东北地区大豆目标价格改革试点。按照"市场定价、价补分离"原则，积极稳妥推进玉米收储制度改革，保障农民合理收益；探索建立棉油糖不直接干预市场的目标价格补贴制度；建立"菜篮子"产品分类调控目录，调控关系居民日常生活的重点品种。

（四）加大农村金融保险政策支持力度，方向是推动农村金融体制改革，综合运用市场化的政策工具，推进金融资源向"三农"倾斜

积极开展承包土地经营权抵押、生产订单质押和营销贷款试点；研究农村合作金融发展管理办法，将其纳入金融监管体系；建立健全覆盖全国的农业信贷担保体系，在中央层面设立农业信贷融资担保基金，通过贷款担保或保证保险费用补助、贷款贴息、风险补偿等方式，引导建立增加农业信贷投放的长效机制。鼓励商业保险机构开展多层次、高保障特色农业保险，提高保费补助额度。建立健全农业再保险和巨灾风险分散机制。

（五）改进和完善农产品贸易政策，方向是充分运用世界贸易规则，提高国际先进农业技术利用能力、国际农产品市场影响能力、国际农业资源掌控能力

加快制定实施分品种、分国别的重要农产品贸易战略，建立重要农产品产业损害防范与救济机制。设立财政支持专项，鼓励企业在境外开展全产业链投资，培育具有国际竞争力的粮商和农业企业集团。

（六）加强农业法治建设，方向是健全完善农业法律法规体系，强化农业依法行政，推进依法兴农、依法强农

重点在稳定增加农业投入、健全强化农业支持保护、提升农产品质量安全水平、保障农民权益、保护农业生态环境等方面加强立法与修法，尽快把现行的重大政策、行之有效的措施上升为法律条款，并构建与农业法律相配套的法规、条例规章或行业标准。进一步整合完善农业执法体系，加大执法投入，强化市县农业综合执法，加快构建权责统一、权威高效的农业行政执法体制。

（七）深化农业行政管理体制改革，方向是整合农业行业管理职能，实行大部制改革

重点理顺政府与市场、中央与地方、综合部门和行业部门的关系，深入推进大部制改革，明确职责分工，强化顶层设计与分层对接，简化管理层次和环节，构建集农业政策制定落实、项目工程组织实施、监管执法职能等于一体的大农业行政管理部门，提高农业政策执行力。

ZHONGYANG
"SHISANWU"
GUIHUA 《JIANYI》 ZHONGDA
ZHUANTI YANJIU

专题十二　区域协调发展

国家发展和改革委员会

"十三五"时期促进区域协调发展的方向和主要举措

　　区域发展事关整个国民经济发展的速度、结构、质量和效益，与国民经济全局息息相关，既是国民经济阶段性特征在区域上的综合反映，又在一定程度上影响着宏观经济发展的走向。新中国成立以来，我国区域发展先后经历了三个阶段，即：改革开放前的区域均衡发展阶段、改革开放到20世纪90年代中期的区域非均衡发展阶段、20世纪90年代中后期以来至今的区域协调发展阶段。

　　区域战略是国家发展战略的重要组成部分。党中央、国务院高度重视促进区域协调发展。自1999年起，中央先后提出了西部大开发、全面振兴东北地区等老工业基地、促进中部地区崛起战略，加上之前的支持东部地区率先发展战略，"四大板块"的区域发展总体战略格局基本形成。近年来，在区域发展总体战略指引下，立足发挥各地比较优势，立足实施分类指导、差别化区域经济政策，立足细化实化区域政策单元，国家相继制定实施了一批重大区域规划和区域性政策文件，培育形成了一批新的区域经济增长极、增长带和增长点。特别是党的十八大以来，中央从战略和全局出发，在继续实施"四大板块"区域发展总体战略的同时，重点推动实施丝绸之路经济带和21世纪海上丝绸之路经济带（以下简称"一带一路"）、京津冀协同发展、长江经济带建设三大战略，统筹东中西、协调南北方，进一步优化经济发展空间格局，我国区域发展空间布局更加优化，区域经济增长态势明显变化，区域良性互动格局逐步形成，我国区域协调发展进入了新阶段。

　　目前，我国经济发展进入新常态，区域发展的内外部环境正在发生深刻变化。展望"十三五"，促进区域协调发展面临重大历史机遇，也存在诸多困难和挑战。我们必须主动认识、适应和引领经济发展新常态，进一步明晰区域协调发展基本思路、目标方向和重点任务，促进区域协调发展、协同发展、共同发展，为保持国民经济持续健康发展和全面建成小康社会做出新贡献。

一、"十二五"时期我国区域发展呈现新的变化和阶段性特征

"十二五"以来，面对复杂多变、总体偏紧的内外部经济环境，区域发展战略深入实施，区域经济发展阶段性特征明显，主要表现在：

（一）区域发展协调性进一步增强，但协调发展的基础仍不牢固

改革开放以来，东部地区经济"一马当先"，长期领先于中西部地区增长。2007年西部地区经济增长速度首次超过东部地区，2008—2012年中西部和东北地区增长速度连续5年全面超过东部地区；2013年以来，中西部地区经济增速继续保持这一态势，经济总量占全国的比重逐年提高，2014年达40.4%，比2010年提高2.1个百分点。特别是近年来中西部地区基础设施条件明显改善，基本公共服务能力大幅提升，老少边穷地区自我发展能力稳步提高，区域发展协调性持续增强。但受国际金融危机冲击传导的影响，各地区经济增速总体趋缓，特别是东北地区和中西部一些省份经济下行压力加大，2013年以来，东北地区经济增速一直处于四大板块之末，且降幅较大；西部地区经济增速下降较快，长期稳定保持快速增长的态势难度加大；板块内部各省份由于资源禀赋、发展基础、经济结构等不同，经济增长分化明显，中西部地区产业结构偏重的省份经济下行压力进一步加大。

（二）国土空间开发格局逐步优化，但无序开发和同质化竞争等矛盾有待化解

"十二五"期间，国家深入实施区域发展总体战略，打造了一批重要的经济区、经济带、新区和特殊功能平台，推动建设主体功能区，促进空间开发格局进一步优化。党的十八大以来，中央积极谋划并深入推进"一带一路"、京津冀协同发展、长江经济带三大战略，促进东中西互动发展，我国经济增长由主要依靠东部沿海地区长三角、珠三角和京津冀三大引擎带动向轴带引领、多极支撑、区域联动、竞相发展转变。但受发展阶段、发展理念和体制机制等多种因素影响，地区封锁、同质化竞争的状况仍未得到根本缓解，靠政策优惠等扭曲市场行为招商引资的现象依然存在，加之土地、海域、矿产等资源开发利用仍较为粗放，监管能力相对不足，进一步影响了资源的有效配置和国土空间高效开发利用与合理保护。

（三）区域开放合作进一步深化，但区际良性互动发展格局尚未真正形成

"十二五"以来，国内区域合作蓬勃发展，京津冀协同发展务实推进，珠三角、长三角地区一体化步伐加快，长江经济带建设顺利起步，珠江-西江经济带建设有序推进，晋陕豫黄河金三角等省际毗邻地区合作崭露头角。全方位对外开放水平进一步提升，"一带一路"建设启动实施，沿边与内陆地区开放步伐加快。但与区域经济梯度相匹配的产业梯度还没有真正形成，制约区域合作互动的利益藩篱和隐性壁垒尚未突破，区域间产业、要素大规模顺畅转移、良性循环的基本动力仍然不足。区域开放格局仍不平衡，内外统筹不够，开放与合作融合度有待提升。

（四）区域协调发展体制改革力度加大，但制约因素和体制性障碍仍然存在

上海自贸区、综合配套改革试验区、国家级新区及珠海横琴、深圳前海、福建平潭等特殊功能区开发开放步伐加快，通过先行先试，促进区域发展模式和管理方式不断创新优化。区域互助合作机制进一步完善，扶贫开发机制不断完善，集中连片特困地区区域发展与扶贫攻坚和精准扶贫迈出坚实步伐，对口支援工作机制逐步建立。主体功能区战略深入推进，兼顾经济、生态、民生等多元化目标的国土空间开发制度初步建立。但区域发展中行政区经济的特点依然明显，区域政策统筹难度加大，对涉及调整中央与地方、地区与地区之间利益格局的深层次改革有待进一步深入，长效规范的区域发展管理体制还不健全。

二、"十三五"时期我国区域发展态势

"十三五"时期，是我国协调推进全面建成小康社会、全面深化改革、全面依法治国、全面从严治党，推动改革开放和社会主义现代化建设迈上新台阶的关键时期。从国际看，世界经济正处于深度调整之中，金融危机影响短时间内难以全面消除，全球经济复苏动力不足，进入新一轮结构调整期，外部环境错综复杂，对区域经济发展的影响更加直接深入，各地区在享受更广阔市场、技术、人才、信息资源的同时，面临的竞争更加激烈、挑战十分严峻。从国内看，我国仍处于可以大有作为的重要战略机遇期，新型工业化、信息化、城镇化、农业现代化持续推进，经济发展进入新常态，处于经济增长换挡期、结构调整阵痛期和前期刺激政策消化期"三期叠加"时期，面临速度变化、结构变化和动力转换三大特点，将更加注重经济提质增效。经济发展将保持中高速增长和迈向中高端水平，大众创

业、万众创新和增加公共产品、公共服务"双引擎"作用逐步加强，经济加快向形态更高级、分工更复杂、结构更合理的阶段演变，促进区域协调发展动力更为强劲、空间更为广阔，但不确定性也明显增强。

党中央高度重视区域发展工作。特别是党的十八大以来，以习近平同志为总书记的党中央就新时期促进区域协调做出了一系列重要指示。党的十八大明确提出到 2020 年基本形成区域协调发展机制的重大任务；2013 年和 2014 年年底召开的中央经济工作会议明确，要完善并创新区域政策，缩小政策单元，重视跨区域、次区域规划，提高区域政策精准性，按照市场经济一般规律制定政策。优化经济发展格局，促进各地区协调发展、协同发展、共同发展。中央做出并大力推动实施"一带一路"、京津冀协同发展、长江经济带三大战略，区域经济在国家发展中的战略地位和作用不断提升。

立足"十二五"以来促进区域协调发展的基本特点，综合考虑"十三五"时期我国区域发展所处阶段、国家重大战略目标要求及对国际国内宏观环境变化的预测，初步判断：

（一）区域发展协调性增强的总体态势仍将保持，四大板块特点和使命进一步发展变化

适应经济发展规律和基于国家政策导向，"十三五"时期，区域发展协调性将继续增强，但新常态下各板块将出现新的阶段性发展特点，也将承担新的历史使命，需要结合新需求调整完善"四大板块"发展定位和政策导向。东部沿海地区率先转型，无疑将继续承担支撑全国经济发展和提质增效的排头兵和稳定器作用。中西部地区是我国经济增长回旋余地最大的，尤其中部正处于加快崛起的关键时期，目前我国省级经济总量在 2.5 万亿元到 4 万亿元的 6 个第二梯度大省一半在中部，具备较强区位、梯度优势和发展基础，亟须强有力的整体谋划和支持促进其实现突破。西部大开发基础更加扎实，西南地区和西北地区分化也会更为明显，需一分为二地看待其发展定位。东北振兴物质基础更加丰富，但根本矛盾尚未得到解决，缓解经济下行压力任务繁重，需深刻总结和完善支持措施与方向。四大板块间联系进一步加强，促进东中西互动、南北方沟通，实现资源跨板块优化配置面临更高要求。

（二）"三大战略"的实施将强力推动区域经济一体化，经济布局向更高层次、更广范围推进

中央全面推进"一带一路"、京津冀协调发展、长江经济带三大战略，将打造和带动形

成若干重要的经济区和经济增长轴带，成为全国经济增长的重要支撑。在三大战略引领带动下，适应拓展发展空间和提升综合竞争力的现实需要，各地区推动区域合作和一体化发展进程将继续加速，区域统一市场加快形成，经济发展空间布局更加完善、空间更为广阔，资源配置效率将进一步提升，破解区域合作面临的深层次矛盾需求将更为紧迫。"一带一路"建设全面展开，对外开放与国际合作将得到前所未有的发展，国际化将由东部沿海地区为主，全面扩展至沿边和内陆地区，国际合作亦由国家层面进一步深入到区域层面，资源配置全球化成为区域发展面临的新常态，区域发展所处环境和影响因素更趋复杂，各地区仅靠一己之力参与国际竞争难度加大，对外开放与国内合作相互交融影响必将大大加深。"十三五"时期需要正确认识和科学把握这一态势，站在更高层面、以更广的视角统筹谋划经济发展空间布局。

（三）经济结构、功能定位等对区域经济发展影响日渐突显，特殊类型区域成为区域经济的重要组成部分

经济发展新常态下，受内外部因素共同作用，地域类型、经济结构、区域功能等对地区经济发展的影响更加突出，特殊类型地区、特殊功能区越来越引起各方面的广泛关注，这些地区由于资源禀赋、发展基础、责任使命等不同，面临的问题和瓶颈也不一样，这些问题如不能有效破解，将影响促进区域协调发展顺利推进。但仅靠板块政策难以很好地契合这些地区的发展需要，需要丰富创新区域政策方式和内容，给予精准的、针对性的引导和支持。老少边穷地区对于实现全面小康至关重要，"十三五"时期需要给予专门的强有力的政策支持。资源型地区、生态地区、粮食主产区、海洋功能区等需要给予特色化的引导支持。新常态下，不同所有制结构和产业结构地区面临差异化的发展困难与瓶颈，需要因地施策，逐步破解。此外，国家级新区、特殊经济区、自主创新试验区等重要开放合作功能平台，以及新涌现出的高铁新城、临空经济区等特殊区域等都需要进一步加强统筹支持与宏观指导。

（四）总体环境和发展阶段变化将赋予促进区域协调发展新的时代特点，对提升完善这一战略内涵提出更高目标要求

区域协调发展的内涵和衡量标准关系到促进区域协调发展工作的方向、重点和成效。近年来，立足现实基础和发展要求，我们对衡量区域协调发展的标准和基本内涵的研究不断深化，目前主要考虑五方面因素，即各地区人均生产总值差距保持在适度范围内、各地

区人民群众能够享受大体均等的基本公共服务、各地区比较优势能够得到较为有效的发挥、不同地区间形成优势互补互利共赢的良性互动格局、各地区人与自然的关系处于基本协调和谐状态。"十三五"时期，按照"四个全面"的战略布局，适应经济发展新常态，考虑与国民经济社会发展目标体系相衔接，需要从加快推动统一市场建设、实现全面小康建设目标、健全区域协调发展体制机制、推进区域治理体系现代化等方面，进一步细化完善区域协调发展的内涵和衡量标准。

（五）区域发展所处制度环境更趋规范，创新区域治理模式和健全体制机制任务紧迫

"十三五"时期，随着全面改革和全面依法治国的不断深入，市场机制决定性作用进一步发挥，统一市场加快形成，区域发展所处的整体环境更加规范公平，通过给予优惠政策解决区域发展问题的空间和余地大大缩小；同时区域与产业发展融合更加紧密，区域治理的难度与复杂性将大大增加。上述变化将给构建区域协调发展的体制机制带来新的课题，既有正向促进作用，更要与时俱进加以改革创新。从现行区域管理情况看，还存在管理手段单一、政策工具和手段分散、法律体系空白、实施保障缺乏等制约因素。新时期，完善区域治理模式、健全促进区域协调发展的体制机制任务仍很紧迫。

总体判断，"十三五"时期，促进区域协调发展机遇与挑战并存，机遇大于挑战，区域协调发展将进入一个新的历史时期。

三、"十三五"时期促进区域协调发展的基本思路和方向

"十三五"时期，应深刻认识促进区域协调发展战略在实现全面小康中的地位和作用，丰富完善并正确把握其战略内涵，科学谋划思路方向，确保扎实有序推进实施。

（一）战略内涵

区域协调发展的内涵至少应涵盖以下内容，即各地区人均生产总值和经济增长保持在适当水平，重大生产力布局与各地区生产要素协调高效分布；区域良性互动、竞相发展，各地区比较优势合理有效发挥；各地区人民都能享受均等化的基本公共服务，生活水平同步提高；国土空间开发保护秩序良好，人与自然处于和谐状态；全国统一市场建设基本形成，地区发展环境更加公平规范。

（二）基本思路

促进区域协调发展，要高举中国特色社会主义伟大旗帜，以邓小平理论、"三个代表"重要思想、科学发展观为指导，全面贯彻党的十八大和十八届三中、四中全会精神，深入贯彻落实习近平总书记系列重要讲话精神，主动适应经济发展新常态，立足促进国民经济提质增效，以缩小区域发展差距和全面实现小康社会为主要目标，以全面深化改革为根本动力，统筹实施区域发展总体战略与三大战略，培育壮大支撑全国经济发展的增长极、增长带和增长点，落实主体功能区制度，完善创新区域政策，深化拓展区域合作与对外开放，规范国土空间开发秩序，优化经济发展空间格局，推动实现不同地区基本公共服务均等化，实现区域协调发展、协同发展、共同发展。

具体操作上，要做到"三个坚持""三个完善"。"三个坚持"，即：坚持促进区域协调发展这一主线，以缩小区域发展差距为抓手，着力在丰富内涵上下功夫；坚持优化经济发展空间格局，统筹"三大战略"与"四大板块"发展，积极培育重点经济区、城市群和重要轴带，提升对国民经济发展支撑带动；坚持统筹国际国内区域合作和对内对外开放，拓展全方位开放合作新领域。"三个完善"，即：逐步推动完善区域政策制定标准，从主要依据四大板块为基础转向适应新济发展新常态、依据区块与类型综合实施，统筹区位特点、区域类型、功能定位和发展水平来制定区域政策；逐步完善和规范聚焦区域政策目标取向，从注重体现差别化转向差别化施策与构建全国统一大市场统筹推进；进一步完善区域治理，加快建立健全促进区域协调发展长效机制，从注重解决具体区域问题转向建立现代区域治理体系。

（三）基本原则

一是市场引导，政府推动。充分发挥市场在资源配置中的决定性作用，推动统一市场形成。更好发挥政府的导向作用，不断完善促进基本公共服务均等化的制度保障。

二是统筹协调，分类指导。统筹区域发展总体规划、战略布局、制度安排，强化区域重大项目、重大政策、重大体制对接。坚持因地制宜、分类指导，实施差别化的区域政策。

三是改革创新，开放合作。支持重点地区先行先试，探索创新促进区域协调发展的路径。深入实施三大战略，统筹开放与合作，培育参与和引领国际竞争新优势。

四是健全机制，循序渐进。既要注重解决当前影响区域协调发展的突出问题，又要着力建立健全区域协调发展体制机制，推动促进区域协调发展纳入法制化轨道。

（四）开发格局

以四大板块为基础，三大战略为引领，依托大江大河和重要交通干线，打造若干重要发展轴带；加快建设一批重要城市群，以城市群为核心，推进重点地区一体化发展，培育壮大若干重点经济区。以主要经济带、城市群、经济区为支撑，积极发挥特殊类型区域优势作用，构建"点、线、面"结合，核心带动、轴带支撑和板块联动，连接东中西、贯通南北方的多中心、网络化、开放式的区域开发框架，优化经济发展空间格局。

（五）基本目标

到 2020 年，各地区经济增长速度基本稳定并保持在适当水平上，地区间人均生产总值和人均可支配收入差距进一步缩小。三大战略实施取得显著成效，经济发展空间格局明显优化，全方位对外开放水平进一步提高。区域协调发展机制基本形成，全国统一市场建设取得重大进展，区域开发秩序进一步规范，基本公共服务均等化水平稳步提高。

四、"十三五"促进区域协调发展的主要举措

"十三五"时期，按照上述促进区域协调发展的思路方向，应坚持有所为有所不为，突出工作着力点，找准工作切入点，重点做好以下七个方面的工作：

（一）坚定不移推动实施区域发展总体战略，与时俱进地调整工作重点和施策方向

深入实施西部开发、东北振兴、中部崛起和东北率先的区域发展总体战略，着眼于全面建成小康社会目标，立足国际视野和全局需要，进一步完善和明确"四大板块"各自发展的目标定位、重点任务和政策方向，切实加强板块间统筹协调，促进生产要素跨区域、跨板块有序自由流动和优化配置，促进东中西、南北方协调联动发展。

继续把实施西部大开发战略放在优先位置，深入实施西部大开发战略。充分发挥西部地区在丝绸之路经济带建设中的特殊作用，进一步聚焦潜力区域和薄弱环节，大力提升向西开放和沿边开放水平，差别化推进各地区有序发展，促进生产要素向西部有条件的地区流动和集聚，着力培育新的经济增长点和增长极。开工建设一批重大标志性工程项目，不断提升基础设施建设和基本公共服务水平，加强生态环境保护与建设，发展特色优势产业，

促进经济可持续发展，逐步提高自我发展能力。

坚持问题导向和精准发力，推进东北等老工业基地转型发展和全面振兴。系统梳理和总结东北地区老工业基地振兴的经验和不足，找准关键问题，采取有力措施，破解发展难题。依托东北地区现有基础，大力创新体制机制，培育内生发展动力，深化国有企业改革，增强产业竞争力和自主创新能力，扩大面向东北亚地区的开放合作，加快资源枯竭城市转型，全面推进城区老工业区和独立工矿区搬迁改造。

进一步提升中部地区在区域发展格局中的战略地位，巩固增强其支撑全国经济增长的重要作用。中部地区具备较强区位、梯度优势和良好发展基础，处在加快崛起的关键时期，能够成为聚集产业、汇聚人口的重要区域。应充分发挥中部地区承东启西、连接南北的独特优势，依托交通便利化提升和人口、劳动力等红利，加快综合网络和枢纽建设，有序承接产业转移，积极推进新型工业化、城镇化和农业现代化同步发展，强化"三基地、一枢纽"地位，全面深化对内对外开放合作，进一步激活内陆地区开放发展潜力，进一步吸纳人口、集聚产业和增强综合实力，着力培育新的战略支点，夯实对全国经济增长的重要支撑地位。

促进东部地区更好地代表国家参与国际市场竞争合作，从更高层次引领带动全国经济提质增效和转型发展。东部地区加快转型升级是区域发展的关键，只有东部地区实现了经济发展转型升级，才能进一步带动国家竞争力增强，才能为中西部地区发展腾出市场和产业空间。应充分发挥东部沿海地区在"21世纪海上丝绸之路"建设中的特殊作用，围绕全面深化改革、推动制度创新和推进陆海统筹，切实加强对东部沿海地区率先转型发展的宏观指导和整体谋划，加大先行先试支持力度，进一步强化东部地区在全国经济发展中的重要引擎、辐射带动和示范引领作用，不断提升我国国际竞争力。

（二）扎实推动实施三大战略，打造经济发展支撑带

以三大战略深入实施为引领，与"四大板块"交融互促，通过核心带动、轴带支撑和板块联动，构建连接东中西、贯通南北方的多中心、网络化、开放式的区域开发框架，优化经济发展空间格局。

深入推进"一带一路"战略实施，统筹国内国际两个大局，遵循共商、共建、共享原则，以周边国家为重点，以政策沟通、设施联通、贸易畅通、资金融通、民心相通为主要内容，创新对外合作模式，强化国内政策支撑，统筹国防安全需求，提高战略耐力，全方位推进与沿线国家务实合作，打造利益共同体、命运共同体和责任共同体，注重与区域开发开放相融合，强化东部地区的引领和中西部内陆腹地的支撑作用，加快推进核心区、战

略支点、开放门户及对外大通道建设，推进与沿线国家互联互通，带动沿边内陆地区对内对外开放打造内外联动、全面开放的区域发展格局。

积极推动京津冀协同发展，以资源环境承载能力为基础，强化水资源环境承载能力刚性约束，把疏解北京非首都核心功能、解决北京"大城市病"作为基本出发点，着力调整经济结构和空间结构，重点在交通一体化、生态环保和产业升级转移三个重点领域率先突破，加大改革力度，促进创新驱动发展，开展试点示范，构建协同发展体制机制，走出一条内涵集约发展的新路子，探索出一种人口密集地区优化开发的模式。充分发挥京津冀辐射带动作用，促进环渤海地区合作发展，建设成为我国经济增长和转型升级新引擎和东北亚地区全方位开放合作新高地。

加快长江经济带建设发展，加强流域生态保护和建设，大力提升长江水资源环境承载能力，打造长江经济带安全走廊，推进长江航道治理、沿江公用码头等重大项目建设，加快建设综合立体交通走廊，提高互联互通水平，推进沿江产业有序转移和优化升级，推动上中下游地区协调发展、沿海沿江全面开放，打造支撑全国经济增长的重要轴带。

（三）优化国土空间开发格局，培育壮大区域经济增长极、增长带、增长点

立足现有基础和发展潜力，依托城市群发展建设培育一批对全局发展具有重要作用的经济增长极，沿海、沿江和沿主要交通干线打造若干重要经济增长带，推动一批重点功能区域发展成为经济增长点。

不断增强长三角、珠三角、京津冀三大发展引擎的综合实力，支持长三角、珠三角、京津冀三大城市群继续在制度创新、科技进步、产业升级、绿色发展等方面走在全国前列，加快形成国际竞争新优势，建设具有世界影响力的城市群，进一步巩固提升国家级经济增长极的地位。依托长江中游、成渝、中原、哈长等城市群发展，加快新型工业化和新型城镇化进程，壮大现代产业体系，深化对内对外开放，完善基础设施网络，推进建设一批重要经济区，加快培育新的区域经济增长极，增强对全国经济社会发展的支撑作用。

积极推动建设沿大江大河、沿边沿海和沿重要交通干线的跨区域经济轴带，形成全国重要的经济带。以沿海经济带、京广京哈经济带和包（头）—昆（明）为主的纵向发展轴带，加强南北沟通联系；以长江经济带、陇海兰新经济带和珠江—西江经济带为主的横向发展轴带，促进东中西互动发展；以"一带一路"为核心的对外开放合作轴带，拓展经济发展空间。

依托推动经济带、经济区建设，着力打造一批重要经济增长点。规范推进自由贸易试验区、国家级新区、国家经济技术开发区、国家高新技术产业园区、临空（空港）经济区、

综合配套改革试验区、合作试验区等各类特殊功能区建设，培育区域发展增长点，发挥引领带动作用，打造推进开发开放和全面深化改革的重要平台。

实施陆海统筹战略，推进陆海联动发展，扩展我国发展战略空间。促进海洋经济发展，加强陆海基础设施对接，促进陆海产业融合发展，构建陆海统筹开发格局。以全国海洋经济发展试点地区为重点，打造若干海洋经济圈和特色海洋产业园区。加强围填海管理，强化近海、海岸带和沿海滩涂的保护与合理开发利用。推进海岛保护利用，预留后备开发资源，推动海岛地区经济社会发展，创新绿色、节能、环保的生态型海岛经济发展新模式。

（四）创新完善区域政策，不断增强区域政策精准性和针对性

进一步理顺政府与市场、统一市场建设与差别化区域政策的关系，推动完善区域政策制定标准和政策手段，推动区域政策制定实施由主要以四大板块为基础向统筹区域类型、功能定位和发展水平转变。

丰富完善区域政策手段。发挥市场配置资源的决定性作用，评估和清理不规范、低效率的政策措施，强化非行政性政策手段，推动统一大市场建设。完善以区域发展总体战略为基础框架的区域政策体系，研究建立以区域主体功能定位、经济发展综合水平和基本公共服务水平为衡量标准的区域政策，探索建立科学规范的区域发展水平评价体系，在科学划分地区发展类型的基础上，根据不同地区的特征和基本公共服务水平分类指导，推进建立内涵清晰、措施有效、管理规范的区域政策体系，增强区域政策的针对性。逐步清理区域性税收优惠等政策，加快建立规范的财政转移支付制度，研究设立促进区域协调发展基金。

以产业为导向完善并创新区域政策，缩小政策单元，提高区域政策精准性。对制造业体系比较完整、产能过剩行业比重较大、国有企业比重较大、生态功能和农业地位重要、滞缓衰退严重和资源枯竭等不同类型地区，出台有针对性的政策举措，促进各地区充分发挥比较优势，破解发展瓶颈和发展难题，提升综合竞争力和实力，对于重大改革政策可在重点区域、行业、领域先行开展试点示范。加大对"老少边穷"等欠发达地区的支持，切实加大政策扶持力度。加强区域政策与产业政策、竞争政策、财政政策、金融政策、土地政策等的衔接协调，优化政策目标体系和工具组合，提高区域政策的有效性。强化对区域经济形势的监测预测和跟踪分析，建立与之联动的区域政策动态调整机制。

健全区域政策实施评价体系。完善区域政策制定实施的磋商与协同推进机制及政策调整综合评估与决策机制，探索将公众参与、环境影响评价、专家论证、风险评估、合法性审查等作为政策制定的重要程序。发挥区域政策的统筹作用，加强与其他各类政策之间的

协调配合，增强政策调控的针对性、可操作性和协同性。健全区域政策与规划实施体系，综合运用法律、行政、经济、技术等多种手段，充分发挥部际联席会议等协调机制作用，逐步建立运行高效的实施机制。强化监督检查，建立实施跟踪评估与动态优化完善机制，研究开展第三方评估。完善公众参与和社会监督机制，建立区域政策和规划实施绩效评价与考核体系。

（五）统筹国际国内区域合作，不断提升区域对外开放水平

树立更为广阔的区域协调发展视野，围绕全面提高开放型经济水平的总体要求，统筹国际国内区域合作，全方位扩大对内对外开放，促进资源要素在更大空间优化配置。

加快重点区域一体化发展。推动长三角、珠三角、京津冀一体化进程，促进环渤海地区合作发展，深化泛珠三角、泛长三角区域合作，提升合作层次和水平。支持成渝经济区、关中-天水经济区、中原经济区、长江中游地区、北部湾经济区等中西部重点经济区合作发展、一体化发展。鼓励省际交界地区探索开展区域一体化发展试验。以区域一体化促进全国统一市场建设，通过改革创新打破地区封锁和利益藩篱，全面清理和废止不利于统一市场建设的政策措施，实行负面清单准入管理方式和统一的市场监管，促进人员、技术、资本、货物、服务等要素自由流动，全面提高资源配置效率。鼓励沿江、沿海、沿路经济带和城市群内部的交流合作，引导由东向西、由沿海向内地、沿大江大河和陆路交通干线推进梯度发展和产业有序转移。

加强与港澳台地区更紧密合作。进一步发挥港澳地区的独特优势，深化内地与港澳更紧密经贸关系安排。继续支持深圳前海、珠海横琴、广州南沙等合作平台建设，推动内地与港澳服务贸易便利化和自由化。促进两岸经济融合，推进两岸经济合作制度化建设，深化两岸产业合作，加快海峡西岸经济区、平潭综合实验区、昆山深化两岸产业合作试验区等平台建设，积极探索两岸合作新模式。积极推进上海、天津、广东、福建等自由贸易园区建设，积极推广可复制的经验。

深化国际区域合作，提高开放型经济水平。实行更加积极主动的开放战略，完善互利共赢、多元平衡、安全高效的开放型经济体系。创新开放模式，继续坚定不移扩大沿海开放，探索扩大内陆沿边开放新模式和新路径，推进国家重点开发开放试验区建设，支持边境经济合作区发展，稳步建设跨境经济合作区。抓住"一带一路"战略机遇，按照内通外联、互促互进、共同发展的思路，以国际大通道为依托，统筹推进国内区域合作与对外开放，实现我国国际次区域合作通道和国内合作通道无缝对接，国际国内开放合作互促区进。加强区域、次区域合作，加快同周边国家和区域基础设施互联互通，积极构筑全方位、宽

领域、多层次的对外开放格局。

（六）大力支持"老少边穷"地区区域发展与扶贫攻坚，兜住区域协调发展底线

围绕到 2020 年实现全面小康社会的总目标，创新方式，精准发力，采取"硬措施"，破解"老少边穷"地区发展难题，缩小发展差距，确保与全国同步实现小康。

加大对革命老区、民族地区、贫困地区、边疆地区的支持力度，着力解决制约民生改善、经济发展的突出问题，努力实现精准扶贫、精准脱贫。支持欠发达革命老区开发建设，全面落实和编制实施重点贫困革命老区振兴发展规划，重点解决贫困人口在住房、饮水、道路、用电等方面的实际困难，让老区广大群众共享改革发展成果。深入贯彻落实民族区域自治法，完善支持政策体系，实行差别化经济政策，加强基础设施建设，大力发展特色优势产业，强化生态保护和修复，完善生态补偿机制。加大扶贫攻坚力度，探索行之有效的扶贫方式，进一步整合资源，以区域发展带动扶贫开发，以扶贫开发促进区域发展，把区域开发与精准扶贫有机结合，改善发展环境，提高扶贫开发效能，在保护好生态的前提下切实增强"造血"功能和自我发展能力。更加重视教育、卫生事业，切实抓好义务教育和职业培训，尽力阻断贫困代际传递。因地制宜发展特色经济，不断提升贫困地区公共服务水平和信息化水平。始终突出以人为本理念，着力推进基本公共服务均等化。引导社会力量参与扶贫事业，优化整合扶贫资源，更多地面向特定人群、具体人口，体现精准扶贫，提高扶贫政策的精准性、有效性、持续性。

加大对口支援和帮扶工作力度。优化对口支援和帮扶工作体制机制，创新帮扶形式，拓展工作领域，突出改善民生，加强制度化建设，充分调动援受双方积极性，促进受援地区经济社会又好又快发展，维护边疆和民族地区和谐稳定。

（七）加快形成促进区域协调发展的体制机制，不断夯实制度基础

围绕基本形成促进区域协调发展体制机制和构建现代区域治理体系的目标，着力深化改革创新和加强机制建设，构建以综合管理体制为引领，以市场机制为基础，以互助合作机制、利益协调平衡机制为支撑的制度体系。

统筹综合管理体制。尊重和发挥地方事权，加强中央政府对全国区域统筹发展的顶层设计与协调指导，完善自上而下与自下而上相结合的区域治理模式，推动区域治理法制化进程。按照公平、公正、公开的原则，建立对不同区域差别化的转移支付体系和科学完善的政绩考核机制。

完善市场机制。打破行政区划的局限，通过改革创新打破地区封锁和利益藩篱，全面清理和废止不利于统一市场建设的政策措施，实行负面清单准入管理方式和统一市场监管，促进人员、技术、资本、货物、服务等要素自由流动，全面提高资源配置效率。

创新互助合作机制。健全区域合作服务体系，构建推进区域合作的组织保障、规划衔接、利益协调、激励约束、资金分担、信息共享、政策协调和争议解决等机制。强化互助机制，完善发达地区对欠发达地区的对口支援制度和措施，促进对口支援从单方受益为主向双方受益进一步深化。

健全利益协调平衡机制。探索合理有效的生态补偿、粮食主产区补偿、生产要素流动补偿等制度。鼓励和支持在建立区际利益分享机制等方面进行探索试验，打造重大改革试验平台，支持在一些重点领域和关键环节进行探索，努力形成一批可复制、可推广的成功经验。

国务院发展研究中心

"十三五"时期促进区域协调发展的方向
和主要举措

"十二五"以来，随着一系列区域发展战略和政策的实施，我国区域相对差距进一步缩小，区域分工进一步深化，区域发展模式进一步优化，但区域发展中也还存在不少问题。面对发展进入新常态带来的新挑战，必须坚持改革的精神，坚持法治的思维，坚持开放的思路，谋划区域协调发展的新举措，开辟区域协调发展的新道路，开创区域协调发展的新局面。

一、"十二五"时期我国区域发展的主要成就和存在的突出问题

（一）区域发展相对差距有所缩小，但绝对差距仍在不断扩大

"十二五"时期，中西部地区的经济增长速度明显快于东部地区，区域相对差距因此而进一步缩小：反映区域相对差距的人均 GDP 对数标准差由 2010 年的 0.231，进一步下降至 2014 年的 0.213。但是，从绝对水平看，区域差距仍在不断扩大，2010 年水平最高的省份和水平最低的省份人均 GDP 之差为 62 955 元，到 2014 年这一差距已经扩大为 78 798 元。

（二）区际分工进一步深化，但产业同构现象依然存在

随着市场化改革的不断推进和各地连接性的增强，各地专业化水平进一步提高。但是，在钢铁、水泥、光伏、风电等领域，地区之间依然存在着同质化竞争，促使产能过剩成为

一个突出的问题。中国企业家调查系统的调查显示，我国制造业部门中 19 个行业产能利用率都在 79％以下，其中 7 个行业产能利用率甚至低于 70％，明显低于国际通常水平。

（三）各地发展模式有所优化，但部分地区的发展已突破资源环境承载力底线

面对资源环境压力不断加大的现实，各地纷纷采取措施加快转变发展方式，提高能源、资源的利用效率，助推了全国能源、资源利用效率的提高，2015 年全国万元 GDP 能耗比 2010 年下降了 18.2％。但是，有些地区的资源环境压力进一步加大。在我国人口规模排前 500 位之内的城市中，只有不到 1％的城市的空气质量达到了世界卫生组织推荐的标准；全球空气污染最严重的 10 个城市中，中国占 7 个。

（四）区域合作有所拓展，但合作深度远远不够

"十二五"时期，中央先后提出了共建"一带一路"、京津冀协同发展、建设长江经济带"三大新战略"，相关各地对此都表现出极大的热情，并已经或正在采取措施与这三大战略对接，积极参与区域合作。同时，各省也通过多种渠道、采取多种措施进一步加强区域之间的经济联系和经济合作。但是从总体上说，我国区域合作依然处于比较低的水平，合作倡议比较多，实质性内容较少；暂时性安排较多，机制化的合作比较少。

（五）区域之间的连接性显著增强，但基础设施的互联互通依然不足

"十二五"时期，中央继续加大跨区域基础设施的建设力度，进一步扩大了基础设施的空间覆盖范围，提高了基础设施的现代化水平。截至 2015 年年底，我国高速公路通车里程达 12.5 万公里，覆盖了绝大部分的节点城市；高速铁路运营里程已达到 1.9 万公里，覆盖了大多数重要的枢纽城市。这些显著增强了地区之间的连接性。但是，也要看到，在基础设施互联互通方面还存在"最后一公里"的问题，也存在跨省区、跨市区乃至跨县区的"断头路"问题。这些问题的存在严重地影响着基础设施资源效能的发挥，也制约了区域连接性的进一步增强。

二、"十三五"时期区域协调发展面临的新环境、新条件和新要求

当前我国经济发展进入新常态，区域协调发展面临的基本环境和基础条件也出现了明

显的变化。适应新常态，顺应发展环境和基础条件的变化，要转变传统的发展模式，使经济运行更加高效、发展更加包容、资源环境更加可持续。这要求谋划未来的区域发展，要在注重提高效率的同时，更加注重区域发展的均衡性，更加注重区域经济发展和资源环境承载力之间的协调性，更加注重公平、效率和可持续之间的平衡。

（一）区域协调发展的新环境和新条件

1. 全球经济的持续低速增长和国内经济增速的下降使得区域发展面临更强的市场约束

从全球来看，除了美国经济呈现复苏之势外，日本和欧盟仍然深陷金融危机的泥潭之中，全球经济未来仍有可能保持较长时期的低速增长。这使开放程度较高的东部沿海和开放程度较低的中西部地区都面临外部需求扩展空间有限的挑战。从国内来看，由于发展阶段的转换，国内经济增速也在不断下降。在这种背景下，地区之间的竞争会更加激烈，一方面会促使各地重塑竞争优势，提高经济运行效率；另一方面也可能会加剧地区之间展开突破环境和生态"底线"的竞争，削弱可持续发展的基础。

2. 传统雁阵模式有效性的减弱压缩了欠发达地区发展路径选择的空间

从欧美、日本、"亚洲四小龙"，再到中国东部沿海的发展，形成了一种类似于"雁阵"的全球分工和产业转移的模式。先发国家或者地区在产业升级的过程中，将低附加值的产业或者生产环节转移至后发国家或者地区，后发国家或地区则可以通过承接这种产业的转移来实现自身的工业化。然而近年来，随着全球交通基础设施和信息通信技术的发展，可以参与全球分工的国家和地区越来越多。这使得围绕低端制造业或者低附加值的制造环节的竞争比以往更加激烈，依靠要素低成本获得竞争优势越来越难。在这种背景下，欠发达的中西部地区通过承接产业转移发展低端产业，实现经济发展的空间将大大压缩，不得不在高附加值的行业或者环节寻求突破，以实现更快发展。

3. 资源环境承载力已成为所有地区发展的硬约束

改革开放以来，受自然条件和国家政策等因素的影响，东部地区发展速度明显快于中西部地区，东部地区资源环境对经济发展的约束也因此越来越强。而一般认为，西部地区由于人口稀疏、经济发展水平较低，资源环境对发展的承载能力较大。然而，事实并非如此。在西部大开发战略的实施过程中，有些地区忽视资源环境的约束，大力发展重化工业，已经使资源环境遭到严重破坏。考虑到许多西部地区属于大江大河的源头，资源环境更加脆弱，对经济和人口的承载力实际上更弱。这说明，在新的历史时期，各地的发展都将面临资源环境承载力的硬约束。

4. 区域之间发展的相对优势正在经历变化

改革开放以来，东部地区凭借其区位和政策优势，不断聚集全国各地的生产要素，廉价的劳动力和土地等要素成为其发展经济的主要支撑。然而，随着东部地区的率先快速发展，其要素的稀缺性更快凸显，东部地区与中西部地区的劳动力、土地等要素成本和生活成本的绝对差距不断扩大。与西部地区相比，东部地区在要素成本方面越来越不具有优势。也正是因为如此，区域产业集聚和转移正面临新的趋势。近年来，已有一些东部的产业因为要素成本的上升转移到中西部地区。当然，在发展过程中，东部地区也集聚了大量的创新资源和要素，与中西部地区相比具有明显的创新优势，这也为东部地区产业的升级提供了更好的基础。

5. 区域内外连接性的增强提升了中西部地区的战略地位和区位优势

长期的大规模的基础设施建设显著改善了各地物流和信息流条件，增强了各地的内外连接性，尤其是缩小了中西部地区与东部沿海地区之间在区位条件方面的差距。同时，随着共建"一带一路"、建设长江经济带等战略的提出和推进，中西部地区在对外开放和区域发展中的地位也得将到提升。这些有利于中西部地区将资源要素等方面的潜在优势转化为现实的竞争力。

（二）区域协调发展的新要求

1. 必须更加注重优化资源要素的空间配置

国民经济的高效运行不仅依靠技术的持续进步，也依赖于各种要素的集约使用和合理配置。要素的合理配置既体现在产业层面，也体现在空间层面。随着30多年的改革和发展，全国市场统一性的增强和交通通信等基础设施条件的改善，要素空间配置效率得到了很大的提升。但也应该看到，在要素的空间配置方面，仍然存在许多低效率的现象。如：

其一，各地竞相出台优惠政策，干扰了资金的流向，扭曲了资本的配置；其二，由于技术要素的供给和需求在空间上不匹配，更由于全国性技术市场还不发达，技术要素在空间上的配置还没有实现最优化；其三，由于社保体系的不统一、地方政府设定的就业资质存在地域性歧视等原因，劳动力在空间上还没有实现充分的自由流动。显而易见，促进要素进一步自由流动有助于提升国民经济运行效率。

2. 必须充分体现发展的公平性

从区域发展的现实来看，要使国家发展更具包容性，必然要求进一步增强区域发展的公平性，使各地区居民享有公平的发展机会，享有均等化的基本公共服务，享有大体相当的福祉水平。近年来，我国区域发展差距有所缩小，但与上述要求相比，目前我国区域发展的公平性仍显不足：其一，由于各地发展水平不一样，人均收入的绝对差距还在扩大，人们参与发展的机会明显不同；其二，由于各地财力的不同，人们享有基本公共服务的水平也存在较大差异；其三，由于户籍制度等方面的限制，大量异地就业的劳动者长期与父母、子女分离，家庭幸福受到严重影响。如果不尽快提高区域发展的公平性，将严重影响社会和谐，难以在"十三五"末全面建成小康社会。从区域发展的战略布局来看，现在也必须把增强区域发展的公平性列入首要议事日程。邓小平在 20 世纪 80 年代中后期曾提出过关于区域发展的"两个大局"的战略构想。现在距离这一构想的提出已经近 30 年，解决区域发展的公平性问题时不我待。

3. 必须确立应对资源环境挑战的"底线思维"

当前，我国面临的资源环境方面挑战相当严峻，已严重影响城乡居民的生存环境和生活质量。如果不能有效应对资源环境方面的挑战，就可能会出现生态危机，并有可能出现社会危机。要全面建成小康社会，"十三五"时期必须把资源环境承载力作为发展不可逾越的"红线"。目前我国的资源环境状况在很大程度是由于旧有的、突破资源环境底线的区域竞争模式造成的。要解决中国的资源环境问题，必须确立"底线思维"，优化区域发展模式。

三、现存的体制和政策安排不适应新时期区域协调发展的要求

区域发展既受到相关体制机制的影响，也受到国家区域战略和政策的影响。从体制方

面看，对区域经济影响比较直接的制度有财政体制和政绩考核制度。从战略和政策层面看，影响区域发展的主要有覆盖四大板块的区域发展总体战略、主体功能区制度、共建"一带一路"、京津冀协同发展、建设长江经济带等战略和政策。总体上说，现存的体制和政策安排推动了区域经济和国民经济的快速发展，但也存在不少问题。

（一）过于倚重政策资源的分配，而较为忽视通过体制的改革来解决区域发展中的问题

一直以来，制定区域发展战略的思路主要是，通过倾斜式政策推动特定目标区域的快速发展，来应对区域发展不平衡和各地因此而不断提出的政策诉求，较为忽视从体制机制上来解决区域发展问题。这种思路实际上是通过政策资源的分配来平衡各方利益。它在促进重点区域发展上取得了显著成效，从发展所处的阶段来看，具有一定程度的合理性。但随着发展阶段的提升，其负面效应也越来越凸出：一方面，以国家名义出台的区域规划过多，导致了严重的区域政策碎片化现象，影响了区域之间的公平竞争，制约了要素在空间上的优化配置；另一方面，以倾斜式区域政策来矫正区域发展的失衡，不仅难以达到预期的目的，而且也诱发各地竞相向中央要求优惠政策，不把工作的重点放到构造当地良好的营商环境上，这也带来了效率损失。

（二）现存的中央地方权责安排和政绩考核制度在一定程度上引致了地方之间突破"底线"的竞争

地区竞争模式是推动我国经济高速增长的重要动力之一，但经济发展出现的很多问题也与这种模式密切相关，而地区竞争模式在很大程度上是中央与地方一系列制度安排下的产物。首先，"分税制"改革的推行规范了中央和地方的财税关系，在收入方面明确了地方发展本地经济的主体地位，使地方有强烈的冲动通过发展本地经济来提高政府收入。其次，在目前的中央地方财政支出责任安排下，各地公共服务的供给能力、公务员的工资、居民享受的公共服务水平与当地的财政收入密切相关，这也鼓励了地方政府更加注重本地的经济发展。最后，现行的政绩考核制度下官员的晋升也与本地经济发展状况高度相关，地方官员之间的竞争在相当程度上成为一种以本地经济发展快慢为核心内容的竞赛。在这一制度安排下，各地注重竞争，而不注重合作，甚至采取"以邻为壑"的做法，既影响了国民经济的整体效率，也影响了发展的持续性。

（三）现有的区域战略和政策的协调性不够，影响资源在空间上的优化配置

现有的区域战略和政策体系相当庞杂，包含一系列不同层次、不同对象和不同目的的战略和政策，但对这些不同的区域战略和政策缺乏统筹考虑，它们之间的关系不明确，是否存在相互冲突或抵牾也不清楚。比如西部大开发、振兴东北地区等老工业基地、促进中部地区崛起和鼓励东部地区率先发展的四大板块战略之间的关系，四大板块战略和主体功能区制度之间的关系，共建"一带一路"战略、建设长江经济带战略和京津冀协同发展战略与四大板块战略之间的关系，一系列特定区域的发展战略与四大板块战略和主体功能区制度之间的主从关系都没有明确。区域战略和区域政策的协调性不足，削弱了政策的有效性，增加了地方执行具体政策的难度，不利于各种资源要素的优化配置，最终影响国民经济的总体效率。

（四）现行的区域战略和政策的公平性不足，影响区域发展的包容性

现有的区域战略和政策，对各地发展条件和发展能力的差异考虑不足，一个地区能否获得中央政策的支持有时并不取决于这个地区发展的实际需要，而取决于其政策游说能力。在设计区域战略和政策时，也存在公平性不足的问题，即中央提供的政策支持经常需要地方的财力配套，这使得发达地区更有能力获得中央的支持，形成了在区域优惠政策方面的"马太效应"。这与区域发展的公平性和包容性要求存在明显背离。

四、"十三五"时期区域协调发展的思路和举措

改革开放以来，逐步形成了关于区域发展比较完整的战略和政策体系。这些战略和政策覆盖了中国所有的地理空间，几乎涉及了经济社会发展的所有议题。我们认为，"十三五"时期不宜再提出新的战略，制定区域发展规划的主要工作，一是要集中有关方面的研究力量对现有的区域战略和政策进行系统梳理，重点研究并明确共建"一带一路"、建设长江经济带、京津冀协同发展与四大板块战略、主体功能区制度之间的关系；二是要根据发展进入新常态对区域协调发展提出的新要求，明确新时期区域发展的突出任务，完善既有的区域发展战略和政策；三是增强政策的可操作性，促进在区域发展方面的国家意志的全面实现。

（一）推动区域协调发展的战略和政策思路

推动新时期的区域协调发展，关键是要转变战略和政策思路。具体地说，就是要从规划分散化转向战略协同化，从提供政策优惠转向促进公平竞争，从依靠政府主导转向依靠市场驱动。这包括六个方面：

1. 从依靠政府或市场独立地发挥作用转向市场发挥决定性作用和更好发挥政府作用的良性互动

科学的区域战略体现的是国家意志，反映的是区域经济发展规律，单独依靠政府或单独依靠市场，都难以得到很好落实。落实区域发展战略，要充分发挥市场在配置资源过程中的决定性作用，有效释放资源配置效率提升的潜力。同时，政府要在生产力布局、扶持问题区域、促进区域公平、保护环境等方面正确地发挥作用，在充分认识市场规律和区域发展规律的基础上制定区域战略和政策，并依据实施过程中市场的反应，调整完善既有战略和政策，引导形成区域发展新格局。

2. 从过于倚重单项区域战略独立地发挥作用转向倚重区域战略协同发挥作用

过去的区域战略和政策往往是分别地推出，独立地实施，相互之间缺乏统筹和协调。今后应该让各种战略和政策之间尽可能地联合发挥作用。要借鉴日德等国家制定国土空间开发的经验，对国家区域发展要有全局考虑；要在明确国家区域发展总体布局的前提下，增强各种战略和政策之间的衔接性和政策实施的协调性，以提高区域战略和政策的整体效力。

3. 从独立谋划区域发展和城镇化转向统筹安排区域发展和城镇化

在现代社会中，城镇聚集了绝大部分的人口和经济活动。城镇化发展的状况和趋势决定着区域发展的状况和趋势。"十三五"时期要统筹区域发展战略和城镇化发展战略，把促进区域协调发展与落实《国家新型城镇化规划》、提升城市群功能、提高城镇综合承载能力结合起来。通过提升城市群要素集聚能力，支持城市群优化发展，优化国土空间开发格局，走出一条城镇化带动区域协调发展的特色之路。

4. 从注重营造差异化的发展环境转向创造公平的竞争环境

在以往的区域发展战略或区域发展规划中，一般都会给予地方政府更多的自主发展权，并配套相关的项目、资金以及税收减免等优惠的政策。"十三五"期间，应注重通过改革建立规范、公平的市场环境，把促进区域公平竞争作为解决区域发展各种问题的最基本途径。

5. 从关注各地经济增长的速度转向关注各地经济增长的质量

要引导各地转变发展理念，跳出过于注重经济发展速度的思维框框，把实现经济社会全面协调可持续发展作为区域发展的落脚点。弱化对"快"的关注，强化对"好"的考核。在注重经济发展的同时，更注重经济与社会、人与自然的和谐发展，加强对政府提供公共服务满意度的考核，使各级政府更多地关注公共服务的有效提供，营造良好的发展环境。树立生态环境也是生产力的观念，积极谋求绿色发展。

6. 从注重发挥地方各自的积极性转向更加注重区域协同

过去在推动区域发展过程中非常重视发挥地方的积极性，今后应在合理发挥地方积极性的同时，更加注重推动各地区之间的合作，实现区域协同发展。要真正把优势互补、互利共赢作为开展合作的基本目标，通过共同做大"蛋糕"来分享合作带来的红利。各地区不仅要考虑自身的利益，也要设身处地为增进对方的利益考虑，从国家整体利益出发谋划开放合作，以开放的思维创新区域合作形式、拓展合作内容。

（二）"十三五"时期区域协调发展的重点任务和举措

"十三五"时期，要继续落实"十二五"期间提出的关于区域发展的相关任务。同时，应采取有力措施，重点完成好以下五个方面的任务。

1. 以集中连片贫困地区为优先选项，大力扶持问题区域的发展

在我国当前的区域战略和政策体系中，旨在挖掘发展潜力、培育竞争优势地区的战略和政策比较多，相应的政策支持力度也比较大，而对于那些存在发展问题的区域，虽有所

关注，但政策支持力度不够。随着我国发展步入新阶段，一些处于落后、衰退状态的问题区域的发展问题，在区域协调发展中显得更为突出。"十三五"期间，应加大对集中连片贫困地区、资源枯竭地区、产业衰退地区、生态严重退化地区等问题区域的政策和资金支持力度。

2. 以基本公共服务均等化为主要途径，逐步缩小地区福利差距

地区发展水平往往决定着人们的发展机会，要实现区域发展的包容性和公平性应尽可能缩小地区差距。但要看到，我国幅员辽阔，各地区的资源禀赋、区位因素、历史条件存在很大差异，一味追求各地区经济发展水平的相同，反而可能违背了客观规律，造成新的不协调。因此，当前更为重要的是，要通过提高人力资本水平，增强劳动力跨区域流动的能力，不断提高基本公共服务的均等化程度和公共服务水平，最终使各地区居民的公共福利大体相当。要合理调整中央地方事权和支出责任，建立健全事权与支出责任相适应的制度，强化地方政府提供区域内基本公共服务职责。

3. 以落实三大新战略为统领，加快培育新的战略性增长极

培育战略性增长极是优化生产力布局、提高资源要素空间配置效率的重要途径。培育新的战略性增长极，应以共建"一带一路"战略、长江经济带战略和京津冀协同发展战略为统领，坚持"整个国土空间上的相对均衡和区域层次上的相对集中"的原则。从全国层面来看，增长极的布局要适度均衡，国家重大基础设施和重大产业投资项目布局要向资源环境承载力高、发展水平低和开发空间大的区域倾斜，注重在中西部地区培养新的战略性增长极，形成均衡的国土空间和生产力布局。在区域层次来看，要促进生产要素在城市群、都市圈、经济带等范围内进一步聚集，形成各具特色、优势互补的地区产业结构，以最大限度地发挥规模效应和分工合作效应。

4. 以中西部地区为重点，加强各地对内对外的连接性

加大基础设施投资，以中西部地区的重点城市或城市群为节点，增强中西部地区对内对外的物理连接性，为中西部地区参与国际国内分工和形成新的战略性增长极创造条件。要提高各地城镇体系承载人口和经济活动的整体能力，形成城乡之间、城城之间、城市群内部良好的分工与联系，培育有潜力的新增长极，并不断提高其带动周边地区发展的能力。

5. 以优化要素配置为目标，加快建设全国统一市场

消除妨碍要素特别是劳动力自由流动的体制和政策障碍，是实现区域协调发展最基本的保证。要进一步清理和废除妨碍全国统一市场和公平竞争的各种规定和做法，严禁和惩处各类违法出台、实施优惠政策的行为，确保各地政府在坚持公平非歧视性的原则下制定行业准入、行业退出、环保、质量等方面的标准。反对地方保护、垄断和不正当竞争，促进要素、产品和服务在地区间自由流动。探索建立与跨地区投资、产业转移、"飞地经济"、生态保护等相关的利益补偿、分配和成果共享的新模式，增强统一市场建立和维护的基础。

ZHONGYANG
"SHISANWU"
GUIHUA 《JIANYI》 ZHONGDA
ZHUANTI YANJIU

专题十三　京津冀协同发展

国家发展和改革委员会

"十三五"时期推动京津冀协同发展主要任务研究

推动京津冀协同发展，是中央在新的历史条件下确定的三个重大国家战略之一，对于优化提升首都核心功能，疏解北京非首都功能，探索走出一条中国特色解决"大城市病"的路子，全面建成小康社会、实现中华民族伟大复兴的中国梦，具有现实意义和深远历史意义。2014 年 2 月 26 日，习近平总书记在北京市考察工作时发表重要讲话，全面深刻阐述了京津冀协同发展的重大意义、推进思路和重点任务，标志着京津冀协同发展战略进入全面实施阶段。"十三五"时期，是京津冀协同发展向纵深推进的重要时期，也是顶层设计全面落实的关键时期，决定着京津冀协同发展能否早见成效、快见成效、大见成效。进一步明确主要任务及目标、细化政策措施，是加快推动京津冀协同发展的重要前提和基础。本报告在前期研究的基础上，重点分析"十三五"时期京津冀协同发展面临的形势、总体思路和主要任务，提出相关政策建议。

一、"十三五"京津冀协同发展面临的形势

（一）京津冀协同发展各项工作快速起步，为纵深推进打下了坚实基础

2014 年京津冀协同发展战略全面启动实施以来，按照党中央、国务院的决策部署，在京津冀协同发展领导小组统一领导下，中央国务院有关部门、京津冀三省市，认真学习、深刻领会习近平总书记的重要讲话和指示精神及李克强总理重要批示要求，加强顶层设计，注重统筹协调，务实予以推进，各项工作取得积极进展。一是区域功能定位基本确定，从

国家战略和区域发展大局高度，明确了京津冀区域和三省市的"角色"和"职责"。二是京津冀协同发展规划纲要基本编制完成，党中央国务院审议通过后，将成为指导京津冀协同发展的纲领性和政策性文件。三是交通一体化、生态环境保护、产业升级转移三个重点领域取得了积极进展。一批高速"断头路""瓶颈路段"打通，一批生态环保联防联控重大工程启动实施，北京一批企业主动调整布局，生产、配套环节逐步向河北转移。四是改革创新和试点示范工作稳步开展。京津冀协同发展体制改革意见和区域创新驱动、试点示范带动方案加紧制定，产业转移对接企业税收收入分享机制加快建立。五是北京非首都功能疏解有序展开。正在加紧制定非首都功能疏解配套政策，一批商品交易市场入驻河北，市属优质医疗机构正向郊区疏解，北京人口增速进一步放缓。总体看，京津冀协同发展顶层设计已取得阶段性成果，各项工作扎实有序推进，为下一步工作打下了坚实基础。

（二）京津冀协同发展面临的挑战不容忽视，为集中攻坚指明了方向

当前，京津冀协同发展已从总体谋划为主的阶段转向以加快编制专项规划和大力推进实施相结合的阶段，尽管取得了阶段性成果，但展望"十三五"，仍面临着较大压力和挑战。一是疏解北京非首都功能任务重、难度大。2014 年北京常住人口达 2 151.6 万人，已突破 2020 年 1 800 万人左右的控制目标，疏解非首都功能仍需进一步统一思想，破除利益藩篱，重点解决搬哪些、往哪搬、谁来搬、怎么搬等一系列重大问题。二是制约协同发展的体制机制障碍亟待破除。大量公共服务和资金、人才、技术等优质资源在北京集聚，短期内难以扭转。三是区域内统一开放的市场体系尚未形成。相比长三角、珠三角地区，京津冀统一要素市场建设滞后，市场化水平较低，政策互惠、资证互认、信息互通的政策环境亟待优化。四是区域落差过大阻碍协同发展。河北与北京、天津发展差距较大，不利于北京非首都功能向周边疏解。

（三）京津冀协同发展面临重要机遇，为加快推进营造了良好外部环境

"十三五"京津冀协同发展面临一系列重要机遇，抓住并用好这些机遇，将为京津冀协同发展注入新的动力。主要表现在：一是党中央、国务院作出推动京津冀协同发展的重大战略部署，习近平总书记关于京津冀协同发展的一系列重要讲话、重要指示精神和李克强总理多次批示要求，为疏解北京非首都功能、推动京津冀协同发展指明了方向。二是中华民族伟大复兴的历史进程加快，大国崛起往往带动大首都地区崛起，丝绸之路经济带和 21 世纪海上丝绸之路（以下简称"一带一路"）、长江经济带重大国家战略深入实施，将进一

步强化京津冀区域作为首都圈在全国乃至全球战略格局中的地位。三是我国经济发展进入新常态，着眼于保持中高速增长和迈向中高端水平"双目标"，坚持稳政策预期和促改革调结构"双结合"，打造大众创业、万众创新和增加公共产品、公共服务"双引擎"，转变经济发展方式的自觉性和主动性不断增强，全面深化改革、创新驱动发展持续加速，将为疏解北京非首都功能、推动京津冀协同发展增添动力和活力。四是京津冀三省市地缘相接、人缘相亲，地域一体、文化一脉，具有广泛的互补性，经过一年的探索实践，协同发展顶层设计已基本谋定，三省市和有关方面对协同发展的共识不断强化，特别是中央批准成立京津冀协同发展领导小组和专家咨询委员会，提供了强有力领导和智力支撑，这些都为加快推动京津冀协同发展创造了良好条件。

二、"十三五"京津冀协同发展的总体思路

"十三五"推动京津冀协同发展，要高举中国特色社会主义伟大旗帜，以邓小平理论、"三个代表"重要思想、科学发展观为指导，深入贯彻习近平总书记系列重要讲话精神，深入贯彻党的十八大和十八届三中、四中全会精神，按照党中央、国务院的决策部署，坚持改革引领、创新驱动，市场主导、政府引导，整体规划、分步实施，统筹推进、试点示范的原则，以疏解北京非首都功能、解决北京"大城市病"为基本出发点和立足点，以资源环境承载能力为基础，以京津冀城市群建设为载体，以优化区域分工和产业布局为重点，以资源要素空间统筹规划利用为主线，以构建长效体制机制为抓手，着力调整优化经济结构和空间结构，着力构建现代化交通网络系统，着力扩大环境容量生态空间，着力推进产业升级转移，着力推动公共服务共建共享，着力加快市场一体化进程，努力把京津冀区域建设成为以首都为核心的世界级城市群、区域整体协同发展改革引领区、全国创新驱动经济增长新引擎和生态修复环境改善示范区，形成目标同向、措施一体、优势互补、互利共赢的协同发展新格局，打造中国经济发展新的支撑带。

推动京津冀协同发展要特别把握好几个重大问题：一是坚持把疏解北京非首都功能、解决北京"大城市病"作为首要任务，以此为核心对整个区域进行战略设计和必要的布局调整，在疏解非首都功能进程中实现区域良性互动，发挥乘法效应和关联效应，从而促进三省市协同发展、协调发展、共同发展，不是又一轮大开发、大发展。二是坚持把三地一盘棋、增强整体性作为根本要求，打破"一亩三分地"思维定式，北京着力建设"全国政治中心、文化中心、国际交往中心、科技创新中心"四个中心，天津、河北定位服从和服务于京津冀区域整体定位，天津着力打造"全国先进制造研发基地、北方国际航运核心区、金融创新运营示范区、改革开放先行区"，河北着力打造"全国现代商贸物流重要基地、产

业转型升级试验区、新型城镇化与城乡统筹示范区、京津冀生态环境支撑区"，防止各说各话，避免搞成多中心。三是坚持把全面深化改革、强化创新驱动作为根本动力，强化体制机制创新，不是搞成"政策洼地"，努力形成"体制高地"。要放眼长远，有历史眼光，突出问题导向，抓住主要矛盾，注重改革先行。强化创新驱动，以科技创新为核心，建立健全区域创新体系，整合区域创新资源，形成协同创新共同体。四是坚持把先行先试、试点示范作为重要方法，三省市发展差距大，不搞齐步走、平面推进，也不能继续扩大差距，对已达成共识、易于操作的领域要率先突破，选择有条件的区域率先开展试点示范，发挥引领带动作用，努力探索能推广、可复制的经验。

主要目标是，到 2020 年，北京市常住人口控制在合理规模，首都"大城市病"问题得到缓解；区域一体化交通网络基本形成，生态环境质量得到有效改善，产业联动发展取得重大进展。公共服务共建共享取得积极成效，协同发展机制有效运转，区域内发展差距趋于缩小，初步形成京津冀协同发展、互利共赢新局面。

三、把疏解北京非首都功能作为重中之重

疏解北京非首都功能是京津冀协同发展的关键环节和重中之重。当前，北京人口过度膨胀，雾霾天气频现，交通日益拥堵，房价持续高涨，资源环境承载力严重不足。造成这些问题的根本原因是北京集聚了过多的非首都功能，必须通过疏解非首都功能，调整北京经济结构和空间结构，才能从根本上解决北京"大城市病"问题。

从国外一些国家首都发展历程看，"大城市病"是共性问题，伦敦、巴黎、首尔、东京等疏解非首都功能的经验值得借鉴。一是加强顶层设计。第二次世界大战后，伦敦、巴黎分别制定了《大伦敦规划》和《大巴黎规划》；20 世纪 50 年代以来，日本陆续制订了《首都圈整备规划》《京畿圈整备规划》；自 70 年代以来，韩国先后五次实施首都功能分散计划。二是优化功能布局。东京先后三次实施"城市副都心"战略、建有 7 个"副都心"，纽约周边 100 千米范围内形成了 17 个卫星城，伦敦周边先后建立了 30 多个新城，均形成了多中心、多圈层城市格局。推动城市功能整建制转移，东京都市圈，每个副都心均集办公、居住、娱乐、产业等功能于一体，突出产城融合、职住平衡，有效避免中心城区人口回流。三是强化政策保障。英国对迁出工厂基建费、机器折旧费给予补助，职工发放雇佣奖励金及培训补助，实行办公建筑新建许可证制度。日本对迁出组织或企业在用地、税收上实行优惠，优先考虑疏解人员住宅问题。韩国也对迁出首尔的企业实施减免税，并对核心区内企业扩张征收 3～5 倍重税，形成倒逼机制，推动功能主动疏解。

（一）疏解思路和原则

疏解北京非首都功能，既要充分借鉴国外有益经验，也要紧密结合北京"全国政治中心、文化中心、国际交往中心、科技创新中心"四大功能定位，关键是研究解决好"搬哪些、往哪搬、谁来搬、怎么搬"的问题。重点把握以下基本原则：一是先堵源头，疏堵结合。出台严控非首都功能增量的政策，先从源头控制增加新的非首都功能，同步有序疏解存量。二是强化约束，明确底线。按照资源环境承载能力，制定调控人口的方案和措施。三是尽力而为，量力而行。先易后难，每个阶段都要有所为、有所不为，有所快为、有所慢为，积极稳妥扎实有序推进。四是示范带动，集中突破。选取一批有共识、看得准、能见效的项目先行启动，发挥示范带动作用。

（二）疏解对象和重点

1. 一般性产业特别是高消耗产业

北京不提经济中心定位，不是要放弃经济发展、产业发展，而是放弃发展"大而全"的经济体系，腾笼换鸟，构建"高精尖"的经济结构。因此，疏解的重点是引导高端制造业中比较优势不突出的生产加工环节外迁，引导服装、小商品、建材等区域性集散市场加快外迁，全面退出高耗水的农业生产功能。

2. 部分教育单位

重点推动在京部分普通高校本科教育有序整体迁出，老校区向研究生培养基地、研发创新基地和重要智库转型，加快推动北京中心城六区职业院校外迁。

3. 部分医疗机构

重点是推动部分医院或医院部分专科向北京郊区或京外疏解，推动主要以服务京外病人为主的部分三乙及以下等级医院整体外迁。

4. 部分行政性、事业性服务机构

有序推动北京市属行政事业单位整体或部分向市行政副中心转移。

5. 部分总部企业

重点推动部分具备条件且地域特色明显的央企总部迁出，推动企业总部劳动力密集型的功能迁出。

四、加快推进重点领域率先突破

推动京津冀协同发展，既要统筹谋划，从长计议，同时也要坚持顶层设计和推进实施并重，"十三五"时期要继续加快推进交通、生态环保、产业三个重点领域率先突破，同时推动公共服务领域率先突破工作取得新进展。

（一）交通一体化

交通一体化是京津冀协同发展的骨骼系统和先行领域。长期以来，京津冀之间交通发展缺乏整体谋划和统筹，围绕北京形成的单中心、放射状、非均衡交通体系，增加了北京过境压力，而天津与河北大部分城市间缺乏相互连通，运输结构很不合理，这是造成北京人口膨胀、交通拥堵的重要原因之一。推动区域交通一体化发展，应着眼于京津冀城市群整体空间布局，适应疏解北京非首都功能疏解和产业升级转移需要，按照网络化布局、智能化管理和一体化服务的要求，构建以轨道交通为骨干的多节点、网格状、全覆盖的交通网络，提升交通运输组织和服务现代化水平，建立统一开放的区域运输市场格局。

"十三五"时期交通领域的主要任务：一是建设轨道上的"京津冀"。加快干线铁路、城际铁路、市域（郊）铁路建设，加强与城市轨道交通的高效衔接，打造高效密集轨道交通网，建立京津冀主要城市间1小时交通圈。二是完善便捷通畅公路交通网。加快推进首都地区环线等区域内国家高速公路网建设，打通"断头路"，全面消除"瓶颈路段"。三是构建功能完备的现代港口群。进一步明确津冀沿海港口之间的定位和分工，推进建设天津北方国际航运核心区，加强河北省港口能源、原材料等大宗物资运输功能，优化配置港口资源。四是打造国际一流的航空枢纽。显著提升首都机场、北京新机场的国际枢纽功能，增强天津滨海机场区域枢纽作用，发挥石家庄正定机场低成本航空优势，逐步培育成为区域枢纽。五是在城市智能化交通管理、区域交通信息共享、提升一体化运输服务水平等方面，加强合作和衔接。

（二）生态环境保护

生态文明建设是疏解北京非首都功能、推动京津冀协同发展的重要基础和重点任务。近年来，京津冀地区大气污染严重，水安全形势严峻，生态格局失衡，已成为我国东部地区人与自然关系最为紧张、资源环境超载矛盾最为尖锐、生态联防联治要求最为迫切的区域。加强京津冀生态环境保护，应按照"统一规划、严格标准、联合管理、改革创新、协同互助"的原则，打破行政区域限制，建立完善生态管制制度，推动能源生产和消费革命，促进绿色循环低碳发展，加强生态环境保护和治理，扩大区域生态空间。

"十三五"时期生态环保领域主要任务：一是加强环境污染治理。以治理PM2.5为重点，强化大气污染治理；实施清洁水行动，严格控制地下水超采；支持重点湖泊湿地保护与修复，逐步恢复湖淀湿地功能；推进土壤与地下水治理和农村环境改善工程。二是建设区域联防联控体系。研究制定区域环境污染防治条例，建立跨区环境联合监察、交叉执法、环评会商的工作制度。三是大力发展循环经济。加快推进区域间、产业间循环式布局，搭建区域共享的循环经济服务平台；积极开展园区循环化改造，加强再生资源回收利用体系建设。四是增强能源保障能力。推进太阳能、地热能、生物质能等新能源规模化发展和综合利用，优先安排可再生能源、清洁能源和高效电源上网，扩大区域外清洁能源供应，加强外受电通道及输变电设施建设。五是节约集约利用资源。实施最严格的水资源管理制度，节约高效利用水资源；加大落后产能淘汰力度，大力推进节能提效；建立健全土地节约集约利用机制，合理利用土地资源。六是推进生态建设与修复。划定生态保护红线，优化生态安全格局；加大退耕还湖还林力度，建设高原生态防护涵养区和低平原生态修复区。

（三）产业升级转移

产业升级转移是疏解北京非首都功能、推动京津冀协同发展的实体内容和关键支撑。京津冀产业布局缺乏统筹，没有形成相互衔接的产业发展链条，京津产业过度集中，河北产业过度分散，津冀沿海产业布局同构化问题突出。推动京津冀产业协同发展，要坚持"市场主导、政府引导，资源互享、政策互惠，功能互补、融合互动"的原则，从全国生产力整体布局出发，明确三省市产业发展定位，理顺产业发展链条，打造立足区域、服务全国、辐射全球的优势产业集聚区。

"十三五"时期产业协同发展的主要任务：一是合理确定产业定位。北京发挥科技创新中心作用，加快构建高精尖经济结构；天津大力发展战略性新兴产业和现代服务业，打造全国先进制造研发基地及生产性服务业集聚区；河北积极承接首都产业功能转移和京津科技成果转化，建设新型工业化基地和产业转型升级试验区。二是推动产业有序转移承接。北京做好产业疏解工作，加快转出一般制造业及高端制造业的生产环节、区域性批发市场和物流基地；天津、河北作为主要承接地，以重大产业基地和特色产业园区为平台，发挥各自优势，主动承接北京产业转移。三是加强京津冀产业对接协作。加快搭建全方位、多层次产业合作平台，逐步建立和完善利益共享机制，增强产业协同发展内生动力，构建区域优势互补、良性互动产业发展体系。

（四）基本公共服务均等化

促进基本公共服务均等化是疏解非首都功能的重要前提和协同发展的本质要求。当前，三省市在教育、医疗、社会保障、文化等方面存在较大差距。社会保障资源共享不足，区域间各院校统筹协调困难，优质医疗资源分布过于集中。"十三五"期间，要充分发挥政府引导作用，引入市场机制，促进优质公共服务资源均衡配置，打破三省市封闭的公共服务体系和资源体系，不断拉平公共服务水平差距。到 2020 年，河北与京津的公共服务差距明显缩小，区域基本公共服务均等化水平明显提高，公共资源布局进一步优化，公共服务共建共享体制机制初步形成。

"十三五"时期促进公共服务均等化的主要任务：一是建立三省市公共财政合作机制。二是积极创造就业岗位。建立统一规范灵活的人力资源市场，鼓励引导高校毕业生自主创业，稳定和扩大农民工就业创业，合理规划区域人口居住和就业布局。三是优化教育资源布局。通过组建"京津冀高校联盟"、推动京津冀职业教育发展、共建特色学科、鼓励扶持在京高校向京外转移等多种方式，统筹教育事业均衡发展。四是推动医疗卫生领域互联互通。建立健全区域内双向转诊和检查结果互认制度，推进执业医师多点执业和医疗人才流动，提升河北医疗卫生服务能力和水平，促进区域内医疗卫生领域的优化布局。五是推动社会保险协同发展。实现养老保险省市间的顺利衔接，完善基本医疗保险管理措施，协同分级诊疗体系建设，引导居民就近就医，促进形成有序医疗秩序。

五、大力促进创新驱动发展

实施创新驱动发展是疏解北京非首都功能、推动京津冀协同发展的战略选择和根本动力。近年来，京津冀经济科技合作越来越紧密，但也存在着科技创新体系彼此孤立、创新要素合理流动机制难以形成、创新资源集聚程度不均衡等问题，导致京津冀区域创新绩效不高。京津冀协同发展的关键在于"协同创新"，要以深化科技体制改革为动力，建立健全区域创新体系，弥合发展差距、贯通产业链条、重组区域资源，打造京津冀协同创新共同体，加快从要素驱动、投资驱动转变为创新驱动。到2020年，力争区域科技投入明显增加，研发支出占地区生产总值的比重有明显提高；区域科技功能分工明确，产业链与创新链高效衔接，创新要素有效流动与共享，创新驱动发展局面初步形成。

"十三五"时期促进创新驱动的主要任务：一是推动京津冀重点产业协同创新，打造一批优势产业创新集群。以三省市优势互补产业为依托，提升传统产业创新水平，培育新兴产业，加强现有产业的空间调整和对接；围绕重点产业，组建产学研联盟，共建区域研发和产业化平台，协同推进重大产业技术应用示范工程，建设具有国际竞争力的产业创新集群。二是建立一批协同创新示范园区，实现地区创新资源政策和利益共享。以园区为载体，探索跨地区共建、共管、共享的园区合作机制，有效整合资源，创新运营管理模式，开展各具特色的创新园区试点。三是加强区域创新网络建设，构建京津冀区域创新服务体系。建设三省市科技资源开放共享平台和协同创新服务体系。建设区域科技信息平台，建立互联互通的技术交易市场，发展各种类型技术转移机构。三省市共建一批重点实验室、产业技术研究中心、实验平台和检验检测中心。建立区域人力资源开发孵化基地，健全跨区域人才流动机制。

六、选择有条件区域和领域开展试点示范

开展试点示范是疏解北京非首都功能、推动京津冀协同发展的有效举措。京津冀三省市发展差距较大，改革创新有难易先后，不能搞齐步走、平面推进。要以区域功能定位和空间布局为统领，选择有条件的区域和领域先行先试，进而带动其他地区发展。

"十三五"时期主要在以下领域开展试点示范：一是着力打造重点区域试点平台。开展北京新机场临空经济合作区改革试点，推进北京与河北共建曹妃甸现代产业发展试验区，开展生态文明先行示范区、绿色发展示范区建设等。二是推进重点领域先行先试。推进京津冀重点城市公交"一卡通"互联互通试点工程、汽车电子标识试点工作，开展货物多式联运和公路甩挂运输试点。开展生态红线划定的试点示范，推进排污权有偿使用、交易试点。鼓励京津冀国家级开发区共建跨区域合作园区或合作联盟。三是统筹其他领域改革试点。探索开展区域间农产品流通、质量安全监管、重大动植物疫病防控等协同机制试点等。

七、扶持环首都贫困地区加快发展

加快环首都贫困地区发展事关群众福祉、国家形象、首都稳定和全面建成小康社会目

标的实现，是京津冀协同发展的必然要求，也是一项艰巨而紧迫的任务。在首都周边的河北保定、张家口、承德等市，分布着燕山-太行山集中连片特困地区。尽快消除环首都贫困带，既需要河北自身付出极大努力，也需要国家加强政策支持和京津两市加大帮扶力度，实施科学扶贫、精准扶贫，到2020年，使环首都贫困地区基础设施明显改善，生态功能显著提升，社会事业全面发展，城乡居民收入持续增加，同步实现全面建成小康社会目标。

"十三五"时期环首都贫困地区发展的主要任务：一是加快建立京津有关区县对口帮扶环京津贫困县机制。重点帮助贫困县改善生产生活条件，优先推动绿色清洁产业向贫困县转移，建设劳务合作专门培训基地，加强劳动力职业培训。二是创新扶贫开发方式。坚持生态保护修复与脱贫致富相结合，以张家口、承德地区为重点，加大对生态涵养功能区生态补偿，加大对国家安排的生态建设、农村水利等公益性项目建设支持力度。加大一般性转移支付力度，支持县域扶贫产业发展项目，带动贫困农民脱贫增收。三是抓住重点区域和人群精准扶贫。在基础设施、产业发展、生态环保、社会事业等方面，加大对河北燕山-太行山集中连片特困地区和黑龙港贫困地区的支持力度。

八、全面深化改革和全方位扩大开放

全面深化改革、扩大对内对外开放是京津冀协同发展的制度保障和重要动力。"十三五"时期，要按照聚焦主要矛盾问题、突出重点难点、试点带动、稳妥有序的工作思路，采取"自上而下"和"自下而上"相结合的方式，加快破除行政管理、资源配置、功能布局等方面的体制机制障碍，不断扩展京津冀区域对内对外开放的广度与深度，打造区域合作开放新高地。

"十三五"时期重点领域改革的主要任务：一是推动要素市场一体化改革，包括推进金融市场一体化、土地要素市场一体化、技术和信息市场一体化等；二是构建协同发展的体制机制，包括建立行政管理协同机制、基础设施互联互通机制、生态环境保护联动机制、产业协同发展机制、科技创新协同机制等；三是加快公共服务一体化改革，包括建立区域内统一的公共就业服务平台和劳务协作会商机制，落实养老保险跨区域转移政策，统筹三省市考试招生制度改革等。

"十三五"时期对内对外开放的主要任务：一是加快构建全方位开放格局。由京津双城联动走向京津冀全域合作，进一步拓出去实现与环渤海其他省区在人才技术、能源供应、生态环境治理等方面交流合作，积极融入"一带一路"等重大国家战略，进而面向东北亚培育新的竞争优势。二是强化国际交往功能。全面提升首都服务国际交往的软硬件水平，打造天津夏季达沃斯论坛高端国际交流平台，将北京、天津建设成为国际性智库集聚地。三是提升对外开放层次。大力推进京津冀区域投资与服务贸易便利化综合改革创新，推进加工贸易企业向全球贸易价值链高端延伸，培育具有较强竞争力的本土跨国公司。

国务院发展研究中心

"十三五"时期推进京津冀协同发展的主要任务

　　"京津冀协同发展"是新时期党中央布新局、谋新篇的重大战略，不仅是推动三地转型发展的内在要求，对于深入落实国家区域协调发展总体战略，加快形成支撑我国经济持续健康发展的新增长极，实现 2020 年全面建成小康社会目标，也都具有深远的历史意义。但京津冀协同发展是一项长期、艰巨而复杂的任务。在这一战略的实施过程中，要遵循区域经济发展的一般规律，准确把握核心目标和关键问题，从实际出发，明确"十三五"时期的主要任务，以全面深化改革和体制机制创新为动力，扎实、有序、高效地加以落实。

一、京津冀协同发展战略提出的背景

　　京津冀地区是首都所在之地，是京畿重地，地理区位和所承担的经济社会功能都具有重要的战略意义。但由于多种原因，该地区生态环境恶化、区域发展差距过大、城镇体系结构失衡等问题十分突出，转型发展任务相当突出。更要看到，随着发展进入新常态，我国经济增长、社会和谐、资源环境等方面的压力进一步加大，必须培育新的增长极，壮大既有增长极，实现转型发展。京津冀地区是我国产业发展基础较好、创新基础能力较强的地区，有条件也有潜力在国家经济转型发展的新时期担负起更重要的历史使命。基于此背景，京津冀协同发展的核心是要解决以下四个方面的关键问题：

（一）有效治理北京"大城市病"问题

　　近年来，随着城镇化和工业化的推进，我国人口向大城市快速集聚，北京聚集人口的速度尤其令人关注。2000—2013 年，北京市常住人口年均增速达到 61.3 万人，相当于每年增加一个中等城市的人口。北京市 2004 年编制的城市总体规划提出，到 2020 年人口规模控制在 1 800 万人左右，这一目标在 2009 年即已被突破。

在市政设施建设和城市治理水平短期内难以跟上的情况下，首都人口的快速膨胀带来了交通拥堵、城市环境恶化、房价高涨、贫困人口聚集等问题，城市管理压力与日俱增。根据《中国新型城市化报告 2012》，2011 年的北京城市出行时间高达 52 分钟，位居全国各大城市之首。根据环保部发布的《2013 年重点区域和 74 个城市空气质量状况报告》，北京市当年空气质量达标天数比例为 48%，低于样本平均数 12.5 个百分点，北京市重度及以上污染天数比例为 16%，约为样本平均数的 2 倍。人口的过度集中也带来了触目惊心的"垃圾围城"现象。这些问题不仅严重影响首都居民的生活质量，而且也严重影响着国家首都的形象。

导致北京"大城市病"的直接原因是人口过快、过密地集中，其更深层次的原因则在于，北京承担的城市功能过多，从而集中的各类资源特别是优质公共资源过多。因此，要通过京津冀协同发展，对北京未来的城市功能进行准确、合理定位，以此为基准，疏解北京的非首都核心功能，以更有效治理北京的"大城市病"问题。

（二）有效治理京津冀区域的生态环境问题

京津冀地区地处我国北方农牧交错带前缘，主体为半湿润半干旱大陆性季风气候，为典型的生态过渡区。森林资源明显不足，土地沙化、盐碱化、风化严重，湿地萎缩、功能退化，生态压力很大。另外，长期的粗放发展更进一步加重了区域生态环境压力。2013 年，京津冀地区所有城市 PM2.5 和 PM10 全年平均浓度均超标，在全国空气质量最差的前 10 个城市中，河北省占 7 个。京津冀还是我国水资源过度开发、水资源污染最严重的区域之一。区域内国控省界断面中劣 V 类断面接近 44%，水资源过度开发还造成河道径流变化、河口生态恶化、入海水量锐减、地下水位下降、水土流失、湿地萎缩等一系列问题。

要治理好京津冀区域的生态环境，必须改变各自为政的状况，加强区域之间的协同发展，在大气污染治理、水资源保护、水环境治理、生态防护林建设、清洁能源使用等方面形成跨区域协调合作的新模式。

（三）缩小京津冀地区的发展差距

京津冀三地发展存在明显差距。2014 年，天津和北京的人均 GDP 分别为 105 231 元和

99 995 元，河北的人均 GDP 为 39 984 元，仅相当于天津的 38.0％、北京的 40.0％。此外，河北的贫困问题还相当严重，目前河北有国家级贫困县 39 个，其中在北京周边有 9 个。过大的发展差距通过"虹吸效应"进一步强化了发达地区的优势地位，这一方面影响了后发地区的发展，另一方面又使先发地区集中了过多的生产要素，给经济社会治理带来巨大压力。因此，需要积极推进三地在战略规划、政策体系、管理体制等方面的统筹协调，促进生产力布局在更大空间范围内的优化，增强京津的辐射带动作用，推动河北在转型中实现更快发展。

（四）提高资源要素空间配置效率

受发展阶段和体制机制等方面因素的影响，京津冀地区的资源要素空间配置效率还不够高。三地产业横向、纵向联系不紧密，专业化程度不够。基础设施资源缺乏统筹布局，既存在资源闲置的现象，也存在部分地区基础设施严重不足、三地基础设施资源衔接与共享不够的问题，严重地影响了资源利用效率，制约了区域整体竞争力的提升。因此，要在谋求整体利益最大化的前提下，进一步科学定位三省市的发展方向，优化资源要素空间配置，推动三地以分工、互补、合作、共赢为原则的协同发展。只有这样，才能将京津冀地区打造成为新时期具有战略意义的增长极。

二、"十三五"时期京津冀协同发展的主要任务

综合考虑京津冀协同发展战略提出的背景和要解决的核心问题，以及现阶段国内和京津冀三地人民的现实需求，基于以下原则，京津冀协同发展在"十三五"时期应着力完成八项重点任务。

（一）基本原则

确定京津冀协同发展的主要任务应坚持以下四方面的原则：**一是先易后难**，即在三地之间已达成深度共识，并具备条件，易于完成的任务应尽快推进落实。**二是具有全局影响的核心问题优先**，即具有较强外部性，对全国经济社会发展具有显著引领带动作用的任务要优先突破。**三是能够明显促进京津冀协同发展的优先**，即能够明显促进资源要素在三地自由流动，有利于优势互补形成发展合力的任务要优先安排。**四是能够明显改善京津冀居民生活质量的优先**。这是京津冀协同发展战略的重要目标之一，也是实现全面建成小康社

会的内在要求。

（二）八项重点任务

任务一：有效疏解首都非核心功能，使首都的"大城市病"在"十三五"期间能够得到有效治理。

这是当前阶段京津冀协同发展战略中重中之重的任务。疏解首都非核心功能，不仅有利于治理北京自身日益严重的"大城市病"，也有利于改善周边地区的发展环境，引导人才、资本等要素向周边地区扩散，弱化"虹吸效应"，带动周边地区的发展。"十三五"期间应首先控制新的非首都核心功能，再有序疏解存量非首都核心功能。优先疏解中央机关在北京核心城区内的非紧密型行政辅助服务功能。加快推动部分具备条件、具有明显地域特色的央企总部向相关产业集中区转移。加快规划建设北京市行政副中心，有序推动北京市属行政事业单位整体或部分向行政副中心转移。加快退出高耗能高污染产业，加快向周边地区转移比较优势不突出的产业。推动在京部分普通高校、中等职业技术学校、优质医疗卫生等机构以联合办学、办分院、整体迁出等形式向外疏解。

任务二：显著改善京津冀地区的生态环境质量，初步实现经济活动、人口布局、资源开发与环境保护相协调。

生态环境是经济社会可持续发展的重要条件。改善京津冀地区生态环境质量，是最基本的民生问题。"十三五"时期，构建京津冀区域生态环境统一监测网络，加强跨区域的环境执法。加快完善城乡公共环境基础设施体系和垃圾减量分类收集处理体系，立法推广使用食物垃圾处理器，可首先在机关、医院、学校、企事业单位食堂、餐饮机构、酒店等餐厨垃圾相对集中的场所试运行。在京津冀地区全面实施煤炭清洁利用工程，建设农村清洁煤加工配送体系，显著减少劣质散煤使用。加快农村大中型沼气、太阳能光伏、地热等清洁能源的开发利用。全面启动清洁水工程，加快推进区域水循环利用工程建设。全面实施大气污染防治工程。加快推进北京、天津、保定、石家庄、秦皇岛等低碳城市试点。

任务三：基本建成便捷高效、绿色环保的综合交通运输体系，实现京津冀交通一体化。

京津冀交通一体化是实现首都非核心功能疏解，京津冀三地协同发展的必要条件之一。"十三五"期间，应以京津冀城镇体系规划总体布局为基础，结合三地生产、生活、生态的布局规划，基本建成便捷高效、绿色环保的综合交通运输体系。改造跨区域国省干线"瓶颈路段"，打通区域内国家高速公路的"断头路"。加快北京新机场建设，构建三地航空枢纽建设和运行协作机制。加强沿海津冀港口规划与建设的协调，进一步优化港口集疏运体系。加快推动综合交通枢纽、区域物流园区、邮政和快递处理中心的建设，加快建立区域综合交通信息平台，全面提升交通一体化管理水平。

任务四：加快推进优质公共服务资源在京津冀区域内的合理配置，显著提高区域内基本公共服务的均等化水平。

京津冀三地之间基本公共服务的差距过大，是造成各种资源要素空间配置不尽合理的重要因素，也是影响人才、资本、技术等要素流动的主要制约因素。因此，加快推进优质公共服务资源在京津冀区域内的合理配置，是推动京津冀协同发展的内在需求。应结合北京非核心功能的疏解，加快推动京津两地的教育、医疗、研究机构、公共文化设施等优质公共服务资源向河北转移，利用互联网技术建立区域性互联互通的公共服务共享平台，推动实现社会养老保险关系跨省市的顺利衔接，明显提高基本公共服务均等化的水平，公共服务共建共享机制初步形成。

任务五：加快京津冀协同创新共同体的建设，实现产业链与创新链高效衔接，促进创新要素的高效配置、创新资源的广泛共享。

协同创新是推动京津冀三地转型发展、实现三地战略功能定位的根本途径，也是新时期将京津冀培育成为国家重要增长极的战略需要。"十三五"期间，应将京津冀协同创新共同体的建设作为京津冀协同发展的重要突破口。依托三地现有的产业园区，按照政策协同、功能提升、共同投入、利益共享的原则，共同建设一批协同创新试验园区。加快推进三省市技术市场一体化建设，完善科技成果转化机制。加快形成区域人力资源共同开发机制，鼓励科技人才跨区域流动。建设科技创新资源共享网络平台，联合开展关键技术研究和示范应用。建立京津冀科技金融合作平台，完善跨区域科技创新投融资体系。

任务六：推动京津冀地区产业纵向和横向的协同发展，优势互补、分工协作的产业布局基本形成。

产业协同发展是实现京津冀三地资源要素高效配置的基础，也直接影响到区域环境治理目标的实现。"十三五"期间，应按照资源共享、政策普惠、功能互补、融合互动的原则，重点围绕现代农业、高端装备制造、钢铁、汽车、石化、新材料、节能环保、商贸物流等行业建设区域性优势产业聚合平台，有效促进区域产业纵向和横向的融合联动式发展，贯通产业链，发挥产业集聚和分工效应，基本形成分工协作、协调发展的产业新格局。

任务七：优化城镇分工格局，促进形成分工合理、功能完善、生态环境友好的城镇体系。

京津冀协同发展本质上是要在更大范围内实现资源的优化配置，增加核心城市的辐射带动作用，促进欠发达地区的发展，成为具有较强国际竞争力的世界级城市群。这就需要进一步优化区域内城市的分工格局，加强城市之间的有机联系和联动发展。"十三五"期间，应以区域中心城市为支撑，以优化战略性功能平台布局为途径，以交通干线、生态廊道为纽带，促进形成分工合理、功能完善、生态环境友好的城镇体系。在京津冀地区积极推进经济社会发展规划、城乡规划、土地利用规划、生态环境保护规划等"多规合一"的改革试点。

任务八：加快环京津贫困带的发展，显著提高京津冀协调发展的水平。

加快环京津贫困带的发展，逐步缩小地区差距，是京津冀协同发展的重要任务之一。"十三五"时期，应加大政策支持力度，创新扶贫机制。加大对河北燕山–太行山集中连片特困地区和黑龙港贫困地区的支持力度。以张家口、承德地区为重点，坚持生态保护修复和脱贫致富相结合，加大对生态涵养功能区生态补偿和政策支持。加快推进贫困地区饮水安全设施、环保设施、基本医疗服务设施等基础设施的建设，使得贫困地区的生产生活条件得到显著改善。加强贫困地区的劳动力职业培训和就业扶持，为贫困地区人口转移创造更多机会。优先推动绿色清洁产业向贫困地区转移，加快贫困地区的发展。

三、落实重点任务的对策措施

京津冀协同发展是一项长期而艰巨的系统工程。在协同发展过程中还面临着诸多制约因素，如三地发展差距显著，在协调发展过程中的利益诉求存在差异；国家统一的市场开放体系尚未形成；涉及复杂利益格局的调整，中央地方关系、财税体制、考核制度等重大改革尚在推进过程中等。因此，在落实每一项重点任务时，不要急于求成，过度超前，对每一项重大建设项目都要进行深入论证，避免短期行为和"政绩工程"。此外，各项任务之间也相互关联、相互影响、相互促进。在实施过程中不仅要注重地区之间的沟通协调，更要加强部门之间的协调，形成全社会对协同发展的共识，依法推进各项任务，以有序、稳妥地推进京津冀协同发展。具体建议如下：

（一）以理顺中央地方政府权责关系为前提，促进京津冀三地政策的沟通和协调

落实好京津冀协同发展的各项任务，首先就要打破"一亩三分地"的思维，突破地方狭隘利益的束缚，消除各种行政壁垒，使三地在政策上能够实现更加有效的协调沟通，为区域协同发展创造良好的政策环境。目前地方政府"各自为政"的治理方式，其形成不仅与思想认识有关，更主要的还是决定于当前中央地方的权责关系。建议加快推出中央和地方政府事权与支出责任清单，中央政府应在跨区域的公共事务治理和公共服务的供给方面承担更主要的权责。在此前提下，推动京津冀三地进行政策沟通与协调。建议分领域设立专项委员会，其工作职责，一是梳理三地相关领域既有的政策，甄别出不利于协同发展的内容；二是根据三地共同利益和各自合理的利益诉求，设计出相关领域统一的政策。

（二）创新基础设施建设的筹资机制，对空间溢出效应较为显著的基础设施，探索建立依"能力"为出资原则的新机制

京津冀协同发展的八项重点任务，大都涉及重要基础设施的建设。以往基础设施建设的筹资机制主要是以"谁受益、谁出资"为基本原则，各地政府负责出资建设各自行政辖区范围内的基础设施。但随着经济社会体系开放度的提高，劳动力、资本等各种要素的流动性日趋增强，公共设施的受益边界已经远远超出了行政边界，传统的筹资机制显然已不合时宜。建议在明确中央地方权责关系的前提下，加快创新基础设施建设的筹资机制。对于那些责任归属地方政府、收益边界超过行政辖区的基础设施，可由三地政府合作建设，并依据"能力原则"，即按照京津冀三地人均财力水平作为出资比例，设立区域基础设施建设基金。同时鼓励社会资本参与基础设施的建设和运营。

（三）统筹兼顾政府、企业、居民的合理诉求，加快建立有效的利益平衡机制

"十三五"期间，推动京津冀协同发展所要落实的各项任务，都涉及不同层面、不同利益主体之间的调整，不仅包括地方政府利益，还涉及企业、居民利益的调整。有些任务的落实不可避免地会导致相关主体的短期利益受损，如首都非核心功能的疏解、部分企业的搬迁、医疗教育资源空间上的再配置，对北京居民的就业、就学、就医等都会造成一些负面影响。如果不能很好地平衡各方利益，不仅会阻碍三地的协同发展，还可能引发新的社会矛盾和冲突。因此，建议在推进各项任务的落实过程中，要统筹兼顾政府、企业、居民的合理诉求，建立有效的利益平衡机制，包括四个方面：**一是税收共享机制**。针对三地园区共建、企业异地搬迁等项目，归属地方的财税收入仍依据属地原则，归属企业经营所在地。需合并统一纳税的，建议按照相关的经济核算指标作为分配权重在不同地区之间进行分配，适当向欠发达地区倾斜，以确保疏解地和承接地都可以比较公平地获得相对合理、稳定的财政收入。**二是生态补偿机制**。结合京津冀不同区域的功能定位，让北京、天津在区域生态建设和环境治理中承担更大的责任，让那些承担着重要生态保护功能地区的居民能够获得更多的发展机会。**三是企业搬迁补偿机制**。在首都非核心功能疏解过程中，部分企业由于政策的调整和变更，利益受到损失，其合法合规的经营会受到影响，企业员工的利益也会因此受损，应在充分沟通协商的前提下，给予企业和企业职工以合理的利益补偿。中央政府对此应给予必要的财政支持。**四是政府与企业和居民互动机制**。建立统一的京津冀协同发展信息发布机制，对于企业和居民关心的热点问题要定期公开，做好政策措施的宣传和解读，合理引导社会预期，定期评估规划和政策的实施情况，并据此做出相应的调整。

（四）充分利用多种经济手段，引导企业区位选择和优化生产力布局

推动京津冀协同发展，就是要优化各种资源要素在空间上的配置，实现生产空间、生活空间和生态空间的科学合理布局。但在市场经济条件下，企业生产区位的选择属于企业自主权的范畴，利用行政手段进行直接干预，既不应该也难以达到政策的预期效果。建议充分发挥市场机制的作用，更多采用价格机制、环境标准和公共服务资源在空间上的再配置等政策工具引导企业进行区位选择。包括：一是调整城市公共服务价格补贴政策，以充分反映公共服务的成本。完善水、电、气、土地等基础要素的价格形成机制。二是整个区域要适时适度地提高环保、技术、质量、安全等各类标准。对于疏解地，要实行更加严格的土地审批、融资发债审核等政策。三是分地区逐步实施绿色税收政策，尽快对高消耗产业开征环境税，并逐步扩大征收范围，形成绿色发展的激励机制。四是财政资金主导的公共资源配置要按照不同城镇的功能定位进行配置，以推动生产力布局和城镇体系的优化。

（五）加快推进三地基本公共服务的均等化，促进劳动力、资本等要素的多向流动

缩小京津冀三地之间公共服务水平的差距，直接关系到首都非核心功能能否顺利疏解，关系到产业异地转移之后能否稳定发展，也关系到创新要素的合理流动和广泛共享，关系到京津冀在全国区域经济发展中起到更有力的带动作用，亟须加快推进三地基本公共服务的均等化。**一是尽快启动养老保险、医疗保险等在京津冀三地之间的转移接续。**逐步统一京津冀养老、医疗、失业等社会保障的最低缴费标准和最低工资水平，为各类人员的流动创造条件。**二是通过多种途径促进京津冀公共资源的共享。**要尽快制定教师、执业医师等公立机构专业技术人才跨区域交流的政策，促进人才流动。要推动合作办学，推广线上教育，改善落后地区的教育条件。要引导推动合作办医、专科协作、远程医疗等，推进区域内社区首诊、双向转诊和检查结果互认。**三是借鉴国际经验，在京津冀开展建立横向财政转移支付制度的试点。**试点内容是以三地人均财政收入的平均水平为基数，高出平均水平的地区（京津），将其高出的部分按照一定的比例用于财政平衡，重点是缩小地区之间用于基本公共服务的财政支出能力差距，以确保各地区福利水平的大致相同。**四是要注重规划建设宜居的生活空间。**尽快提高新城新区和区域中心城市公共服务设施（包括教育、医疗、公园、文化、商业服务设施等）的密度，增加城市的宜居性，以此带动人口多向、分散式流动。

（六）注重运用法律手段，坚持依法推进京津冀协同发展各项任务的落实

推进京津冀协同发展往往会触及一些深层次的制度问题，如财税制度、环境的跨区域执法、规划权力、地方合作协议的法律效力等。从国际经验来看，如果缺少法律的保障，协同发展是难以实现的。建议尽快制定和完善与京津冀协同发展相关的法律法规，依法推进各项任务的实施。一是针对首都大都市区进行专项立法，提高首都规划的法律位阶，明确中央政府对首都大都市区规划的编制和组织实施的权责。二是强化三地一体化规划机制、跨区域环境治理机制、公共设施筹资机制等的法律效力。三是加强三地地方性法规条例的协调，以免出现环境、工商税务、各地产品质量检验检疫等方面的法律冲突。四是建立推动京津冀协同发展的长效机制。虑及中国的现实国情，可考虑建立落实京津冀协同发展规划的常设机构，并从法律上赋予其相应的法律权力，以便其监督规划、交通、环境、产业发展、创新等领域的政策落实。

ZHONGYANG
"SHISANWU"
GUIHUA 《JIANYI》 ZHONGDA
ZHUANTI YANJIU

专题十四　长江经济带发展

国家发展和改革委员会

"十三五"时期推进长江经济带发展的
主要任务

　　长江是货运量位居全球内河第一的黄金水道，长江通道是我国国土空间开发最重要的东西轴线，在区域发展总体格局中具有重要战略地位。推动长江经济带发展，是党中央、国务院准确把握时代变革大趋势、积极适应经济发展新常态、科学谋划中国经济新棋局做出的既利当前又惠长远的重大战略决策，是新时期优化我国经济发展空间格局的重大战略部署。

一、现实基础

（一）基础条件

　　长江经济带覆盖上海、江苏、浙江、安徽、江西、湖北、湖南、重庆、四川、贵州、云南等11省市，地域面积约205万平方千米。2014年年末人口5.84亿人，地区生产总值28.46万亿元，以全国21％的国土面积承载了全国42.9％的人口，创造了41.6％的经济总量。长江经济带具有以下主要特点：

　　长江水道是一条重要联系纽带。长江横贯我国东中西三大区域，全长6 397千米，干线航道2 838千米，规划的干支流高等级航道1.2万千米。目前，3万吨级船舶可到达南京，5 000吨级船舶可直达武汉，3 000吨级船舶可通达重庆，长江干线年货运量已超过20亿吨，位居全球内河第一。千百年来，沿线人民依托这条天然水道，进行文化交流、商贸来往，促进了长江流域繁荣发展，推动了中华文明的形成。长江流域以水为纽带，已形成完整的经济社会生态系统。

上中下游区域性特征十分明显。上游地区是我国第一阶梯与第二阶梯的过渡地带，山岭纵横、河谷深切，除了滇中地区、黔中地区、成都平原等外，其他地区大多属于限制和禁止开发区域，经济社会发展相对滞后。中游地区位于我国第二阶梯，山岭重丘密布，河流沟壑众多，地势相对平缓，是我国重要的农业主产区，经济社会发展水平界于上游和下游之间。下游地区是我国第三阶梯，地势相对平坦广阔，具有沿海近海优势，是我国经济社会发展最快的区域之一。上中下游地区呈现较大的区域特征差异。

生态安全屏障功能极为突出。长江经济带处于暖温带到热带过渡带，水资源和湿地资源丰富，水资源量约占全国的35％。区域内国家自然保护区、国家森林公园和国家地质公园密集，特别是中上游地区动植物种类繁多，分布着全国39.7％的珍稀濒危植物，42.7％的重点保护植物，上游地区有大熊猫、金丝猴、羚牛和白唇鹿等珍稀保护动物，是我国重要的生物基因宝库。长江经济带因其独特的涵养水源、繁育生物、净化环境等重要生态功能，已经成为我国生态安全的天然屏障。

具有陆海统筹双向开放综合优势。长江经济带东临太平洋，西南经孟中印缅经济走廊可进入印度洋，西北联通丝绸之路经济带可进入中亚和欧洲，集沿海、沿江、沿边、内陆开放于一体，具有东西双向开放的独特优势。长江三角洲地区是我国开放度最高的地区之一，随着上海自贸区经验的复制推广，其引领带动作用将进一步增强。中上游地区开放型经济加快发展，面向西南开放的云南桥头堡加快建设，与周边国家基础设施互联互通统筹推进，内陆沿边开放水平不断提升。

发展回旋空间和潜力巨大。长江经济带东有上海国际大都市，西为中西部内陆腹地，具有广阔的市场需求空间。长江三角洲地区钢铁、石化、汽车、电子和装备制造规模巨大，是我国制造业集聚度最高的地区。中上游地区资源富集、空间广阔，新型城镇化和工业化提速推进，基础设施建设步伐加快，投资需求持续增长。下游地区转型升级继续加快，产业向中上游转移规模不断扩大，中上游地区发展潜力正在释放，为我国经济持续稳定健康发展提供了巨大的回旋空间。

（二）存在问题

长江黄金水道存在瓶颈制约，上游干线航道等级偏低、中游航道存在梗阻，三峡船闸能力紧张。区域发展不平衡问题突出，中上游地区与下游相比，人均地区生产总值、工业化和城镇化发展差距较大。产业转型升级步伐不快，自主创新能力不强，缺少核心技术和自主品牌，尚处于以要素和投资驱动为主的阶段。生态环境保护形势严峻，上游水土流失严重，中下游湖泊、湿地生态功能退化，工业结构性污染问题突出，湖库富营养化仍未得到有效控制，资源环境超载问题突出。区域合作机制过于松散，缺乏大区域协调合作平台，区域一体化的市场体系尚未形成。

二、形势研判

"十三五"期间，推动长江经济带发展，面临重大发展机遇。一是我国经济发展进入新常态，传统优势弱化，发展动力转换，对创新驱动和转型发展提出迫切要求，长江经济带科技和人才资源密集，科技创新和产业转型升级潜力巨大。二是伴随我国在全球经济版图的位势上升，长江经济带东西陆海双向开放优势将更加凸显，有条件在构建我国全方位开放新格局中发挥更加重要的作用。三是我国进入全面深化改革新阶段，使市场在资源配置中起决定性作用和更好发挥政府引导作用，为长江经济带创新区域发展模式，加快推进市场一体化注入了新活力。四是我国把生态文明建设放在更加突出的地位，为推进长江经济带绿色发展、循环发展、低碳发展，打造美丽长江提供了重要保障。五是我国积极推进产业跨区域转移，拓展发展新空间，将增强长江经济带对全国区域发展格局调整的战略引领作用。

同时，长江经济带建设也面临诸多挑战。一是世界经济形势错综复杂，全球能源资源版图、投资贸易格局和治理结构深刻调整，长江经济带在集聚高端要素、扩大对外开放和提升国际分工地位等方面的难度增大。二是我国经济增速放缓，传统产业产能过剩矛盾突出，劳动力等要素成本上升，资源环境约束加大，长江经济带推动产业转型升级面临诸多挑战。三是长江航运潜能尚未充分发挥，各种运输方式衔接不畅，国际通道能力薄弱，综合交通大通道功能仍有待提升。四是科技创新能力仍然不强，激发创新的体制机制亟待完善。五是沿江地区环境污染仍然严重，湿地湖泊生态功能退化，岸线资源存在无序开发与浪费问题，生态环境压力持续增大，统筹经济社会与资源环境协调发展的任务艰巨。

总体上看，"十三五"时期，推动长江经济大发展面临的机遇与挑战并存，必须抢抓机遇，迎难而上，加快建设综合立体交通走廊、推动产业转型升级和结构优化、推进新型城镇化、培育对外开放新优势、建设绿色生态廊道和创新体制机制，开创长江经济带发展的新局面。

三、总体思路

（一）指导思想

高举中国特色社会主义伟大旗帜，以邓小平理论、"三个代表"重要思想、科学发展观为指导，深入贯彻党的十八大和十八届三中、四中全会精神，认真学习习近平总书记系列重要讲话，按照"四个全面"战略布局，全面落实党中央、国务院的决策部署，适应经济发展新常态，坚持一盘棋思想，理顺体制机制，处理好政府与市场、地区与地区、产业转移与生态保护的关系，以改革激发活力、以创新增强动力、以开放提升竞争力，更好发挥长江黄金水道作用，强化生态环境保护，推动上中下游地区协调发展，为全国统筹发展提供新的支撑，构建横贯东西、辐射南北、通江达海、经济高效、生态良好的长江经济带。

推动长江经济带发展要坚持以下原则：

——统筹水运、铁路、公路、航空、管道协调发展，统筹通道与枢纽建设，充分发挥各种运输方式的技术经济特性，形成各种运输方式有机衔接的综合立体交通走廊。

——统筹产业分工协作和有序转移、布局调整和环境保护的关系，健全技术创新市场导向机制，增强市场主体创新能力，促进上中下游要素合理流动。

——统筹城市群协同发展，促进城市群之间、城市群内部的合理分工，推动产城融合，引导人口集聚，构建区域联动、结构合理、集约高效、绿色低碳的新型城镇化格局。

——统筹向东与向西、沿江与内陆开放，推进长江经济带形成东西双向、陆海联动的对外开放新格局。

——统筹生态保护和开发利用，协调好江河湖泊、上中下游、干流支流关系，推动绿色循环低碳发展。

（二）发展目标

到 2020 年，长江黄金水道航运条件明显改善，建成各种运输方式有效衔接的综合立体交通走廊；产业创新转型发展能力明显增强，初步实现由要素驱动向创新驱动转变；基本形成沿海沿江沿边内陆全方位对外开放新格局；基本形成以城市群为主体形态的城镇化战略格局；坚决控制能源消费总量，沿江生态环境明显改善；重要领域和关键环节改革取得决定性成果；全面建成小康社会，地区生产总值占全国的 43%。

四、重大任务

（一）建设综合立体交通走廊

按照全面建成小康社会的总体部署和推动长江经济带发展的战略要求，强化各种方式有效衔接，加快运输通道和综合交通枢纽建设，提升长江黄金水道功能，扩大交通网络规模，优化交通运输结构，提升综合运输能力，率先建成横贯东西、辐射南北方、安全高效、绿色低碳的综合立体交通走廊，为建设中国经济新支撑带提供有力保障。

一是提升长江黄金水道功能。充分发挥长江水运运能大、成本低、能耗少等优势，加快推进长江干线航道系统治理，整治浚深下游航道，有效缓解中上游瓶颈，改善支流通航条件，形成与长江干线有机衔接的支线网络；优化港口功能布局，加强集疏运体系建设；加快推进船型标准化和三峡枢纽水运新通道研究，打造畅通、高效、平安、绿色的黄金水道。**二是强化综合运输大通道建设。**充分发挥各种运输方式的技术经济特性，以沿江、沪昆综合运输大通道为主轴，提升铁路运输能力，建设高等级广覆盖公路网，拓展航空运输网络，完善油气管道布局，发展多式联运，加快形成衔接高效、安全便捷、绿色低碳的综合立体交通走廊。**三是加快城市群交通网络建设。**以快速铁路和高速公路为骨干，以国省干线公路为补充，建设长江三角洲、长江中游、成渝、滇中和黔中城市群城际交通网络，实现城市群内中心城市之间、中心城市与周边城市之间的快速通达，完善城市公共交通和乡村交通网络，促进新型城镇化有序发展。**四是完善综合交通枢纽布局。**按照"零距离换乘、无缝化衔接"要求，加快建设全国性综合交通枢纽和重要区域性综合交通枢纽，加强客运枢纽一体化衔接，完善货运枢纽集疏运功能，提高综合交通运输效率。**五是全面提升运输服务能力。**加快现代运输服务产业发展，创新服务模式，推进多式联运，构建综合信息平台，全面拓展一体化运输功能以及仓储、金融、保险、通关等综合服务水平。

（二）推动产业转型升级和结构优化

实施创新驱动战略，推动沿江产业由要素驱动向创新驱动转变。坚持产业转移与优化升级相结合，布局调整与环境保护相结合，充分发挥各地比较优势，促进地区间产业有序转移和分工协作，建设具有国际竞争力的先进制造业带、国家高技术和战略性新兴产业发展新高地、全国现代服务业发展引领示范区和农业现代化先行区。

一是推进产业转型升级和创新驱动发展。积极培育和发展高技术产业和战略性新兴产业，大力发展现代服务业；加快建设"创新长江"，打造产业技术创新联盟和产业技术研发中心；建立长江经济带园区合作共建联盟，培育世界级优势产业集群，促进工业化和信息化融合发展。**二是促进长江中上游地区有序承接产业转移。**增强长江中上游地区承接产业转移的能力，鼓励下游地区产业向中上游地区转移；创新承接产业转移机制，引导长江经济带地区间产业合作和有序转移；加强对产业转移的宏观引导和监管，实施负面清单管理，严格禁止污染型产业、企业转移，切实防止环境风险聚集。**三是优化产业空间布局。**按照区域资源禀赋条件、生态环境容量和主体功能定位，促进产业布局调整和集聚发展，发展壮大一批专业特色鲜明、品牌形象突出、服务平台完备的产业集群。**四是加快发展现代服务业。**通过体制创新和服务模式与业态创新，形成规模适宜、特色明显、功能完善、结构优化、布局合理的长江经济带服务业大发展格局；促进旅游业大发展，破除地区壁垒，建立区域旅游合作机制，联合拓展旅游市场。**五是推进现代农业和特色农业发展。**着力保护长江流域农业资源，完善最严格耕地保护制度；推动现代农业、特色农业、生态农业发展；调整优化农业产业布局，推动长江经济带打造特色鲜明、竞争力强的农业优势产业带。

（三）推进新型城镇化

紧紧围绕提高城镇化发展质量，推进以人为核心的新型城镇化，优化提升长江三角洲、长江中游和成渝三大城市群空间格局，培育壮大区域性城市群，促进城市群分工协作，增强城市综合承载能力，推动产城融合发展，积极推进农业转移人口市民化，加快新型城市建设，增强对我国新型城镇化的引领示范作用。

一是构建以"三大城市群"为主体形态的城镇化发展格局。优化提升长三角城市群，加强城市功能互补，提高整体竞争力；加快培育长江中游城市群，强化城市间专业分工协作，增强城市要素集聚和综合承载能力；积极发展成渝城市群，增强对长江上游地区的辐射带动能力。**二是大力促进产城融合发展。**构建产城融合发展新格局，增强城市发展的产业支撑；推进各类规划相互衔接，促进产城融合、产城一体；制定支持产业园区发展政策，提高园区对产业的吸纳能力。**三是积极推进农业转移人口市民化。**推进农业转移人口市民化，实现城市居住者都能生活得更加幸福更有尊严；建立促进农业转移人口市民化激励机制，促进要素向人口集聚能力和承载能力强的城市倾斜；提高农业转移人口融入城镇的素质和能力，增加农业转移人口就业机会。**四是加快构建新型城市。**激发城市创新活力，积极推进区域创新体系建设；积极建设智慧型城市，促进城市规划管理信息化、基础设施智能化、公共服务便捷化和社会管理精细化；建设生产空间集约高效、生活空间宜居适度、生态空间山清水秀的绿色城市；加强建设人文城市，形成山水江城交相辉映的格局。

（四）培育对外开放新优势

实施更加积极主动的开放战略，发挥长江三角洲地区对外开放引领作用，建设向西开放的重要国际大通道，加强与东南亚、南亚、中亚等国家的经济合作，构建高水平对外开放平台，形成与国际投资贸易通行规则相衔接的制度体系，全面提升长江经济带开放型经济水平。

　　一是发挥上海及长江三角洲地区引领作用。加快上海自贸试验区经验复制推广，探索外商投资负面清单管理模式，健全事中事后监管体系；鼓励上海及长江三角洲地区重点发展高端产业、高增值环节和总部经济，加快服务业对外开放步伐；扩大对沿江开放辐射带动作用，推动上海国际航运中心提质升级，带动沿江沿海港口联动、港航合作及航运交易所联动发展，打造长江经济带航运合作链条。**二是依托云南桥头堡拓展东南亚和南亚市场。**推进基础设施互联互通，加快构建中老泰、中缅国际运输通道，打通中缅陆水联运通道；加强与区域性国际组织的全方位、多层次合作，深化重点经济领域对外合作，在云南有条件的边境地区探索建设特色商品交易市场。**三是加强与"一带一路"战略互动。**发挥重庆、成都对丝绸之路经济带的战略支撑作用，提升江苏、浙江对21世纪海上丝绸之路的支撑能力，加快武汉、长沙、南昌、合肥、贵阳等中心城市内陆经济开放高地建设；优化整合向西国际物流资源，提升"渝新欧""蓉新欧""义新欧"等中欧班列国际运输功能；加强与沿线国家海关的合作，提高贸易便利化水平。**四是推动对外开放口岸和特殊区域建设。**增强沿江沿边开放口岸和特殊区域功能，逐步将沿江各类海关特殊监管区域整合为综合保税区，支持具备条件的边境地区按程序申请设立综合保税区，支持符合条件的边境地区设立边境经济合作区和边境旅游合作区；推动境外经济贸易合作区和农业合作区发展，鼓励金融机构在境外开设分支机构并提供融资支持。**五是建立长江"大通关"体制。**加强内陆海关与沿海沿边口岸海关的协作配合，推进口岸与内陆检验检疫机构的合作，全面实现通关和检验检疫一体化。率先实施口岸管理相关部门"一站式"作业，全面实施关检合作"一次申报、一次查验、一次放行"。适时扩大启运港退税的启运地、承运企业和运输工具等范围。

（五）建设绿色生态廊道

　　按照人口资源环境相协调、经济社会生态相统一的原则，强化长江水资源保护和合理利用，加大重点生态功能区保护力度，加强流域生态系统修复和环境综合治理，稳步提高长江流域水质，显著改善长江生态环境。

　　一是加强水资源保护和综合利用。落实最严格水资源管理制度，明确长江水资源开发利用红线、用水效率红线；加强流域水资源统一调度，保障生活、生产和生态用水安全；优化水资源配置格局，稳步推进大中型骨干水源工程及配套工程建设；建设沿江、沿河、环湖水资源保护带、生态隔离带，增强水源涵养和水土保持能力。**二是严格控制和治理长江水污染。**明确水功能区限制纳污红线，严格控制入河（湖）排污总量；实行长江干支流沿线城镇污水垃圾全收集全处理；强化水上危险品运输安全环保监管、船舶溢油风险防范和船舶污水排放控制；加强长江源头等水体的水质监测和综合治理，强化重点水域保护，确保流域水质稳步改善。**三是加强流域环境综合治理。**加强二氧化硫、氮氧化物、PM2.5等主要大气污染物综合防治，严格控制煤炭消费总量；加强挥发性有机物排放重点行业整治，加大土壤污染防治力度；积极推进城镇污水处理设施和配套污水管网建设，提高现有污水处理设施处理效率。**四是强化沿江生态保护和修复。**坚定不移实施主体功能区制度，率先划定沿江生态保护红线，强化国土空间合理开发与保护，加大重点生态功能区建设和保护力度，构建中上游生态屏障；探索建立沿江国家公园。研究制定长江生态环境保护规划。**五是强化岸线资源保护。**统筹规划长江岸线资源，严格分区管理和用途管制，合理安排沿江工业与港口岸线、过江通道岸线与取水口岸线，加大生态和生活岸线保护力度。**六是妥善处理江河湖泊关系。**加强长江与洞庭湖、鄱阳湖演变与治理研究，论证洞庭湖、鄱阳湖水系整治工程，进行蓄滞洪区的分类和调整研究；完善防洪保障体系，实施长江河道崩岸治理及河道综合整治工程。**七是建立监测预警应急体系。**完善环境污染联防联控和预警应急体系，将生态环境重大事件应急响应纳入地方人民政府突发事件应急管理体系；加强社会监督，强化环境信息公开，保障公众的环境知情权、参与权和监督权。

五、重大举措

（一）促进上中下游地区协调发展

统筹推进长江经济带发展，带动中上游地区健康发展。中央层面组建长江经济带领导协调机构，研究协调解决长江经济带发展中的重大事项。地方政府层面建立省际协商合作机制，共同研究解决区域合作中需要协调的重大问题。充分调动社会力量，建立各类跨地区合作组织。加强跨区域扶贫协作，继续加大上海、江苏、浙江对上游贫困地区和三峡库区的对口帮扶力度，引导下游企业参与中上游贫困地区扶贫开发。

（二）加快一体化市场体系建设

进一步简政放权，清理阻碍要素合理流动的地方性政策法规，打破区域性市场壁垒，实施统一的准入标准和技术标准，推动劳动力、资本、技术等要素跨区域流动和优化配置。推动区域社会信用体系建设，扩大信息资源开放共享，提高基础设施网络化、一体化服务水平。

（三）创新金融财税合作机制

适时推进符合条件的民间资本在中上游地区发起设立民营银行等中小金融机构。引导区域内符合条件的创新型、创业型、成长型中小企业到全国中小企业股份转让系统挂牌进行股权融资、债权融资、资产重组等。鼓励开展融资租赁服务，探索创新金融产品，支持长江船型标准化建设。探索建立产业转移与承接税收利益分享机制，通过税收利益分享机制引导跨省产业转移。

（四）健全基础设施共建共享机制

整合长江经济带区域基础设施资源，优先加强交通基础设施建设，健全基础设施共建共享机制；鼓励政策性金融机构加大对沿江综合交通体系建设的支持力度，鼓励大型港航企业以资本为纽带整合沿江港口和航运资源；建立一体化的基础设施投融资体制，推进区域基础设施一体化发展。

（五）建立生态环境协同保护治理机制

完善长江环境污染联防联控机制和预警应急体系。鼓励和支持沿江省市共同设立长江水环境保护治理基金，加大对环境突出问题的联合治理力度。按照"谁受益谁补偿"的原则，探索上中下游开发地区、受益地区与生态保护地区试点横向生态补偿机制。依托重点生态功能区开展生态补偿示范区建设。推进水权、碳排放权、排污权交易，推行环境污染第三方治理。

（六）完善公共服务和社会治理协调机制

加强跨区域职业教育合作和劳务对接，推进统一规范的劳动用工、资格认证和跨区域培训教育等就业服务制度。加大基本养老保险、基本医疗保险等社会保险关系转移接续政策的落实力度。构建协同联动的社会治理机制，应对长江灾难救援、环境污染、公共卫生等跨区域突发事件。建立区域协调配合的安全监管工作机制，加强跨区域重点工程项目的监管，有效预防和减少安全生产事故灾害。

国土资源部

"十三五"时期推进长江经济带发展的主要任务

长江经济带是我国国土空间开发最重要的东西轴线，在区域发展中具有重要战略地位。党中央、国务院提出依托黄金水道推动长江经济带发展，是谋划中国经济新棋局做出的重大战略部署，是促进经济稳定增长、拓展经济发展空间和实现经济转型升级的重要举措，对全面建成小康社会，实现中华民族伟大复兴的中国梦具有重要现实意义和深远战略意义。

一、资源环境承载能力状况

长江经济带横跨我国东中西三大区域，涉及上海、江苏、浙江、安徽、江西、湖南、湖北、重庆、四川、贵州、云南等 11 个省（直辖市），面积 205.3 万平方千米，占全国陆域面积的 21.4%，人口和地区生产总值均超过全国的 40%，是我国综合实力最强、战略支撑作用最大的区域之一。同时，资源环境承载能力总体良好，发展回旋空间和潜力很大。

（一）土地资源

1. 国土开发利用历史悠久，开发强度较高，承载生产、生活、生态功能的国土空间结构性矛盾突出

2013 年，长江经济带平均国土开发强度为 6.9%，是全国的 1.7 倍。下游、中游和上

游地区平均开发强度分别为 15.8%、7.9% 和 3.6%，上海市达到 36.1%，区域差异较大。农业生产和生态空间超过总面积的 80%，随着城乡建设用地不断扩张，农业和生态用地空间受到挤压，生产、生活、生态空间矛盾加剧。

2. 土地利用效率不高且区域差异性大，粗放用地方式和规模扩张已无法满足可持续发展需要

2013 年，11 省（直辖市）人均城镇用地为 109 平方米/人，略高于全国平均水平；2012 年，单位建设用地二、三产业产值用地为 153 万元/公顷，与东部沿海经济带还有较大差距，下游地区建设用地二、三产业产出 227 万元/公顷，上海市高达 666 万元/公顷，效益远高于中上游地区。伴随人口城镇化、新农村建设、基础设施互联互通深入推进和资源开发、产业承接转移等力度加大，如果用地方式没有根本转变，建设用地总需求和总供给的矛盾将愈发突出。

3. 优质耕地集中分布，农业生产空间与工业生产、城镇建设空间高度重叠，国土空间开发对耕地保护形成较大压力

长江经济带耕地总面积为 4 511 万公顷，占全国的 33.4%；水田 2 210 万公顷，占全国的 66.1%。集中分布在沿江平原和河谷盆地。国家粮食主产省有 6 个，占全国的近一半，粮食产量水平居全国前列。由于水土条件良好，该区域同样是城镇建设和工业生产优先选择的区域，耕地保护与工业生产、城镇建设关系急需统筹协调。

4. 林地和河流、湖泊等广泛分布，生态重要性、脆弱性和敏感性并存，生态环境潜在风险较大

长江流域国家级重要生态功能区数量约占全国的 1/3，林地面积为 9 890 万公顷，河流、湖泊、水库、坑塘和农田水利等水域面积达 1 090 万公顷，占全国总量的 38%。由于不合理开发利用，河流、湖泊生态功能严重退化。"千湖之省"湖北的湖泊从 1 066 个减少到 182 个，面积减少 60%。同时，围填海造地过快和失序，海湾、河口及滨海湿地生态系统健康状况不容乐观。

5. 水土资源协调匹配性较好，但受各种限制性要素影响，沿用传统方式进行大规模城镇建设和工业开发的国土空间有限

长江经济带水土资源丰富且匹配较好，但受地形地貌、地质环境、耕地和生态环境等要素限制，沿用传统方式进行城镇化工业化大规模开发的空间有限。其中，上游地区高山深谷广泛分布，地壳稳定性差，突发性地质灾害多发，生态环境脆弱，石漠化问题突出；中下游地区耕地集中分布，是保障国家粮食安全的重要区域。同时，由于土壤重金属和有机物污染问题，湘江流域、长三角等地区水土环境质量下降明显。

（二）能源与矿产资源

1. 重点成矿区带分布集中，金属和非金属矿产丰富，能源矿产保障能力相对较弱

长江经济带分布国家级重点成矿区带 8 个，找矿潜力巨大。保有储量占全国 50% 以上的矿种有 30 种，其中离子型稀土、钛、钒、磷等占全国的 80%～90%，铜、钨、锡、锰、锑、铋等占全国的 50%，铁、铝土、铅、锌、钼、金、银等占全国的 30%。我国在世界上具有优势的钨、锑、离子型稀土、萤石和重晶石等矿产均集中于该区域，许多有色金属矿床规模位居世界前列。由于赋存条件限制，煤炭、石油等能源矿产相对缺乏，煤炭查明资源储量占全国的 10%（1 418 亿吨），其中大中型规模矿山仅占 3%，煤质较差；石油累计探明地质储量 6.3 亿吨，约占全国的 2%。天然气和页岩气资源潜力很大，天然气累计探明地质储量 32 360 亿立方米，约占全国的 28%，可成为破解能源"瓶颈"的突破口之一。

2. 矿产资源开发利用程度较高，是国家重要资源供给的核心区域，但规模化、集约化水平总体不高

长江经济带现有矿山近 4.8 万个，矿产开发在许多地区已成为重要支柱产业。2013 年，磷、钨、锑、锡、铜、锰等年开采量分别占全国 94%、88%、87%、64%、58%、57%，并形成许多重要大型资源产业基地，是国家重要资源保障的重要核心区域。但从矿山规模看，大中型矿山仅占 7%，低于全国 10% 的平均水平，在矿业结构调整和转型升级等方面有较大提升空间。

3. 矿产开发有力促进了工业化、城镇化发展，但环境代价较大，与绿色低碳循环的目标还有相当差距

长江经济带矿产开发支撑作用大，2013 年，矿业工业总产值为 4 960.8 亿元，占全国的 16.4%，从业人员超过 300 万人，依托矿业发展起来的资源型城市 99 座，占全国的 40%。但传统资源开发利用方式带来的生态环境问题十分突出，截至 2013 年年底，矿山开采累计占用、损坏土地面积 43.6 万公顷。目前，矿石年开采量已达 30 多亿吨，对生态环境的压力不言而喻，迫切需要绿色转型。

（三）地质环境

1. 中上游地区突发性地质灾害点多面广频发，区域构造局部不稳定，对城镇与重大基础设施布局具有较强限制性

长江经济带地质灾害高易发区和中易发区面积分别为 72.3 万平方千米和 86.74 万平方千米，占总面积的 35.27% 和 42.31%。其中，成渝人口经济集聚区与高易发区重叠面积为 6.8 万平方千米，占比为 32.5%；中游城市群与高易发区重叠面积 3.57 万平方千米，占比为 16.15%。特别是地质灾害高易发区和构造不稳定区重叠形成的极不安全区面积占 6%，地质环境安全风险高。

2. 长江中下游地区地势平坦、区域构造相对稳定，长三角地区地面沉降得到控制

长三角地区地面沉降面积达到 1.08 万平方千米，最大累积沉降量达到 3 米。通过建立联防联控机制，地下水最大年开采量从 2 亿立方米下降到 600 万立方米，最大年沉降量从 105 毫米下降到 5.2 毫米，控制成效明显。但地下水开采处于紧平衡，叠加地面建筑荷载的影响，若不严格控制，仍存在潜在风险。

3. 地下水资源总体潜力大，地下水环境质量下降状况逐步显现

长江经济带地下水可开采资源量为 1 187 亿立方米/年，现开采量为 172 亿立方米/年，总体上开采程度不高，除上海外，其他省份均小于 25%。中上游地区主要为基岩裂隙水和

岩溶水，适宜分散开采利用。地下水质量状况总体较好，98％可作为生活及工农业供水。但在城镇周边地区、排污河道两侧、农田污水灌溉区地下水污染问题日益突出；同时，不合理抽采地下水引起不均匀地面沉降和岩溶塌陷危害等时有出现，岩溶塌陷高危险区面积约23.5万平方千米。

4. 中上游地区岩溶分布面积大，石漠化恶化趋势得到初步遏制，但问题依然严重

长江中上游地区裸露岩溶分布面积45万平方千米，受地形地貌、毁林开荒、陡坡耕种等因素影响，土壤侵蚀加剧，石漠化成为最严重的生态环境问题之一。通过积极治理，石漠化面积减少3.23万平方千米，恶化趋势得到控制。但石漠化面积仍达6.95万平方千米以上，且多分布在贫困地区，如不积极加以治理，仍是区域发展的重要限制性因素。

（四）水资源

1. 水资源总量丰裕，开发利用具有较大潜能

长江流域多年平均地表水资源量为9 856亿立方米，约占全国35％，人均占有水资源量为2 330立方米，略高于全国平均水平。总用水量为1 802亿立方米，其中，农业、工业和生活用水分别为962亿、604亿和216亿立方米。总体上看，区域可利用水资源相对丰富，开发利用强度为17.8％，低于全国水平，具有较大潜力。

2. 水质总体良好，部分地区水环境质量问题较重

长江流域水质大部分能满足所属水域功能的要求，Ⅰ、Ⅱ、Ⅲ类水河长占80.3％，干流总体水质尚好，但城市周边水域水质较差，支流部分河段水质污染严重，部分水库、湖泊存在富营养化的趋势。

3. 部分地区水资源供需矛盾突出，生态问题随之凸显

上游岩溶和红层分布区工程性缺水问题比较突出，应急后备水源工程建设滞后，应对连续干旱、突发水污染事件的能力不足。下游平原地区水质性缺水问题较为严重。同时，由于一些地区过度开发，出现河流锐减、湖泊湿地萎缩和海岸坍塌等一系列生态环境问题。

二、总体思路

(一)基本思路

"十三五"时期,长江经济带建设要主动适应经济发展新常态,遵循自然规律、经济规律和社会规律,牢固树立创新、协调、绿色、开放、共享的发展理念,以提高经济发展质量和效益为中心,以转方式调结构为主线,实施创新驱动战略,全面提升国际经济合作竞争新优势;着力优化国土资源开放利用格局,统筹推进集聚开发、分类保护和综合整治,加强长江经济带从沿海向内陆的纵深开发,实现陆海联动和沿海沿江沿边全面开放,推动区域一体化协调发展;着力增强国土资源环境新制度供给能力,建立国土资源共建共治共享模式,提升资源节约和环境保护水平,构建安全、和谐、开放、富有竞争力和可持续发展的长江经济带。

(二)战略布局

打造高效规范的开发开放格局。发挥长江经济带连接东中西部的优势,积极对接"一带一路"战略,推动沿江国土集聚开发、组团发展,形成"一廊两轴三区多核"的空间格局,用好海陆双向开放的区位资源,创新开放模式,促进优势互补,培育内陆开放高地,加快同周边国家和地区基础设施互联互通,将长江经济带建设成为具有全球影响力的内河经济带、沿海沿江沿边全面推进的对内对外开放带和创新驱动带。

构建安全和谐的生态环境保护格局。统筹水、路、港、岸、产、城和生物、湿地、环境等空间要素多样的生态要素,强化国土空间合理开发与保护,加大重点生态功能区建设和保护力度,强化地质灾害防治,协调江河湖泊、上中下游、干流支流关系,构建以长江干支流为经脉、以山水林田湖为有机整体,江湖关系和谐、流域水质优良、生态流量充足、水土保持有效、生物种类多样的生态安全格局,使长江经济带成为水清地绿天蓝的生态廊道和生态文明建设的先行示范带。

推进一体联动的区域协调发展格局。依托沿江国土集聚开发轴带,充分发挥市场作用,进一步打破行政区限制,加强沿江地区经济联系和分工协作,以国家级、省级开发区为载体,促进产业承接转移及其周边地区城镇发展、产业布局、资源开发利用、生态环境保护和基础设施建设一体联动,实现要素跨区域自由流动和优化组合,全面提升合作的层次和水平,使长江经济带成为充分体现国家综合经济实力、积极参与国际竞争与合作、东中西互动合作的协调发展带。

（三）指导原则

坚持国土开发与承载能力相匹配。以资源环境承载能力为基础，明晰国土开发的限制性和适宜性，科学确定长江经济带开发利用的规模、结构、布局和时序，合理划定生产空间边界，严格生活、生态空间开发管制界限，引导人口和产业向资源环境承载能力较高的区域集聚集中。

坚持集聚开发与全域保护相统筹。实施集中布局、据点开发，以推进城镇和产业集聚开发为重点，充分提升有限开发空间的利用效率。坚持在开发中保护，在保护中开发，针对不同地区国土空间开发特点，明确保护主题，实行分类分级保护，促进国土全域保护。

坚持纵深推进与协同发展相促进。强化沿海地区向内陆的纵深开发，加强发展定位、产业布局、资源开发、环境保护和防灾减灾等方面的协同共治，统筹各地改革发展、各项区域政策、各领域建设、各种资源要素，扩大中上游内陆地区分享下游先发地区的发展成果，鼓励有条件地区率先发展，提高对周边地区的辐射带动能力，推动上中下游均衡协调开发。

坚持生态优先与节约优先相统一。把修复长江生态环境保护摆在压倒性位置，把实施重大生态修复工程作为推动长江经济带发展项目的优先选项。充分利用价格调节、技术进步、标准管控、考核评价等手段，大幅降低土地、水、能源资源消耗强度，提高利用效率和效益，实现绿色发展、循环发展和低碳发展，真正使黄金水道产生黄金效益。

坚持市场调节与政府调控相结合。积极完善市场经济体制，在更大程度、更广范围发挥市场配置资源的决定性作用，提高资源配置和国土空间开发效率。形成统筹协调、规划引领、市场运作的领导体制和工作机制，更好发挥政府在国土空间开发利用与保护中的作用，强化国土空间用途管制，科学引导人口流动、城乡建设和产业布局。

三、主要任务

"十三五"时期，充分发挥长江黄金水道的独特作用，构建现代化综合交通运输体系，创新驱动产业转型升级，推进以人为核心的新型城镇化，培育全方位对外开放新优势，实施绿色生态廊道建设，打造中国经济新支撑带和生态文明建设的先行示范带、创新驱动带、协调发展带。要充分发挥国土资源在长江经济带建设中的基础性作用，大力推进生态文明建设，优化国土空间开发格局，严守耕地保护红线，努力提高能源资源保障能力，全面提升国土资源节约集约利用水平，增强防灾减灾能力，加强陆海统筹，促进总体目标顺利实现。

（一）积极推进集聚高效开发，优化国土空间开发格局

按照区域协调发展和不同区域功能定位，打造重点开发集聚区，引导人口产业有序集聚，促进长三角城市群成为具有国际竞争力的世界级城市群，培育长江中游城市群成为引领中部崛起的核心增长极和资源节约型、环境友好型社会示范区，把成渝地区建设成深化内陆开放的试验区和统筹城乡发展的示范区，推动黔中和滇中地区成为西部地区经济新增长极和生态文明建设先行区，促进新型城镇化健康发展；完善城镇体系和空间结构，以沿江综合运输大通道为轴线，以长三角、长江中游和成渝三大跨区域城市群为主体，以黔中和滇中两大区域性城市群为补充，以沿江大中小城市和小城镇为依托，形成分工协作、集约高效、绿色低碳的新型城镇化发展格局；坚持创新驱动，以沿江国家级、省级开发区为载体，以大型企业为骨干，培育形成具有国际水平的产业集群，优化产业布局和促进产业转型升级，增强长江经济带产业竞争力。

（二）严守耕地保护红线，努力夯实国家粮食安全基础

长江经济带是我国重要的粮食主产地区，必须毫不动摇坚持耕地保护红线，强化耕地数量保护、质量提升和生态改善。重点加强江汉平原、洞庭湖平原、鄱阳湖平原、四川盆地、太湖平原等耕地集中分布区优质耕地资源保护；全面划定永久基本农田，优先将城镇周边的优质耕地划入基本农田，实行永久保护；加强耕地占补平衡的实施和监管，坚决防止补充数量质量不到位的问题；以高标准基本农田建设为重点，大力推进土地整治、土壤有机质提升、移土培肥等重大工程，实施耕作层土壤剥离再利用，提高耕地综合生产能力；保护农田土壤环境，严控重金属污染，保障农产品生产安全；有序实施退耕还林还草，加强土地执法督察。

（三）全面实施国土综合整治，修复提升国土功能和质量

以长江流域为依托，系统推进国土江河"四区一带"综合整治试点。加强生态型地区综合整治，推进太湖、巢湖、滇池等全流域湿地生态保护与修复工程，加强三峡库区、汉江、洞庭湖和鄱阳湖水系等重点区域水土流失治理，开展中下游小流域综合治理及退田还

草还湖还湿，重点加强滇桂黔石漠化综合整治，提高生态建设水平；推动城镇化地区综合整治，推进工业用地改造升级和集约利用，增加建设用地有效供给，严格控制城市污染物排放总量，加强城乡环境综合整治，改善城乡人居环境；加快农业化地区综合整治，整体推进田、水、路、林、村综合整治，提高农业生产能力，调整优化农村居民点用地布局，加快"空心村"整治和危旧房改造，完善农村基础设施与公共服务设施，传承乡村文化景观特色；实施矿区生态环境综合治理，稳步推进苏北地区、两淮地区和长江中游等城市群的工矿废弃地复垦利用，改善矿区生态环境；加强海岸带综合治理，推进陆海协防共治，重点对自然景观受损严重、生态功能退化、防灾能力减弱的海岸带进行修复整治，恢复长江口、杭州湾等水域生态环境，推进有居民海岛整治、偏远海岛基础设施改善，保护海岛自然资源和生态环境，治理海岛水土流失和海岛污染。

（四）大力推进国土资源节约集约利用，促进经济结构战略性调整

创新节约集约用地制度机制，全面实施建设用地总量控制和减量化，严格控制特大城市、大城市新增用地规模，严防城市新区无序扩张，加快划定城市开发边界，科学控制国土开发强度；优化土地利用结构和空间布局，统筹配置长江经济带重点城市群和城镇体系用地，调整建设用地结构，适度扩大城乡居住、休闲等生活用地比例；积极推进土地整治再利用，有序推进城乡建设用地增减挂钩、工矿废弃地复垦利用、城镇低效用地再开发，科学开发和综合利用低丘缓坡地等未利用地，鼓励利用地下空间因地制宜推动立体开发建设，依据海洋生态环境承载能力，合理确定围填海造地规模。推进矿产资源勘查开发整合，严格控制保护性开采特定矿种开采总量，加快推进矿产资源节约和综合利用，继续推进226个国家级绿色矿山试点，引导推动资源高效利用、环境保护、节能减排和矿地和谐，支持矿山分布相对集中地区建设绿色矿业发展示范区，引领矿业沿着"绿色、低碳、循环"发展的新方式持续增长。

（五）构建能源和矿产资源安全保障体系，夯实产业发展资源基础

扎实推进基础地质调查和重要矿产资源勘查，积极实施找矿突破战略行动，加大财政对公益性地质工作投入，加快推进常规油气和页岩气等新能源勘查开发力度，在重庆和贵州建立页岩气勘查开采示范基地和综合勘查试验区，加大页岩气探矿权竞争性出让，引入更多投资主体，加快开发进程；强化矿产资源合理开发利用，提高煤炭矿产规模化集约化开发利用水平，提高铜、铝土矿等金属矿产持续供应能力，有序发展磷矿等优势非金属矿，

加强重要优势矿产保护性开采，做好矿产地储备；依托优势资源产业培育建设有色金属、稀土、钒钛磁铁矿、磷矿和萤石等大型资源开发基地，立足区域增强保障能力，为经济发展提供资源基础。

（六）加强生态环境保护，提升自然生态功能和人居环境质量

实施好长江防护林体系建设，退耕还林还草、水土保持、河湖和湿地生态保护修复等工程，增强水源涵养、水土保持等生态功能。强化三峡库区、丹江口库区、洞庭湖、鄱阳湖、长江口及长江源头等重点水域保护，严格控制污染物排放，确保流域水质稳步改善；重点保护和建设川滇森林及生物多样性、三峡库区水土保持等重要生态功能区，构建中上游生态屏障。加强长江防护林体系建设，形成以沿江防护林为主体，农田林网及绿色通道为网络、城镇绿屏为节点的生态防护林体系；推进重点城市化地区人居生态环境保护，修复长江三角洲和长株潭地区水土环境治理，维护长江中游城市群、成渝、滇中、黔中地区城乡生态格局。严格控制城市污染物排放总量，扭转中下游地区、四川盆地等区域性雾霾、酸雨恶化态势，改善沿江城市空气质量；严格执行矿山地质环境恢复治理保证金制度，加大历史遗留矿山环境治理力度；开展地质遗迹调查，加强地质公园和矿山公园建设。

（七）全面加强地质灾害防治，切实增强防灾减灾能力

实施长江经济带基础地质调查计划，开展地质灾害和重点地区岩溶塌陷调查，以及长三角经济区、皖江经济带、长江中游城市群、成渝经济区等区域地质环境综合调查；完善灾害监测预警网络，在云贵川湘赣等山区，建设地质灾害专业监测预警系统和群测群防体系，构建长三角等地面沉降区国家级区域控制监测网和重大工程地面沉降专项监测网，开展矿产开发对生态系统效应的调查监测，在长江中下游开展水土重金属污染源调查监测与修复；加强重点区域灾害防治，在川滇黔和湘西、三峡库区及周边等自然灾害严重地区，加强防灾减灾能力建设，提高城乡建筑和公共设施的设防标准和抗灾能力；进一步加强灾害风险防范、应急救援和灾后恢复重建的能力建设，推动形成多灾种共防、跨区域合作的综合防灾减灾工作格局，提升灾害综合应对能力。

（八）深入实施陆海统筹，推动全方位开发开放

充分发挥长江下游沿海地区作为经济空间、战略通道、资源基地和安全屏障的重要作

用,扩大内陆地区分享沿海经济发展效益;以浙江海洋经济发展示范区为引领,着力培育一批新的海洋经济增长极;加强海洋生态环境保护,完善入海污染总量控制、海洋生态红线、生态补偿和生态损害赔偿制度,增强海洋环境污染控制能力和快速反应能力;探索沿江地区用地与用江、用海的衔接机制,优化已有岸线使用效率,把水安全、防洪、治污、港岸、交通、景观等融为一体,开展陆海统筹、江海联动的试点;用好海陆双向开放的区位资源,创新开放模式,促进优势互补,培育内陆开放新高地;深化向东开放,加快向西开放,更好推动"引进来"和"走出去"相结合,利用两个市场、两种资源构建开放型经济新体制,形成全方位开放新格局。

四、保障政策

(一)完善国土空间规划体系和用途管制制度

以资源环境承载能力为基础,根据长江经济带发展总体战略,编制实施长江经济带国土规划,强化规划整体管控作用;做好省级空间规划试点,总结推广市县"多规合一"试点经验,形成以主体功能区规划为基础,以土地利用总体规划为底盘,以资源环境承载力、建设用地总量强度"双控"和永久基本农田保护红线、生态保护红线、城市开发边界"三线"为基本约束的综合性空间规划模式;实行国土空间分区管制,综合制定生产、生活、生态空间划分标准,科学划定城市开发边界、永久基本农田和生态保护红线,制定不同国土空间开发管制规则,建立统一高效的国土空间管制体系;健全用途管制制度,依据国土空间规划,将土地用途管制扩大到山水林田湖等所有自然生态空间,建立严格规范的国土空间开发许可制度和监测预警制度。

(二)健全统一高效的市场机制

加快建立城乡统一的建设用地市场,深入推进国有土地有偿使用制度改革,扩大有偿使用范围,逐步对经营性基础设施和社会事业用地实行有偿使用,坚持和完善土地招标拍卖挂牌出让制度、土地市场价格机制和土地价租均衡机制。探索建立耕地保护经济补偿机制,加大对耕地保护任务较重地区的财政转移支持力度。严格控制矿业权协议出让,进一步扩大矿产资源有偿使用范围,积极培育矿产资源风险勘查资本市场。改革油气勘查开采体制机制,引入社会资金进入油气勘查开采领域。健全矿业权出让和交易市场,统一规范矿业权转让市场。完善矿产资源开发利用的经济调节手段,妥善处理矿产资源勘查开发投资收益和权益分配关系。

（三）完善土地节约集约利用机制

完善各行各业土地节约集约用地控制标准，制定地上地下空间开发利用管理规范；建立健全用地节约集约利用激励机制，发挥市场机制的约束激励作用，建立有效调节工业用地和居住用地合理比价机制，营造有效落实节约集约用地的制度环境；强化建设用地节约集约利用监管与考核评价，进一步完善建设用地节约集约利用评价制度，将评价结果作为主管部门绩效管理和开发区升级、扩区、区位调整和退出的重要依据。

（四）实行最严格的水资源管理制度

加强水资源开发利用管理，依据规划严格控制流域和区域取用水总量，严格实施取水许可和水资源有偿使用制度，建立完善地下水开采联防联控机制；加强用水效率管理，稳步推进水价改革，强化上中下游各地区和各行业的用水定额管理，大幅提升节水工程灌溉面积占农田灌溉面积比例；加强水功能区限制纳污管理，从严核定水域纳污容量，严格控制入河湖排污总量。

（五）实施国土资源重大工程

实施国土资源调查工程，掌握长江经济带资源家底和动态变化；实施国土资源综合承载能力评价、监测与预警工程，提出国土资源开发利用限制性政策措施，强化国土资源监测监管能力；持续推进找矿突破战略行动和资源节约集约利用行动，大力提高资源保障能力和资源利用效率；实施国土综合整治工程，修复受损国土功能，增强国土综合承载能力；实施战略性新兴能源矿产开发利用工程，拓宽能源矿产供给渠道，全面推进长江经济带建设。

交通运输部

"十三五"时期推进长江经济带发展的主要任务

一、发展形势

（一）发展基础

长江全长 6 300 余千米，是我国第一、世界第三大河，也是我国唯一贯穿东中西的水路运输大通道。近年来，长江干线航道通过能力与服务水平快速提高，2014 年长江干线航道货运量达 21.3 亿吨，自 2000 年以来年均增长超过 10％，是世界上运输最繁忙、运量最大的航道。内河水运运能大、成本低的优势十分明显，长江上游到下游地区水运运价仅为铁路的 1/5 和公路的 1/20。长江干线航道承担了沿江钢铁企业生产所需 85％的铁矿石、沿江电厂所需 85％的电煤和上游地区 90％的外贸集装箱运输，有效支撑和促进了沿江冶金、石化、汽车、电力等产业密集带的形成和发展。

长江经济带覆盖云南、贵州、四川、重庆、湖南、湖北、江西、安徽、江苏、浙江、上海九省二市，国土面积 204 万平方千米，人口 5.8 亿，分别占全国的 22％和 43％。在国家《综合交通网中长期发展规划》确定的"五纵五横"运输大通道中，长江经济带布局了沿江、上海至瑞丽两条东西向运输大通道和全部五条南北向运输大通道。经过多年建设与发展，以长江黄金水道为主轴，以"两横五纵"运输大通道为骨架的综合交通网络基本形成。2014 年，长江经济带内河通航里程 9 万千米，其中可通航 500 吨级船舶的四级及以上航道 1.2 万千米，分别占全国的 71％和 63％；公路网总里程达到 193 万千米，其中高速公路4.3万千米，分别占全国的43%和39%；铁路营业里程达到3.3万千米，其中高速铁路5 000千米，分别占全国的29%和31%；民航机场总数达到77个，约占全国的38%。2013年，完成客运量181亿人次、旅客周转量1.6万亿人千米，分别占全国的51%和52%；完成货运量179亿吨、货物周转量6.8万亿吨千米，分别占全国的49%和44%；邮政行业完成业务总量1 258亿元，快递业务量达到44亿件，分别占全国的46%和48%。长江经济带交通运输的快速发展，在促进东中西部协调发展、推动沿江产业布局优化、带动外向型经济发展、推进新型城镇化发展等方面发挥了重要作用。

（二）发展要求

长江经济带是我国综合实力最强、战略支撑作用最大的区域之一，依托黄金水道将长江经济带打造成为具有全球影响力的内河经济带、东中西互动合作的协调发展带、沿海沿江沿边全面推进的对内对外开放带、生态文明建设的先行示范带，对交通运输发展提出了新的更高要求。

一是打造内河经济带要求更好地发挥交通运输的支撑作用。将长江经济带打造成为充分体现国家综合经济实力、积极参与国际竞争与合作的内河经济带，必将带来旺盛的交通运输需求，预计客货运总量将分别从2013年的181亿人次和179亿吨增长到2020年的310亿人次和270亿吨。推动产业结构优化升级、打造世界级产业集群、培育具有国际竞争力的城市群，要求发挥长江黄金水道的独特作用，优化沿江产业布局，强化港口、物流园区与产业园区、经济开发区的紧密衔接，加快完善城际交通网络，大力发展集约高效的公共交通系统，全面提高运输能力和服务水平。

二是推动东中西协调发展要求更好地发挥交通运输的保障作用。随着下游地区产业转型升级的加快，具有成本优势的资源加工型、劳动密集型产业和具有市场需求的资本、技术密集型产业将逐步向中上游地区转移。产业梯度转移将带动中上游地区与下游地区更为频繁地联系和往来，促进中上游地区运输需求快速增长，要求进一步改善长江中上游航道条件，提升运输能力，加快以长江黄金水道为主轴构建综合运输大通道，发挥沿江运输大通道连接东中西部的纽带作用，为引导要素合理流动和优化配置，形成优势互补、分工合作、协同发展的区域格局提供交通运输保障。

三是海陆双向开放要求更好地发挥交通运输的先导作用。随着上海自贸区以及云南面向南亚、东南亚辐射中心建设的推进，长江经济带将充分发挥沿海沿江沿边的区位优势，深化向东开放，加快向西开放，培育开放型经济新格局。全面提升长江经济带对外开放水平，要求统筹推进沿海沿江港口建设，充分发挥上海国际航运中心的引领作用，加快国际运输通道建设，强化与"一带一路"战略的衔接互动，实现与周边国家交通运输基础设施互联互通，切实提升国际运输便利化程度，为海陆双向开放创造先行条件。

四是生态文明建设要求更好地发挥交通运输的示范作用。长江经济带是我国重要的人口密集区和产业承载区，随着经济社会快速发展，土地、岸线等资源日益紧缺，生态环境压力持续增大。加强资源节约和环境保护，要求加快转变交通运输发展方式，节约集约利用交通运输资源，调整交通运输结构，提高水运和铁路在大宗物资长距离运输中的比重，充分发挥综合交通运输体系的组合优势，实现交通运输绿色循环低碳发展，为推动长江经济带建设成为水清、地绿、天蓝的生态廊道发挥积极作用。

（三）存在差距

目前看来，长江经济带交通运输发展的总体水平与推进长江经济带发展的要求还有一定差距。

一是长江航运潜能尚未充分发挥。长江干线中游航道水深不足，三峡枢纽瓶颈制约问题日益突出。主要支流及长江三角洲航道网尚有近一半未达到规划标准，干支联动能力不强。内河港口规模化、集约化发展水平不高，功能较为单一，岸线资源利用不尽合理。船舶标准化程度较低，营运组织水平比较落后。

二是综合交通网络不完善。主要运输通道能力不足，京广、襄渝等干线铁路已饱和，沪蓉、京沪等高速公路的部分区段能力趋于饱和，沿江铁路通道线路和能力不足，向南亚、东南亚开放的国际运输通道亟须加快建设。综合交通网通达深度不足，高速公路尚不能覆盖所有20万以上人口城市，高速铁路尚不能覆盖所有省会城市，城际铁路建设滞后。交通基础设施发展不均衡，上游地区普通国道二级以上公路、建制村通硬化路比例分别为47%和71%，远低于90%和99.8%的下游地区平均水平，也低于64%和91%的全国平均水平。

三是各种运输方式衔接不畅。统筹各种运输方式的综合客运枢纽和物流园区缺乏，导致客运换乘和货运换装效率不高。沿江港口后方集疏运不畅，高等级公路尚未覆盖重要港区，通铁路的港区极少，铁水联运量仅为4 000万吨左右，不足港口年吞吐量的2%。交通运输信息资源在运输方式间、部门间、区域间缺乏共享，信息孤岛现象普遍存在。

四是运输市场一体化水平较低。各种运输方式市场开放程度不一致，运输政策、标准缺乏统一和衔接，导致多式联运发展滞后。地区间运输市场分割，区域壁垒和地方保护较为明显，存在不合理行政补贴干扰市场现象。城乡公共客运二元分割，在运输装备、票制票价、财税支持等方面各成体系，导致"公交车不下乡、农村班线不进城"。

二、基本思路

按照依托黄金水道推动长江经济带发展的战略要求，针对存在的突出问题和主要差距，"十三五"期间长江经济带交通运输发展要坚持适度超前、统筹发展，进一步突出依托长江黄金水道，突出构建综合立体走廊，突出提质增效升级，突出深化改革创新。

（一）突出依托长江黄金水道

抓住国家推动长江经济带建设的战略机遇，进一步开发长江航运潜能，着力打造畅通、高效、平安、绿色的全流域黄金水道，充分发挥内河水运运能大、能耗低、成本小的优势，为优化沿江产业布局、合理引导产业转移提供强有力的运输保障。

（二）突出构建综合立体走廊

统筹各种运输方式发展，重点加快内河水运和铁路建设，强化各运输方式的有效衔接，改善长江中上游地区和农村地区交通条件，打造横贯东西、沟通南北、通江达海、便捷高效的综合立体交通走廊，充分发挥交通运输的基础保障和先行引导作用。

（三）突出提质增效升级

突出交通运输的服务属性，着力优化运输结构，以信息化引领交通运输现代化，提高运输效率和服务水平，努力推动交通运输转型升级。将安全第一、资源节约和环境保护贯穿于规划、设计、建设和运营全过程，提升交通运输可持续发展能力。

（四）突出深化改革创新

深化各种运输方式市场化改革，全面推进依法行政，注重各方式有效衔接，打破区域壁垒和城乡壁垒，加快构建统一开放、竞争有序的一体化运输市场，发挥市场在交通运输资源配置中的决定性作用和更好地发挥政府作用，推进行业治理体系和治理能力现代化。

按照上述原则，"十三五"期间长江经济带交通运输发展的总体思路是：紧紧围绕全面建成小康社会和推进长江经济带发展的战略要求，着力打造长江黄金水道，完善综合交通网络，优化交通运输结构，提升运输保障能力和服务水平，率先建成畅通、高效、平安、绿色的综合立体交通走廊，为建设长江经济带提供战略支撑和保障。

三、重点任务

（一）提升长江黄金水道航运能力

预计 2020 年长江干线航道货运量将由 2014 年的 21.3 亿吨增加到 28 亿吨，"十三五"期间，要进一步挖掘长江航运潜力，有效缓解瓶颈制约，提升长江航运能力，为推进长江经济带产业梯度转移和优化升级，带动上中下游联动发展提供有力保障。

一是加快建设通江达海、干支衔接的航道网络。系统治理长江干线航道，到 2020 年，长江干线航道通过能力达到 30 亿吨以上。加强主要支流航道建设，推进长江三角洲高等级航道网建设，到 2020 年基本建成 7 500 千米支线高等级航道，形成干支衔接的航道网络。

二是强化港口枢纽作用。加快上海国际航运中心、武汉长江中游航运中心、重庆长江上游航运中心、南京区域性航运物流中心和舟山江海联运服务中心建设，发展主要港口规模、集约化港区。加快主要港口集疏运体系建设，逐步实现重点港区高等级公路或专用铁路连接，增强港口区域辐射力。依托港口发展现代物流和临港工业，带动腹地贸易发展、产业布局和城镇建设。

三是大力发展江海运输。引导长江及沿海港航企业深化合作，进一步优化集装箱、大宗散货、汽车滚装等水路运输组织，加快构建直达与中转合理分工、相互补充的江海运输体系。鼓励长江中下游有条件的港口结合腹地运输需求，合理利用长江航道水深条件，完善港口码头、海事监管、引航服务等配套设施，发展有特色的江海直达运输。

四是全面推进船型标准化。重点研发和推广"三峡船型"与江海运输船型，加速淘汰老旧、落后船型，到 2020 年长江干线货运船舶平均吨位达到 2 000 吨，内河船舶单位运输周转量能耗比 2005 年下降 20％以上。

五是扩大三峡枢纽通过能力。加快推进三峡水运新通道前期工作，尽早开工建设。继续挖掘既有船闸潜力，完善翻坝转运系统，实施三峡至葛洲坝两坝间航道整治工程，进一步提升现有通航设施通过能力。

六是加强长江干线应急保障能力建设。加快现代化的水上交通安全监管体系建设，推进电子巡航，加强重点水域船舶航行监管，实现监管系统区域联网，加强对"四客一危"等重点船舶的监管。加快长江水运预防预控和应急救助能力建设，合理布局监管救助基地，增强突发事件处置能力，加强国家船舶溢油应急设备库和溢油应急船舶建设。

（二）依托黄金水道构筑综合立体交通走廊

依托长江黄金水道，统筹铁路、公路、航道建设，加强各种方式衔接和综合枢纽建设，构建快捷高效的综合立体交通走廊。到 2020 年，形成连通 20 万以上人口城市、重点经济区、主要港口和重要边境口岸的高速公路网络，覆盖 20 万以上人口城市的铁路网、覆盖 50 万人口以上城市的快速铁路网。

一是加快"二横五纵"运输大通道建设。加强沿江运输大通道建设，重点推进沿江铁路建设，完善沿江高速公路布局。加强上海至瑞丽运输大通道建设，重点推进沪昆客运专线贵阳至昆明段建设，完善高速公路布局。加强南北沿海、京沪、满洲里至港澳台、包头至广州、临河至防城港等南北向运输大通道建设，强化南北向干线铁路、高速公路对周边区域的辐射能力。

二是加强国际运输通道建设。推进孟中印缅、中缅、中老泰和中越等国际运输通道建设，积极发展渝新欧、汉新欧等中欧铁路班列，实现长江经济带与丝绸之路经济带的战略互动。加强上海、宁波-舟山等海上合作战略支点建设，实现与 21 世纪海上丝绸之路的有效连接。

三是完善城市群交通运输网络。着力打造长江三角洲城市群"多三角、放射状"，长江中游城市群"三角形、放射状"以及成渝城市群"一主轴、放射状"的城际交通网络，实现三大城市群中心城市之间以及中心城市与周边城市之间 1～2 小时交通圈。建设黔中、滇中城市群放射状城际交通网络，实现中心城市与周边城市之间 1 小时通达。

四是加强综合交通枢纽建设。提高区域枢纽机场、干线机场的规模和服务能力，完善支线机场布局规划与建设。合理布局、规划和建设综合客运枢纽，实现城市交通与对外交通的紧密衔接。加强货运枢纽（物流园区）与经济开发区、产业园区等的紧密衔接，建设能力匹配的公路、铁路连接线和设施。积极推动邮政快递作业枢纽以及公用型城市配送站点建设。

五是改善农村交通条件。加快建制村硬化路建设，重点改善集中连片特困地区及藏区农村交通条件，到 2020 年基本实现长江经济带建制村通硬化路。加强县乡连通路、资源开发路、旅游路建设，提高农村公路网络化水平。推进农村公路危桥改造和安全生命防护工程建设，提高农村公路安全保障水平。加强农村客货运输站点建设，鼓励推广集客运、物流、邮政、供销于一体的"多站合一"运营模式。

（三）提升运输服务水平

围绕推进交通运输提质增效升级，积极推进货运"一单制"和客运"一票制"，实现综合运输一体化服务，大力推进城乡公共客运发展，加强交通运输信息化建设，切实提升运输效率和服务水平，有效降低物流成本，不断提升人民群众出行品质，增强企业竞争力和经济发展活力。

一是积极发展货物多式联运。依托沿江主要港口和重要货运枢纽（物流园区）加快具备多式联运功能的枢纽场站建设，重点推进集装箱铁水联运和公铁联运发展。推进长江沿线滚装甩挂运输、公铁联运甩挂运输以及跨区域网络化甩挂运输和甩挂运输联盟发展。推动研发专用货滚运输船舶，推广滚装甩挂运输成套技术装备。加快制定促进各种运输方式一体化发展的标准规范，完善运输装备技术标准体系，推广标准合同范本，统一多式联运单证。

二是大力推进城乡公共交通发展。继续推进城市公交优先发展战略，积极推进市郊铁路建设，有序发展城市轨道交通，完善公共汽（电）车网络，加快公交枢纽场站建设，到2020年基本实现大城市中心城区公共交通站点500米全覆盖，公共交通占机动化出行比例达到60%左右。提高农村客运班线覆盖广度和通达深度，到2020年基本实现建制村通班车，有条件的地区实施农村客运班线公交化改造，不断提高城乡公共交通一体化水平。

三是加强交通运输信息化建设。加强长江数字航道、船联网、区域船闸联合调度、治安智能防控、重点物资运输跟踪、经济运行监测等航运智能化信息系统建设。建立长江航运综合信息服务平台，推动沿线港航企业及管理部门间信息交换共享。以航运中心、主要港口为节点建立区域性多式联运综合服务信息平台，引导第三方物流信息服务健康发展，并推动与电子口岸互联互通。加快长江经济带高速公路不停车收费系统（ETC）建设，加快中心城市公交智能化应用系统、客运枢纽综合信息服务系统建设，推动长江经济带跨省市客运售票联网和公共交通"一卡通"跨区域互联互通。建立覆盖长江经济带的交通运输安全生产重大风险源监测预警系统，推进省级路网运行监测与应急处置系统建设，着力提升交通运输安全性、可靠性和应急保障能力。

四是着力促进交邮联合发展。推进交通与邮政在信息、标准、设施、业务等领域的对接，在上海、武汉、成都等重点城市探索开展交邮联合发展示范试点工程。逐步推进邮政和公共交通信息平台互联互通，推动邮政和快递处理中心等基础设施与铁路、公路、民航枢纽同步建设。加强快递园区建设，深入实施快件"上机上铁"工程，支持发展高铁快递和电商快递班列。支持交邮企业在客运班线代运邮快件、网点设施集约利用、票务销售等方面开展合作。

（四）推动绿色交通发展

以结构性、技术性、管理性节能减排为着力点，加强行业环保监管，集约节约高效利用资源，增强绿色循环低碳发展意识，推动交通运输绿色发展，努力促进长江经济带水清、地绿、天蓝。

一是加强生态保护和污染治理。严格执行各种运输方式规划和建设项目环境影响评价制度。加快建设交通运输环境监测网，率先建成长江水域内河水运环境监测网络。建立长江危化品运输动态跟踪系统，完善危险品专用码头、锚地等设施布局。建设内河港口岸上船舶生活垃圾和油污水接收设施及转运系统，推进沿海港口船舶岸电和"油改电"。严格控制营运车辆和船舶污染物排放，推动建设长江经济带污染治理联防联控机制。

二是注重资源集约和循环利用。提高长江岸线资源利用效率，节约集约利用通道线位资源。加强交通运输领域的生产生活污水循环利用，推广污水生态处理技术。推进沥青路面、港口疏浚土等资源再生利用。

三是强化节能减排和低碳发展。严格执行营运车辆和船舶燃料消耗量限值标准。在长江干线航运和城际道路运输中推广应用液化天然气（LNG），率先在长江经济带干线公路沿线规划建设清洁能源加注站。探索建立长江经济带交通运输能源消耗和碳排放统计监测制度。

（五）创新交通发展体制机制

按照全面深化改革的总体要求，紧紧围绕推进国家治理体系和治理能力现代化的总目标，切实提升交通运输治理能力和水平，为推动长江经济带交通运输发展提供强大动力和有力保障。

一是深化投融资体制改革。加大各级财政对长江经济带普通公路、内河航道等交通基础设施建设、养护和管理的投入，所需资金纳入政府全口径预算。推动建立支持交通发展的地方政府规范化举债机制，建立长江经济带交通基础设施协同发展基金，统筹用于区域内交通基础设施建设。延续和完善内河船型标准化资金补贴和引导政策，鼓励清洁能源船舶发展。深入推进铁路投融资体制改革，吸引社会资本参与，扩大铁路发展基金规模。进一步放宽交通运输领域社会投资，拓宽融资渠道，推广应用政府与社会资本合作模式（PPP），鼓励社会资本通过特许经营等方式参与长江经济带收费公路、枢纽站场及航电枢纽等基础设施投资和运营。

二是深化运输市场改革。进一步扩大各种运输方式的市场开放，加快推进铁路运输市场化改革，建立由市场供求关系决定运输价格的机制。打破地区封锁，清理和修订阻碍区域交通运输要素合理流动的法规和政策，消除行政力量对运输价格的不当干预，推动建立长江经济带一体化运输市场体系。打破城乡分割，加快构建城乡一体化运输市场体系，促进城乡交通基本公共服务均等化。

三是深化港口资源整合。鼓励以资产为纽带整合港口资源，实现规模化、集约化、网络化经营，形成跨区域的大型港口集团参与国际竞争。鼓励民营资本参与港口建设和经营，形成多元化股权和多元化经营主体。

四、重大项目

（一）长江干线航道建设

系统治理长江干线航道，提升上游航道等级，有效缓解中游航道瓶颈制约，加快下游深水航道建设，全面提升航运能力。

——南京以下 12.5 米深水航道建设工程。包括一期、二期和后续工程，总投资约 150 亿元。一期工程已经完工，"十三五"期间重点推进二期工程建设。

——长江中游航道治理工程。包括宜昌至武汉和武汉至安庆河段，工程总投资约 120 亿元，其中荆江河段一期工程等部分工程已经开工，"十三五"期间重点实施荆江河段二期工程和武汉至安庆段航道治理工程。

——长江上游航道等级提升工程。包括水富至宜宾段、宜宾至重庆段、三峡库尾段和三峡至葛洲坝两坝间河段等，总投资约 50 亿元，"十三五"期间重点实施宜宾至重庆段航道改善工程。

——三峡水运新通道工程。开展三峡水运新通道工程前期研究和论证工作，加快推进三峡枢纽水运新通道建设和葛洲坝船闸扩能改造，总投资约 350 亿元。

（二）干线铁路建设

以高速铁路、省际跨区域铁路为重点，加快完善长江经济带干线铁路网，提升铁路运输覆盖范围和服务能力。

——商丘至合肥至杭州铁路建设工程。起自河南商丘，途经安徽亳州、阜阳、淮南、合肥、芜湖、宣城、浙江湖州等地，终至浙江杭州，线路全长约 770 千米，总投资约 842 亿元。该工程是打通中原至江浙沿海地区的快速通道，对于方便沿线地区群众出行，发挥长江三角洲辐射带动作用，促进区域经济社会协调发展具有重要意义。

——西安至武汉铁路建设工程。起自陕西西安，途经商洛、湖北十堰、襄阳、随州、孝感等地，终至湖北武汉，线路全长约 750 千米。该工程是西安与武汉之间的快速客运通道，工程建设对完善区域路网布局，加快沿线城镇化进程，促进地区经济社会发展具有重要意义。

——郑州至重庆至昆明铁路建设工程。起自河南郑州，途经平顶山、南阳、湖北襄阳等地，接在建的渝万铁路进入重庆，经四川泸州、宜宾及云南昭通至昆明，线路全长约1 700千米，总投资约2 000亿元。该工程对于完善国家快速铁路网布局，提高通道运输能力和质量，加强西南地区与中原、华北地区联系具有重要意义。

（三）国家高速公路重要路段建设

重点建设汶川至马尔康、雅安至康定、香格里拉至丽江等通少数民族地区的高速公路，实施杭州至宁波、南昌至九江等高速公路繁忙路段的扩容改造，进一步完善长江经济带高速公路网结构，提升通道服务能力和水平。

——汶川至马尔康高速公路建设工程。该工程是上海至成都国家高速公路成都至昌都联络线的组成部分，全长约173千米，总投资约288亿元。

——雅安至康定高速公路建设工程。该工程是上海至成都国家高速公路雅安至叶城联络线的组成部分，全长约134千米，总投资约226亿元。

——香格里拉至丽江高速公路建设工程。该工程是北京至拉萨国家高速公路西宁至丽江联络线的组成部分，全长约125千米，总投资约190亿元。

——杭州至宁波高速公路复线建设工程。该工程是国家高速公路杭州湾地区环线的并行线，全长约137千米，总投资约407亿元。

——南昌至九江高速公路建设工程。该工程是福州至银川国家高速公路的组成路段，全长约88千米，总投资约67亿元。

（四）长江中上游农村公路建设

以长江中上游地区为重点，全面推进通建制村硬化路建设，加强农村公路安全生命防护工程建设和危桥改造，大力推进农村客运线网全覆盖，在有条件的农村地区实施城乡客运一体化试点工程，推进城乡公交线路向农村延伸和客运班线公交化改造。到2020年，实现长江经济带所有具备条件的建制村通硬化路、通安全路，所有具备条件的建制村通班车，全面改善农村基本交通出行条件。

（五）江海联运港口体系建设

以上海国际航运中心为龙头，构建高效的江海联运港口体系，推动完善长江港口布局，提升服务和管理水平，进一步增强港口对腹地外贸发展和产业布局的支撑能力。

——上海国际航运中心和舟山江海联运服务中心建设重点工程。建设上海港洋山深水港区集装箱码头、外高桥港区内河配套码头，推动将外贸集装箱启运港退税政策的离境港扩大至外高桥港区。建设宁波—舟山港煤炭、铁矿石等码头，拓展现代物流、贸易及航运服务功能，打造大宗商品储运中转加工中心、能源物资储运基地。积极推进江海联运适用船型研发及应用。

——长江干线规模化、集约化港区建设工程。加快重庆长江上游和武汉长江中游航运中心、南京区域性航运物流中心重点港区建设，加强泸州、宜昌、荆州、黄石、岳阳、九江、安庆、芜湖、马鞍山、镇江、苏州、南通等主要港口规模化、集约化港区开发，重点建设集装箱、大宗散货及部分港口商品汽车滚装码头。

（六）港口集疏运通道建设

加快推进干线铁路、高速公路进入主要港区，提升各种运输方式衔接效率，为加快发展多式联运创造基础条件。主要包括重庆港果园港区、苏州港太仓港区、宁波舟山港金塘港区、南京港龙潭港区、马鞍山港郑蒲港区、徐州港顺堤河港区等一批疏港铁路、公路工程建设，该项目对于提升航运中心和主要港口的通过能力和服务范围具有重要作用。

（七）国际运输通道建设

以国际运输通道为重点，加快交通基础设施互联互通，构建长江经济带对外开放新格局。主要包括中缅铁路大理至瑞丽段工程、中缅公路通道工程、中老泰铁路玉溪至磨憨段工程、中越铁路玉溪至河口段工程、银昆国家高速公路昆明至磨憨联络线景洪至磨憨段工程、澜沧江-湄公河航道整治二期工程等，该项目对于提升交通基础设施互联互通水平具有重要作用。

　　本书在《中共中央关于制定国民经济和社会发展第十三个五年规划的建议》 制定之前开展的若干重大课题研究成果的基础上汇编而成， 是《中央"十二五" 规划 〈建议〉 重大专题研究》 丛书的延续。 鉴于涉密方面要求， 部分研究成果未收录在册，出版前， 请有关部门对承担的课题又进行了审核， 有关数据做了尽可能的补充和修订， 以方便各级党政机关、 企业事业单位和有关院校、 专家学者研究与参考。

　　本书汇编工作是在中央财经领导小组办公室领导下进行的。 刘鹤同志主持了书稿的审定工作， 杨伟民同志牵头领导汇编工作， 吕传俊、 王志军、 李航、 朱红光同志负责全书的具体汇编。 参与研究的有关部门和机构的同志， 为本书出版做了大量工作。 中国市场出版社的领导和编辑同志为本书出版付出了辛勤劳动， 在此一并致谢。

　　由于研究成果丰硕、 资料浩瀚， 全书共分为四册编印。 汇编过程中难免出现疏漏，敬请读者批评指正。

编　者
2016 年 5 月